AF103544

SUSAN WIGGS

CORAZONES ERRANTES

Editado por Harlequin Ibérica.
Una división de HarperCollins Ibérica, S.A.
Núñez de Balboa, 56
28001 Madrid

© 1998 Susan Wiggs
© 2014 Harlequin Ibérica, S.A.
Corazones errantes, n.º 179 - 1.10.14
Título original: The Drifter
Publicada originalmente por Mira Books, Ontario, Canadá.
Traducido por Sonia Figueroa Martínez

Todos los derechos están reservados incluidos los de reproducción, total o parcial. Esta edición ha sido publicada con autorización de Harlequin Books S.A.
Esta es una obra de ficción. Nombres, caracteres, lugares, y situaciones son producto de la imaginación del autor o son utilizados ficticiamente, y cualquier parecido con personas, vivas o muertas, establecimientos de negocios (comerciales), hechos o situaciones son pura coincidencia.
® Harlequin, TOP NOVEL y logotipo Harlequin son marcas registradas por Harlequin Enterprises Limited.
® y ™ son marcas registradas por Harlequin Enterprises Limited y sus filiales, utilizadas con licencia. Las marcas que lleven ® están registradas en la Oficina Española de Patentes y Marcas y en otros países.
Imagen de cubierta utilizada con permiso de Harlequin Enterprises Limited. Todos los derechos están reservados.

I.S.B.N.: 978-84-687-4714-9
Depósito legal: M-21985-2014

CAPÍTULO 1

Isla de Whidbey, Washington
1894

—Si grita, disparo.

Aquella advertencia dicha con voz queda despertó de golpe a Leah Mundy, que abrió los ojos sobresaltada y se encontró frente a frente con el cañón de un revólver. El pánico visceral que la recorrió la puso alerta de inmediato.

—No voy a gritar —tenía la boca seca, pero había aprendido a controlar el miedo gracias a su trabajo. Un relámpago iluminó fugazmente el cañón azulado de un revólver Colt—. No me haga daño, por favor —la voz se le quebró, pero se mantuvo firme.

—Eso está en sus manos, señora. Obedezca y nadie saldrá herido.

¿Que obedeciera? Leah Mundy tenía práctica en ese sentido, de eso no había duda.

—¿Quién es usted?, ¿qué es lo que quiere?

—Soy el hombre que empuña este revólver, y lo que quiero es ver al doctor Mundy. El letrero de ahí fuera dice que vive aquí.

El trueno que retumbó en la distancia fue como un reflejo de los latidos atronadores del corazón de Leah. Se obligó a mantener a raya las oleadas de terror, y alcanzó a decir:

—Sí, vive aquí.
—Vaya a buscarlo.
—No puedo.
—¿Por qué no?

Ella tragó saliva mientras intentaba recobrar la compostura, pero falló estrepitosamente.

—Está muerto, falleció hace tres meses.

—En el letrero pone que el doctor Mundy vive aquí —la insistente voz se endureció al teñirse de furia.

—El letrero es correcto.

La lluvia azotaba las ventanas. Leah intentó ver algo en la penumbra, pero lo único que alcanzaba a distinguir era la silueta oscura del intruso. Miró hacia el pasillo al oír un fuerte ronquido y se esforzó por pensar con claridad, quizás podría alertar a alguno de los huéspedes...

El cañón del arma le dio un toquecito en el hombro.

—Por el amor de Dios, mujer, no tengo tiempo para acertijos.

—Yo soy la doctora Mundy.

—¿Qué?

—La doctora Leah Mundy. Mi padre también era médico. Llevábamos juntos el consultorio, pero ahora estoy yo sola.

—Usted sola.

—Sí.

—Y es doctora.

—Sí.

La corpulenta silueta se movió con nerviosismo, y Leah notó que olía a lluvia y a salmuera. A lluvia, salmuera del mar, y algo más: desesperación.

—Pues voy a tener que apañármelas con usted. Recoja sus bártulos, mujer. Se viene conmigo.

Leah se tapó hasta la barbilla con la manta y preguntó, horrorizada:

—¿Disculpe?

—Como no se dé prisa, va a tener que rogarme que no la mate.

Aquella amenaza fue como un latigazo, y Leah no protestó. Los tres años que había pasado junto a su padre en Deadwood, en el sur de Dakota, le habían enseñado a respetar una amenaza procedente de un hombre armado.

Pero lo que no había aprendido era a respetar al hombre en cuestión.

—Dese la vuelta mientras me visto —le pidió.

—Eso es ridículo hasta para una doctora, no soy tan bruto como para darle la espalda.

—Cualquier abusón que amenaza a alguien que no va armado es un bruto —le espetó ella con sequedad.

—Tiene gracia, los abusones casi siempre consiguen lo que quieren —le contestó él con calma, mientras usaba el cañón del arma para bajarle la manta—. ¡Muévase de una vez!

Leah apartó a un lado la manta y metió los pies en las gruesas botas que usaba cuando iba a visitar a los pacientes. El tiempo en la isla solía ser lluvioso en primavera, y ella nunca había sido de las que se preocupaban por ir a la moda. Se puso una bata y se ató el cinturón a la cintura con firmeza.

Intentó comportarse como si aquello no fuera nada más que una visita a domicilio como cualquier otra en una noche normal y corriente, intentó no pensar en el hecho de que la había arrancado de un profundo sueño un hombre armado... y maldijo para sus adentros al hombre en cuestión. ¡Menudo atrevido!

—¿Está enfermo?

—Demonios, claro que no. Se trata de... otra persona.

Por alguna extraña razón, verle vacilar calmó un poco la furia que la invadía. Otra de las cosas que había aprendido acerca de los abusones era que casi siempre actuaban impulsados por el miedo.

—Tengo que pasar por el consultorio para recoger unas cosas.

—¿Dónde está el consultorio?

—Abajo, junto a la cocina.

Abrió la puerta y lanzó una mirada hacia el pasillo. El señor

Battle Douglas tenía el sueño ligero, pero no sabría cómo enfrentarse a un intruso armado. Era probable que Adam Armstrong, el recién llegado, sí que supiera cómo actuar, pero existía la posibilidad de que el apuesto maderero estuviera compinchado con el pistolero. La tía Leafy se pondría histérica, y Perpetua tenía que pensar en su hijito; en cuanto al viejo Zeke Pomfrit, lo más probable era que agarrara su anticuado rifle y se uniera al intruso.

En ese momento, el tipo le puso el cañón del revólver en las costillas y le advirtió:

—No haga ninguna tontería, señora.

Leah renunció a la idea de despertar a los demás. No podía hacerlo, no podía ponerlos en peligro.

—Puede llamarme doctora Mundy —le dijo, por encima del hombro, mientras deslizaba la mano por la barandilla de la escalera al bajar hacia el oscuro vestíbulo.

El tipo llevaba puesta una larga gabardina que ondeaba mientras bajaba tras ella, y que salpicó de agua de lluvia la alfombra.

—¿No es una señora?

Lo susurró demasiado cerca del oído de Leah, que notó en su voz un ligero tono cáustico que le resultó curioso.

—Para usted no.

Le condujo por un pasillo hasta el oscuro consultorio, una sala inmaculada que abarcaba el ala sur de la casa. Encendió una lámpara, y el temblor que se adueñó de sus manos mientras lidiaba con la cerilla la enfureció de nuevo. Se volvió a mirar a su captor mientras la llama azulada cobraba vida y alcanzó a ver un flequillo mojado de color pajizo, unas mejillas delgadas cortadas por el viento y cubiertas de la barba de varios días, y una vieja cicatriz en el borde del pómulo. El tipo se bajó el ala del empapado sombrero antes de que alcanzara a verle los ojos.

—¿Qué tipo de enfermedad voy a tener que tratar?

—Diantre, no tengo ni idea. Usted es el médico; al menos, eso es lo que dice.

Leah se dijo que a esas alturas ya tendría que estar acostumbrada a las dudas y a las mofas, pero había cosas a las que nunca iba a acostumbrarse. Y una de ellas era que alguien, aunque fuera un tipo peligroso que se ocultaba tras un arma, creyera que el género tenía algo que ver con la habilidad de curar a la gente.

—¿Cuáles son los síntomas?

Alzó la solapa de su maletín de cuero marrón y echó un vistazo... había ampollas de matricaria, quinina, digital, y ácido carbólico como desinfectante; cristales de morfina y cloroformo; instrumentos para la extracción de dientes y para tratar heridas supurantes; un estetoscopio y un termómetro clínico esterilizado en bicloruro de mercurio, y una jeringuilla hipodérmica para inyectar medicinas en el flujo sanguíneo.

—¿Síntomas? —le preguntó al desconocido.

—Eh... fiebre, retortijones, balbuceos, y también dificultad al respirar y tos.

—¿Tos con sangre?

—No, nada de sangre.

Podría tratarse de un sinfín de cosas, entre ellas la temida difteria. Agarró un par de frascos de cloruro de amonio y su impermeable, que estaba colgado detrás de la puerta.

—Estoy lista, y déjeme añadir que no hace falta que me obligue a acompañarle a punta de pistola. Mi vocación es curar a la gente, le acompañaré aunque guarde el arma.

Él no lo hizo; al contrario, echó hacia atrás su gabardina para dejar al descubierto una segunda pistola. La funda, oscurecida por la grasa usada para desenfundar más rápido, estaba sujeta a una estrecha cadera cubierta de mezclilla. La cartuchera colgaba baja alrededor de la estrecha cintura, y tenía cartuchos de más en las presillas. Estaba claro que era un hombre que no estaba acostumbrado a que le dieran lo que pedía sin más.

Él señaló hacia la puerta con el cañón del revólver para ordenarle que le precediera, y atravesaron la sala de espera de la consulta antes de salir a la oscuridad de la noche. Leah sentía su presencia a su espalda, su altura y su intimidante tamaño parecían un muro inamovible.

—¿Está muy lejos?, ¿necesitamos la calesa? —lo preguntó señalando hacia la cochera, una mole negra en la súbita oscuridad.

—No, vamos al puerto.

Aquello parecía indicar que se trataba de un marinero, ¿sería un pirata? Por la isla de Whidbey pasaban un buen número de contrabandistas que navegaban por las aguas del estrecho de Puget y subían hacia Canadá, pero aquel hombre que tenía un arsenal de armas escondidas bajo la larga gabardina tenía pinta de forajido, no de pirata.

Por muy aterrador que le resultara aquel tipo, la cuestión era que la necesitaba, y eso era lo que realmente importaba. El juramento que había hecho la impulsaba a acompañarle. No había duda de que llevaba una vida de lo más peculiar, y le pareció estar oyendo unas palabras de su padre que en ese momento resultaban irónicas: «Leah Jane Mundy, ¿cuándo vas a sentar cabeza y a casarte como una mujer normal?».

La lluvia repiqueteaba incesante sobre su capucha. Metió una bota en un charco y se le quedó aprisionada por un momento en el espeso barro, y miró por encima del hombro hacia la pensión. El viento azotaba el letrero que estaba colgado por encima del porche. Las letras blancas resultaban casi ilegibles bajo el tenue resplandor de la lámpara de gas que ella siempre dejaba encendida, pero el desconocido lo había encontrado: *Dr. Mundy, Medicina General. Se alquilan habitaciones.*

—Muévase, mujer —le ordenó el pistolero.

La luz que salía por la ventana de la consulta osciló ligeramente, más allá de ese resplandor tan solo había oscuridad. La única persona que había a la vista era el desconocido que la empujaba con el cañón de una pistola para que se apresurara.

¿Quién demonios era aquel hombre?

Rising Star, Texas
1894

El sheriff se quitó las gafas, unas gafas que no se ajustaban nada bien a su rostro, antes de comentar:

—Se hacía llamar Jack Tower, aunque es muy posible que sea un alias.

—Ya.

Joel Santana se pasó la callosa palma de la mano por la mejilla, una mejilla de piel curtida como el cuero de un zapato, y maldijo para sus adentros. Había esperado con ansia el momento de colgar por fin la cartuchera y las espuelas, y de repente surgía aquel imprevisto. Cuántas veladas había pasado pensando en una parcela de verdes terrenos, un rebaño de ovejas, y una mujer buena de anchas caderas y una sonrisa incluso más ancha...

Cruzó sus doloridas piernas, y con un dedo empezó a juguetear distraídamente con una de las espuelas.

—¿Y dice que el fugitivo huyó hace seis semanas?

El sheriff Reams dejó las gafas sobre el mapa dibujado a mano que tenía sobre el escritorio.

—El sábado hará seis semanas.

—¿Por qué no me llamó antes? —Joel alzó una mano para evitar que contestara—. Da igual, ya sé la respuesta. Sus ayudantes y usted tenían la situación bajo control, es la primera vez que se les escapa alguien. ¿He acertado?

—Pues lo cierto es que esa es la pura verdad, marshal.

—Ya, claro —siempre igual. Aquellos novatos siempre esperaban a que un criminal tuviera tiempo de cruzar las fronteras estatales y la pista se enfriara, y entonces era cuando solicitaban un marshal—. En fin, será mejor que nos pongamos manos a la obra. Según me ha comentado, ese tipo... el tal Jack Tower... asesinó al alcalde de Rising Star, ¿no?

—Eso puede darlo por seguro. Lo más probable es que no fuera su primer crimen, parecía un tipo duro. Tenía un aire amenazante, como si no tuviera ni un solo amigo en todo el mundo ni quisiera tenerlo.

—¿Quién presenció el asesinato?

La ligera vacilación de Reams bastó para levantar sus sospechas.

—Ningún testigo ha dado la cara. Tiene que traer de vuelta a ese forajido y colgarlo del pescuezo.

—Yo no me dedico a ahorcar a nadie, sheriff —se puso en pie con dificultad, y le pareció oír cómo le crujían las articulaciones. Tenía las rodillas destrozadas por culpa de tantos años de montar a caballo.

—¿Qué demonios quiere decir? —le preguntó Reams.

Joel apoyó las manos en el escritorio y contempló ceñudo el mapa. La silueta de Texas formaba una especie de estrella y, aunque las fronteras más interiores eran muy artificiales, resultaban de vital importancia a la hora de hacer cumplir la ley.

—Me dedico a atrapar a fugitivos, y eso es lo que voy a hacer con ese tal Tower. Pero no está en nuestras manos decidir si es culpable o inocente, esa es la tarea de un juez y un jurado. Que no se le olvide.

—De acuerdo.

Estaba claro que Reams no habría tenido en cuenta nada de eso; de hecho, si Jack Tower no hubiera huido, lo más probable era que hubiera acabado colgado de un árbol y siendo pasto de los buitres.

—Bueno, ¿qué información puede darme?

El sheriff alzó el mapa y le mostró el dibujo de un hombre de pelo corto, barba y bigote, que tenía una pequeña cicatriz en el pómulo. No había duda de que la ilustración lograba reflejar el aire amenazante del tipo.

—Este es su hombre. No se dejó gran cosa aquí, tan solo una cajetilla de tabaco y el botón roto de una camisa —Reams se los entregó antes de colocar un ferrotipo delante de Joel—. Esta es la mujer con la que huyó. se llama Caroline, Caroline Willis.

—Es mi... esposa.

Leah notó una ligera vacilación en la profunda voz de su secuestrador antes de decir «esposa».

Su cometido era curar y no hacer preguntas, pero no pudo evitar plantearse por qué una afirmación tan simple había sonado forzada en labios del desconocido. Por desgracia, había tenido que atender a un buen número de mujeres moribundas mientras sus esposos permanecían impotentes a un lado, y había pocas cosas más desgarradoras que un hombre que sabía que estaba a punto de perder a su mujer. Siempre se les veía perdidos, entumecidos, indefensos.

Miró al pistolero por encima del hombro. Ni siquiera bajo la débil luz de la lámpara de la bitácora se le veía indefenso, ni mucho menos. La había obligado a subir a una barquita al llegar al pueblo, y había remado como un loco con el revólver sobre el regazo y los puños sujetando con fuerza los remos. En un abrir y cerrar de ojos habían llegado a una larga goleta anclada en alta mar.

Los dos mástiles crujían bajo el azote del viento, y ella se había estremecido mientras bajaba por la escalera real hacia las entrañas de la embarcación. El olor a soga húmeda, lona mohosa y madera podrida inundaba el aire de lo que en otros tiempos había sido un lujoso camarote.

Una escotilla de inspección situada en el mamparo de popa se abría y se cerraba con el viento, y alguien (era de suponer que el forajido), había estado trabajando o en el cuadrante de navegación o en el timón. Tornillos y tuercas rodaban por las tablas del suelo, y una soga deshilachada que entraba por la escotilla parecía indicar dos cosas: o el tipo había hecho reparaciones a toda prisa o no tenía ni idea de los fuertes vientos del estrecho.

—Sujétela, que no se mueva. ¿Cómo se llama?

Él vaciló de nuevo antes de contestar con aspereza:

—Carrie.

La observación era el principio más básico de la Medicina: «Lo primero es no hacer daño». Generaciones de médicos habían violado esa norma toqueteando sin cuidado, realizando sangrías con sanguijuelas o cuchillos, y aplicando ventosas hasta que un paciente moría o mejoraba por pura desesperación; por suerte, a esas alturas era más común que los médicos bien preparados se pararan a observar y hacer preguntas.

Eso fue lo que hizo ella en ese momento: observar. La tal Carrie parecía casi una niña estando en reposo. Los delicados huesos del rostro y las manos sobresalían contra una piel traslúcida; su pelo, de un rubio nórdico, formaba un halo alrededor de su carita; tenía los labios resecos y apretados en una fina línea; frágil, indefensa y de una belleza impactante, apenas se la veía respirar mientras dormía.

Parecía estar al borde de la muerte.

Leah se desabrochó el impermeable, se lo quitó y lo sostuvo tras de sí; al ver que el desconocido no lo agarraba de inmediato, sacudió la prenda con impaciencia y el tipo se la quitó de la mano... a regañadientes, claro, pero ella no le prestó atención y se mantuvo centrada en la paciente.

—Carrie, soy la doctora Mundy. He venido a ayudarla.

Al ver que no obtenía respuesta alguna, le puso la mano en la mejilla. Fiebre, pero no la suficiente como para teñir de rojo una piel que estaba demasiado pálida. No iba a hacerle falta usar el termómetro.

Le levantó un párpado con cuidado. El iris tenía un color azul precioso, de un tono tan vívido como la porcelana pintada. La pupila se contrajo adecuadamente cuando le dio la luz de la lámpara.

—¿Carrie?, ¿puede oírme? —lo preguntó mientras le acariciaba una mano, una mano demasiado delgada.

No obtuvo respuesta. La piel de la mano estaba seca, carecía de elasticidad. Ese era un signo de deshidratación.

—¿Cuándo estuvo despierta por última vez? —le preguntó al desconocido.

Las sombras se movieron cuando él se inclinó un poco hacia delante.

—No estoy seguro. Esta tarde, creo, aunque desvariaba y no decía nada coherente. ¿Qué es lo que tiene?, ¿va a ponerse bien? —su voz estaba llena de tensión.

—Voy a hacer todo lo posible por averiguar lo que tiene. ¿Cuándo ha comido o bebido por última vez?

—Esta mañana le he dado té con miel, pero lo ha vomitado y no ha querido tomar nada más. Lo único... —se interrumpió y respiró hondo.

—¿Qué?

—Me ha pedido su tónico, lo necesita.

—¿De qué clase de tónico se trata? —le preguntó ella mientras buscaba el estetoscopio en el maletín.

—No sé, es un elixir embotellado.

Un elixir... seguro que se trataba de aceite de serpiente, o de algún purgante como el calomel. Eso era lo que su padre había utilizado durante años, pero ella no era de esa clase de médicos.

—Quiero analizarlo.

Después de colocarse las olivas del estetoscopio en los oídos y los binaurales alrededor del cuello, abrió el cuello del camisón de Carrie sin perder tiempo y le llamó la atención lo limpias que estaban tanto la prenda como las sábanas, parecían recién lavadas. Era algo que parecía incongruente al tratarse de la mujer de un forajido, ¿un pistolero que hacía la colada?

Colocó el diafragma plano sobre el pecho de Carrie y contuvo el aliento mientras la auscultaba. El ritmo cardíaco era acelerado, y los pulmones tan solo estaban un poco congestionados. Fue moviendo el estetoscopio mientras escuchaba con atención el sonido de cada cuadrante. Resultaba difícil oír con claridad, ya que las olas embravecidas golpeaban el casco de la embarcación y había un goteo constante de agua en algún lugar de la parte inferior de la estructura.

Palpó alrededor del cuello y las axilas para ver si había algún signo de infección y deslizó las manos por el abdomen, pero se detuvo al notar allí una pequeña y reveladora dureza.

—Hable de una vez, ¿qué es lo que tiene? —le preguntó el desconocido.

—¿Cuándo pensaba decírmelo? —se quitó el estetoscopio de los oídos, y el instrumento quedó enroscado alrededor de su cuello como un collar.

—¿El qué?

El tipo abrió los brazos y la miró con un desconcierto que parecía real, pero Leah dio por hecho que estaba fingiendo.

—Que su esposa está embarazada.

Él abrió la boca de par en par, y se apoyó contra la pared del barco como si se hubiera mareado de golpe.

—Embarazada.

—Supongo que estaba enterado, ¿no?

—Eh... No, no lo estaba —admitió, antes de pasarse una mano por la cara.

—Calculo que está embarazada de unos tres meses.

—Tres meses.

Por regla general, le encantaba ser la portadora de noticias así, siempre sentía una intensa alegría al ver la felicidad y la emoción en los ojos de un joven esposo. Gracias a momentos así su vida parecía menos estéril y solitaria, aunque fuera por un breve espacio de tiempo.

No vio rastro alguno de felicidad ni de emoción en el rostro del desconocido; de hecho, su expresión se había vuelto pétrea y adusta. No se comportaba como un hombre que acababa de enterarse de que iba a ser padre.

—¿Eso es lo único malo que tiene Carrie? —le preguntó él al fin.

—El hecho de que su mujer esté embarazada no es malo.

Dio la impresión de que él estuvo a punto de contradecirla.

—Quiero decir que si eso es lo único que la aqueja.

—No, en absoluto.

—¿Qué es lo que tiene?, ¿cuál es el problema? —dijo él con aspereza.

—¿Que cuál es el problema? Para empezar, su barco está a punto de hundirse.

Lanzó una mirada elocuente hacia la escotilla de popa. Parecía que el timón pendía de un hilo... o, para ser más precisos, de una soga empapada. Había pernos de madera carcomida por el suelo, grandes huecos separaban las junturas del casco, y el cabo que mantenía sujeto el timón estaba tan tirante que vibraba.

—Este no es lugar para una paciente en su estado, tenemos que trasladarla —enroscó el estetoscopio y volvió a meterlo en el maletín—. En cuanto deje de llover, llévela a la casa y la acostaremos...

—Me parece que no me ha entendido.

El tono de voz ligeramente burlón del desconocido la enfureció, y le preguntó ceñuda:

—¿Qué tengo que entender?

Él metió el pulgar en el cinto y tamborileó con los dedos sobre la hilera de cartuchos antes de decir con toda naturalidad:

—Usted se viene con nosotros.

Leah sintió que la recorría un escalofrío, aunque procuró ocultar lo alarmada que estaba. De modo que por eso la había secuestrado a punta de pistola, ¿no? Aquel forajido tenía intención de arrancarla de su vida cotidiana y meterla de lleno en aquel lío.

—Así, ¿sin más?

—Yo nunca pido permiso, no lo olvide.

Para cuando terminó de ordenar su maletín, estaba hecha una furia. Se puso de pie con un movimiento súbito que hizo que el desconocido desenfundara su arma, y el viejo barco crujió de forma ominosa.

—No, es usted el que no lo entiende. No tengo intención alguna de acompañarle a ningún sitio, y mucho menos a bordo de este armatoste lleno de goteras. Trataré a su mujer cuando usted la lleve a la pensión, allí podrá reponerse en condiciones —intentó mantener la calma al ver que le apuntaba con el arma.

—Se repondrá igual de bien si usted la trata aquí.

Ella miró ceñuda aquel cañón azulado con el que no le habría gustado estar tan familiarizada, y notó la firmeza con la que el calloso dedo del tipo sujetaba el gatillo.

—Ni crea que puede intimidarme. No voy a permitirlo, me niego a hacerlo. ¿Está claro?

La mirada indolente del forajido la recorrió de pies a cabeza hasta posarse en sus manos; estaba tan aterrada, que tenía los nudillos blanquecinos por la fuerza con la que aferraba su maletín.

—Tan claro como un día en Denver, señora.

Su tono burlón la indignó.

—Voy a decirle algo, señor mío: Si quiere que su esposa

tenga una buena posibilidad de recuperarse, tendrá que soltarme y llevarla a la casa cuando deje de llover para que yo pueda tratarla allí.

—Usted dice ser una doctora, no entiendo por qué solo puede tratar a sus pacientes en su elegante casita.

Leah estuvo a punto de echarse a reír con amargura al escuchar aquello. Si la pensión le parecía un sitio elegante a aquel tipo, cabía preguntarse dónde estaba acostumbrado a vivir él.

—Me niego a debatir sobre el tema con usted.

—Perfecto, a mí tampoco me gusta debatir.

—De acuerdo, en ese caso...

—Encárguese de Carrie. Yo voy al puente de mando, a prepararlo todo para levar anclas.

Una oleada de furia la cegó hasta tal punto que se olvidó de todo, incluso del cañón de la pistola que la apuntaba y que tanto aborrecía.

—De eso nada.

Lo dijo con voz suave, controlada, pero él reaccionó ante aquella furia latente. Frunció ligeramente el ceño, aflojó un poco la mano con la que empuñaba el arma, y la observó con cierta sorpresa.

—Es usted muy bocazas para ser alguien a quien están apuntando con un arma, señora.

—No puede sacarme sin más de mi casa y obligarme a acompañarle.

Volvió a indicar con un gesto el desastre que les rodeaba, y siguió con la mirada la deshilachada soga que salía por una trampilla y debía de estar atada a algún sitio de la cubierta.

—No es que yo quiera que me acompañe a ningún sitio, dulzura. Lo que pasa es que necesito un médico para Carrie —le contestó él con insolencia, antes de dar un paso hacia ella.

Fue entonces cuando Leah pudo verle bien los ojos por primera vez. Eran de un frío tono gris azulado similar al del cañón de su revólver y tenían una mirada penetrante, como si pudieran ver más de lo que a ella le habría gustado. La embargó una sensación extraña, sintió como si la marea estuviera tirando de ella y la arrastrara hacia un lugar al que no quería ir, pero que no podía evitar.

No, no estaba dispuesta a rendirse ante aquel hombre.

—No puede obligarme a que le acompañe —lanzó una mirada elocuente hacia la escotilla. El viento gimió sombrío y azotó las velas contra los mástiles—. Este barco está en pésimas condiciones. La verdad, no entiendo qué clase de marinero es usted. ¿Cómo puede salir a navegar en este colador que...?

—Cállese —se acercó a ella de una zancada y le puso en la sien el gélido cañón del arma—. Ni una palabra más. Mire, en cuanto Carrie mejore, la subiremos a bordo de un barco que venga de regreso a la isla —en voz baja masculló—: Será todo un alivio perderla de vista.

El contacto de la pistola en la sien la horrorizaba, pero no estaba dispuesta a dejar que él se diera cuenta.

—No voy a ir con usted a ningún lado —estaba claro que aquel tipo no tenía ni idea de lo decidida que podía llegar a ser, no iba a poder con ella—. Tengo demasiadas responsabilidades en Coupeville. Dos de mis pacientes van a dar a luz de un momento a otro, estoy tratando a un muchacho al que un caballo le dio una coz en la cabeza. No puedo marcharme sin más para ser la doctora personal de su esposa.

—De acuerdo.

Leah sintió un alivio enorme al ver que le quitaba el arma de la sien. Dio un paso hacia la puerta y le dijo, sonriente:

—Me alegra que haya decidido ser razona...

—Sí, ya sé, razonable —le dio un empujoncito en el hombro para alejarla de la puerta, y añadió—: Póngase a trabajar, mujer, antes de que decida asegurarme de que no vuelva a ver nunca más a sus pacientes.

Salió sin más a la carroza de escotilla, y Leah oyó el sonido de un cerrojo. ¡El tipo la había dejado allí encerrada con su esposa!

Jackson T. Underhill se detuvo en la proa de la ruinosa goleta y alzó la vista hacia el cielo. La luz blanca de un relámpago fragmentó la oscuridad en fantasmales esquirlas, y el rugido del trueno posterior fue como una advertencia salida desde la mismísima garganta del cielo. La tormenta procedía del mar y se dirigía hacia la costa.

Era una locura salir cuando hacía tan mal tiempo, una locura navegar en medio de aquella oscuridad tan absoluta en la que uno apenas podía orientarse, pero él nunca había sido dado a escuchar advertencias, ya fueran divinas o de cualquier otra índole. Volvió a enfundar el arma en la pistolera afieltrada y se abrochó la gabardina. Frunció el ceño cuando el viento abrió la parte trasera de la prenda, que estaba hecha para montar a caballo y no para navegar. Todo había sucedido tan de repente, todo había cambiado con tanta rapidez, que no había tenido cabeza para pensar en cuestiones de moda ni mucho menos.

Luchó contra el viento mientras izaba las velas, que crujieron al empezar a subir; al ver la mohosa lona flameando al viento, se preguntó si el barco iba a aguantar hasta que llegaran a Canadá. Justo cuando Carrie había enfermado, él estaba trabajando en la rueda del timón y acababa de conseguir que no se cayera conectándola a la pala a toda prisa mediante una serie de cabos. La peor pesadilla de un marinero era ser arrastrado hacia una costa a sotavento sin tener timón. La embarcación podía aproar y empezar a ir hacia atrás, y de repente ir en dirección contraria cuando el viento hinchara las velas por atrás. La nave iría hacia la costa oscilando de un lado a otro, con las velas flameando y totalmente descontrolada.

Apretó la mandíbula y se dijo con firmeza que el timón iba a aguantar. En cuanto hubieran salido del país, ya tendría tiempo de reparar la goleta a conciencia.

Por encima del sonido del viento, que cada vez soplaba con más fuerza, se oían los golpes y los gritos ahogados llenos de indignación procedentes del camarote. A la lista de sus delitos podía sumársele el secuestro, eso sí que era algo que no había hecho nunca antes.

Sintió cierto alivio al ver que una potente bocanada de viento hinchaba las velas. La inesperada parada en la isla de

Whidbey no le había salido mal. Había conseguido atención médica para Carrie, y nadie se había percatado de su presencia. La doctora no era lo que esperaba encontrar, pero iba a tener que aguantarla.

Una mujer que ejercía la Medicina, qué cosa tan curiosa. Ni siquiera sabía que algo así pudiera ser posible.

Leah Mundy era una mujer puntillosa de rostro severo y avinagrada actitud llena de desaprobación, y no había nada en ella que pudiera resultar agradable... pero a él le había gustado. No iba a admitirlo jamás, por supuesto, y nunca iba a tener ocasión de hacerlo, pero su arrojo le había parecido admirable. En vez de reaccionar como una mujercita histérica cuando había ido a buscarla, ella se había enfrentado a la situación como todo un hombre... de hecho, la mayoría de los tipos a los que conocía habrían reaccionado peor que ella.

Sintió una pequeña punzada de culpabilidad al pensar en los pacientes a los que la doctora no iba a poder ver en uno, dos, o quizás incluso tres días, pero la necesitaba. Dios, Carrie la necesitaba.

Embarazada, Carrie estaba embarazada. La mera idea hacía que una intensa furia ardiera en su interior, pero era algo demasiado enorme como para poder enfrentarlo en ese momento, así que lo apartó a un lado e intentó olvidarlo.

La doctora Mundy iba a ayudarla. Ella iba a curar a Carrie, tenía que hacerlo.

Recordó el momento en que la había visto inclinarse para examinar a su paciente. Había sido en ese momento cuando la doctora había cambiado, cuando se había desprendido de su manto de mal genio y él había visto algo especial en su forma de actuar... una especie de serena seguridad en sí misma que había hecho que tuviera una inesperada fe en ella.

Hacía mucho que no depositaba su fe en nadie, pero la doctora Leah Mundy le inspiraba ese sentimiento. Se preguntó si ella era consciente de eso, si sabía que ya la consideraba un ángel misericordioso.

Iba a tener que darle las gracias, puede que incluso llegara a disculparse con ella cuando reemprendieran el viaje. Era lo menos que podía hacer por una mujer a la que había sacado de una cama cálida y seca, a la que había llevado a rastras a una aventura en la que ella no había elegido participar. Lo menos que podía hacer por una mujer a la que iba a dejar abandonada en Canadá después de llevarla allí a la fuerza.

Acababa de levar el ancla y de colocarse al timón cuando oyó un extraño golpe seguido de un ominoso chirrido. El sonido de una soga soltándose de una polea de madera hizo que le diera un vuelco el corazón. Miró hacia atrás, y vio que la cuerda que había usado para sujetar temporalmente el timón estaba alejándose por el suelo.

Soltó la rueda del timón y se lanzó a por la cuerda, pero esta se escurrió como una serpiente por una trampilla un instante antes de que lograra atraparla.

—¡Mierda!

Esperó con el aliento contenido. Existía la posibilidad de que la pala del timón permaneciera en su sitio, quizás... un terrible estruendo quebró la noche, seguido de un suave sonido sibilante que se abrió paso entre el furor de la tormenta.

Se lanzó hacia la barandilla de popa, y las imprecaciones que soltó al asomarse retumbaron con tanta fuerza como los truenos. La doctora Leah Mundy, su ángel misericordioso, acababa de destrozar su barco.

CAPÍTULO 2

17 de abril de 1894

Mi querida Penelope:
He dudado sobremanera acerca de la conveniencia de contarte lo que me ha pasado esta madrugada, la tentación de permanecer callada es grande.

Pero, como estás decidida a trabajar conmigo en el consultorio cuando finalices tus estudios de Medicina, me siento en la obligación de darte una imagen real de cómo es la vida de un médico.

A veces se nos pide que tratemos a pacientes en contra de nuestra voluntad. Eso es lo que me sucedió a mí a las tres de la madrugada, cuando un hombre me secuestró a punta de pistola.

Conseguí mantener la calma. Ese canalla me obligó a subir a su barco para que tratara a su esposa enferma, que está embarazada. Su intención era zarpar conmigo a bordo, para que me encargara de atender a la pobre mujer.

Ni que decir tiene que a un criminal así no le importaban ni lo más mínimo mis otros pacientes y se negó a atender a razones, así que tuve que tomar las riendas de la situación. Cuando me encerró en un camarote con su esposa, corté una soga con un escalpelo para inutilizar el timón y evitar nuestra partida. Después del destrozo, mi secuestrador irrumpió en el camarote bramando de furia e incluso llegó a amenazarme con usarme como ancla.

Es un hombre con una corpulencia fuera de lo común, de hombros anchos, rostro delgado y amenazador, y ojos terribles, pero yo no me amilané. Cuando viajaba por el salvaje oeste aprendí de inmediato a ocultar mi miedo. Gracias a mi difunto padre y a sus constantes argucias y maquinaciones, no es la primera vez que tengo que lidiar con pistoleros y bravucones. En el fondo sabía que mi secuestrador no iba a hacerme daño, porque yo tengo algo que él necesita: mis conocimientos de Medicina. Que te necesiten es una gran virtud que incluso supera al hecho de caer bien. Huelga decir que yo no le caigo nada bien a ese forajido, pero la cuestión es que me necesita. Y eso fue lo que evitó que me pegara un tiro cuando destrocé el timón.

Se limitó a anclar su desvencijado barco mientras soltaba una serie de improperios que te habrían puesto los pelos de punta, y después subimos entre los dos a su mujer a una barca de remos. Para cuando amaneció, la teníamos en una cama como Dios manda aquí, en la pensión, en el cuarto de huéspedes principal. Aunque sigue estando grave, tengo la certeza de que aquí tiene más posibilidades de curarse; en cuanto a su esposo, no puedo por menos que preguntarme qué clase de vida ha podido convertir a un hombre en un forajido tan duro como él.

Espero que lo que te he contado no te haya asustado hasta el punto de hacer que renuncies a la idea de venir a trabajar conmigo cuando completes tus estudios.

Saludos cordiales,
Dra. Leah Jane Mundy.

Leah pasó un secante forrado de terciopelo por encima de la carta para eliminar el exceso de tinta. Era un secante con un pesado rodillo y pomo grabado de peltre que le recordaba a tiempos pasados.

Lo habría vendido junto con todo lo demás si pudiera conseguir por él un precio decente, pero estaba viejo y desgastado y las iniciales que tenía grabadas en el pomo, G.M.M., tan solo significaban algo para ella: Graciela Maria Mundy, la madre a la que no había llegado a conocer.

Tal y como solía sucederle cuando estaba fatigada, la recorrió una oleada de nostalgia. No tenía ningún recuerdo de su madre, pero, aun así, sentía una desgarradora sensación de pérdida... o, para ser más exactos, de vacío. La ausencia de algo vital.

Por muy absurdo que pudiera parecer, tenía la extraña sensación de que, si su madre no hubiera muerto al dar a luz, le habría enseñado lo que los libros de texto no podían explicar: cómo abrirle el corazón a los demás, cómo participar de la vida en vez de ser una mera espectadora, cómo amar.

Contempló el reflejo de su rostro en el rodillo del secante. Sus facciones podrían resultar exóticas gracias a la herencia latina de su madre, pero ella se esforzaba por parecer anodina. Vestía de forma muy sencilla y se recogía el pelo en moños o trenzas, pero no podía hacer nada respecto a sus ojos. Eran grandes y atormentados, los ojos de una mujer que sabía que le habían arrebatado un pedazo de sí misma y jamás había logrado recuperarlo.

Recobró el control de sus emociones con firmeza y, después de meter el secante en un cajón, plegó la carta en tres y la lacró con cera roja.

—Trabaja duro, Penny. Será un placer contar dentro de poco con tu compañía —murmuró.

No conocía a Penelope Lake en persona. La Escuela de Medicina de la Universidad Johns Hopkins se había fundado el año previo y había abierto sus puertas a las mujeres desde el principio, así que ella se había puesto en contacto con ellos para ofrecerse a ser la mentora de alguna estudiante prometedora.

Su padre había jurado que no iba a tolerar a otra mujer más en el consultorio, pero ella había hecho gala de una actitud desafiante inusual en ella y se había mantenido firme. La habían puesto en contacto con la señorita Penelope Lake, de Baltimore, que daba muestras de poder llegar a convertirse en una excelente doctora y estaba interesada en mudarse al oeste; a juzgar por lo que decía en sus cartas, quería alejarse de las constrictoras barreras de la sociedad.

La correspondencia entre ellas había llegado a ser sorprendentemente cálida y afectuosa. A ella no le costaba imaginarse el mundo de Penny, porque en otros tiempos había formado parte de él... casas cavernosas como mausoleos, incómodas visitas de cortesía, encorsetadas conversaciones que no conducían a ninguna parte. Y siempre, siempre, la idea subyacente de que una mujer en condiciones no podía tener una profesión, sino que debía crear un hogar y dedicarse por entero a su familia.

Tenía la impresión de que Penelope Lake y ella eran almas gemelas, resultaba curioso que le resultara tan fácil escribirle abiertamente a la joven cuando, por otra parte, era muy reservada con la gente a la que veía a diario. Vivía en una pensión llena de personas interesantes, pero no había sido capaz de encontrar ni un solo amigo de verdad entre ellos. Incluso con Sophie, su asistente, mantenía una cordial distancia.

Se preguntó si estaba destinada a estar siempre sola entre el gentío, si jamás iba a experimentar en carne propia la camaradería de una estrecha amistad o la reconfortante calidez de una familia.

La posibilidad de tener una relación íntima con un hombre era incluso más remota; de hecho, parecía algo del todo imposible debido a su padre, que siempre se había mostrado formal, exigente y distante con ella. Ese había sido su legado. El orgullo, las expectativas y las trágicas carencias de su padre la habían convertido en un ser a medio formar. Él le había enseñado que las apariencias eran lo principal, nunca le había enseñado a ir más allá de la superficie para crear una vida interior más enriquecedora. Había padres que lisiaban a sus hijos a base de golpes y reprimendas, pero Edward Mundy había sido mucho más sutil y había moldeado su carácter con frases insidiosas que pasaban desapercibidas y abrían heridas que jamás llegaban a sanar. Él se había dedicado a sabotear su confianza en sí misma, a coartar sus sueños.

Cuando era pequeña, por ejemplo, le había dicho en una ocasión: «Qué vestido tan bonito. Ojalá que la señora Trotter pueda arreglarte ese pelo tan desgreñado que tienes, para que no contraste tanto con una prenda tan bella»; más adelante, cuando ella era estudiante, le había dicho: «Hay cien maneras de equivocarse, pero tan solo hay una respuesta acertada. Te pareces a tu madre en el aspecto físico, y también en su menosprecio hacia los conocimientos convencionales»; cuando se había convertido en una jovencita y en un fracaso en la esfera social, él había comentado: «Ya que no puedes atraer a un marido aceptable, voy a tener que permitir que seas mi asistente».

Para cuando se había dado cuenta del daño que su padre le había hecho, ya era demasiado tarde para reparar las cosas. Pero él ya no estaba y ella albergaba la esperanza de lograr salir de debajo de su sombra, de que el mundo le abriera por fin sus puertas.

—No es justo que deposite tantas esperanzas en ti, Penny —comentó.

Después de dejar la carta dirigida a Penelope Anne Lake en una bandejita de madera que había sobre el escritorio, le echó un vistazo a su libro de registros. La señora Pettygrove le había enviado a su criado con una lista de las quejas de costumbre. Todas ellas eran imaginarias, todas podían tratarse con una taza del té de hierbas de Sophie y un poco de conversación. El hijo de los Ebey, el niño al que un caballo le había propinado una coz, había pasado una buena noche... a diferencia de ella. Le dolía la cabeza aunque, en su caso, la culpa no la tenía la coz de un caballo, sino un hombre con una fuerza de voluntad férrea y los ojos más aterradores que había visto en toda su vida.

El mero recuerdo de aquellos duros ojos grises hizo que se pusiera de pie. Empezó a ir de un lado a otro de la consulta con nerviosismo, recorrió con la mirada las estanterías y los diplomas que colgaban en las paredes mientras intentaba organizar la jornada que tenía por delante, pero la extraordinaria noche que acababa de vivir hacía trizas su concentración.

No podía borrar de su mente el recuerdo de la gélida mirada del forajido. Se detuvo junto al perchero que había detrás de la puerta, y se puso una bata de muselina blanca que había sido lavada, almidonada y planchada con pulcritud por Iona, la muchacha sordomuda que había sido abandonada por sus padres tres años atrás y a la que ella había acogido a pesar de las protestas de su padre. «Otras mujeres se casan y tienen hijos propios, pero tú tienes que adoptar la mercancía dañada de otros».

Le habría encantado poder olvidar las amargas palabras de su padre, pero lo recordaba todo. Su excelente memoria era tanto un don como una maldición. En la Escuela de Medicina, su capacidad para memorizar hasta el más mínimo detalle había causado admiración, pero lo malo era que también recordaba todos y cada uno de los desprecios y faltas de respeto, y dolían como si los hubiera sufrido el día anterior. «Leah Mundy, tan ocupada haciendo un trabajo de hombres que no se acuerda de que es una mujer». Sus amigas de la infancia asistían a fiestas mientras ella se quedaba en casa, memorizando fórmulas y Anatomía. Sus compañeras de clase se habían casado y se habían convertido en madres mientras ella curaba a gente y ayudaba a traer al mundo a los hijos de otras mujeres.

En un pequeño bol de barro echó vinagre que había calentado en la cocina, añadió corteza de sasafrás, menta y una pizca de clavo molido, y lo colocó en una bandeja.

Al pasar por el pasillo, oyó el tintineo de platos y cubiertos procedente del comedor y el sonido del molinillo de café que había en la cocina. El olor a beicon frito y galletas recién hechas impregnaba la pensión. Eran las ocho de la mañana, y Perpetua Dawson debía de estar sirviendo el desayuno.

Leah casi nunca se tomaba el tiempo de desayunar con el resto de huéspedes; en cualquier caso, cuando lo hacía se sentía incómoda y fuera de lugar. Nunca había logrado sentirse cómoda al tratar con otras personas, ni siquiera con las que veía a diario. Durante gran parte de su vida, había sido considerada un bicho raro, a veces un ser absurdo: una mujer que no solo tenía ideas propias, sino también la mala educación de no callárselas.

Se detuvo en el amplio vestíbulo, y se dio cuenta de que aquella zona podía ser la culpable de que el forajido hubiera cometido el error de pensar que se trataba de una casa elegante. Muy por encima de la puerta principal había un rosetón de vidrio emplomado en el que había representado un barco navegando. Los coloridos paneles de elaborado diseño eran un remanente de días pretéritos en que el propietario de la casa era un próspero capitán de barco. Un puente con barandal que recordaba a la cubierta de un barco cruzaba el vestíbulo por arriba y conectaba las dos alas superiores de la casa.

Para cuando su padre había comprado el edificio, este llevaba muchos años abandonado. Edward Mundy se había endeudado hasta las cejas para poder restaurarlo, pero lo de meterse en deudas imposibles de afrontar no era nada nuevo para él.

Mientras ascendía por la escalera principal, Leah notó con satisfacción que la barandilla había sido encerada con verbena. Iona mantenía la casa inmaculada.

Se detuvo al llegar a la primera puerta a la derecha, y le dio un par de golpecitos con el pie.

—¿Estás despierta, Carrie?

Al no recibir respuesta alguna, abrió la puerta con el hombro mientras sujetaba la bandeja con ambas manos. En la habitación reinaba un silencio absoluto. Las gruesas cortinas impedían que entrara la luz de la mañana, así que se detuvo un momento para que los ojos se le acostumbraran a la oscuridad. La habitación contaba con una amplia cama de palisandro y, cuando las cortinas estaban abiertas, unas impresionantes vistas de Penn Cove.

Carrie yacía inmóvil en la cama con dosel, pero lo extraño era que estaba sola. ¿Dónde estaba el marido?, ¿la había dejado abandonada a su suerte?

Se volvió para dejar la bandeja sobre una mesita... y estuvo a punto de dejarla caer al ver al tipo en cuestión dormitando en una silla tapizada de cretona, un mueble delicado que contrastaba con sus largas piernas y sus anchos hombros. Seguía vestido con los vaqueros y la gabardina, el sombrero le cubría la mitad superior del rostro, y tenía el revólver Colt en la mano.

—¡Pero bueno! —exclamó, indignada, al ver el arma.

Él se puso alerta al instante. Alzó tanto el ala del sombrero como el revólver, pero al reconocerla se puso en pie y se acercó a ella con una sonrisita muy poco sincera.

—Buenos días, Doc —la saludó, con aquella voz áspera—. Se la ve muy pulcra y limpita esta mañana.

Deslizó con insolencia uno de sus callosos dedos por el brazo de Leah, que se escandalizó ante aquella caricia prohibida y dio un respingo. Le fulminó con la mirada, pero, antes de que pudiera apartarse, él la arrinconó y añadió con tono burlón:

—Uy, Doc, qué descuido.

—¿Qué pasa? —le preguntó, mientras luchaba por fingir una calma que no sentía.

—Se le ha olvidado uno.

Antes de que pudiera impedírselo, el tipo le abrochó el botón superior de la camisa. No era correcto que un hombre tratara con semejante familiaridad a una mujer a la que apenas conocía, sobre todo si estaba casado.

—Oiga, señor...

—¿Siempre está tan rígida y pulcra después de destrozarle el barco a un hombre?

Leah hizo caso omiso de su sarcasmo y pasó junto a él para dejar la bandeja sobre la mesita.

—Disculpe, tengo que ver cómo está mi paciente. ¿Ha encontrado alguna botella del tónico que toma su esposa? Tengo que saber lo que es.

—Todas nuestras cosas están en el barco.

—Ojalá se hubiera acordado de traer el tónico.

—Tuvimos que abandonar el barco a toda prisa, a duras penas pude contener las ganas de estrangularla a usted.

—Eso no habría ayudado demasiado a Carrie, ¿verdad?

—Maldita sea, mujer, ¡podríamos haber muerto todos por culpa de lo que usted hizo!

—Pues téngalo en cuenta la próxima vez que intente secuestrarme —le contestó con sequedad, antes de destapar un tarro.

—¿Qué es eso? —la raída alfombra ahogó el sonido de sus pasos mientras cruzaba la habitación.

—Un inhalante para limpiar los pulmones.

—¿Qué es lo que le pasa a Carrie? —su voz reflejó la ansiedad que sentía—. Aparte de... lo que usted ya sabe.

—Sí, ya sé.

—¿Qué tiene? ¿El garrotillo, o algo así?

—Algo así —Leah se cruzó de brazos antes de añadir—: Voy a tener que revisarla más a fondo. Anoche tenía los pulmones congestionados, corre el peligro de sufrir neumonía lobar.

—¿Es algo grave?

—Sí, puede serlo, sobre todo tratándose de una mujer en su estado. Por eso debemos hacer todo lo posible por evitar que llegue a esos extremos.

—¿Qué es «todo»?

—El inhalante, completo reposo en cama, darle una buena cantidad de líquidos ligeros y conseguir que coma todo lo posible. Tiene que recobrar las fuerzas. El embarazo y el parto son tareas duras, y pasan factura a las mujeres frágiles.

—Carrie no come demasiado.

—Tenemos que intentarlo. Da la impresión de que está descansando tranquila, así que no vamos a molestarla. Ayúdela a sentarse en la cama cuando se despierte, encárguese de que inhale el vapor y de que coma un poco de caldo y pan. La señora Dawson lo tendrá todo listo en la cocina —se volvió para irse, pero se detuvo cuando él se interpuso en su camino. Era uno de los hombres más altos que había visto en toda su vida, y el de aspecto más amenazante. Se cruzó de brazos y le espetó con firmeza—: Como se atreva a amenazarme de nuevo, acudiré de inmediato al sheriff St. Croix.

Su advertencia no le afectó ni lo más mínimo... ¿o sí? Le pareció notar que los ojos grises del tipo se entrecerraban un poco y su boca se tensaba.

—Le aconsejo que, por su propio bien, no le diga ni una palabra al sheriff.

Ella alzó la barbilla y le preguntó, desafiante:

—¿Y si lo hago?

—No me ponga a prueba.

Leah sintió que se le helaba la sangre en las venas al oír la gélida promesa que contenían aquellas palabras.

—No quiero problemas.

—Yo tampoco. Voy a pasar el día trabajando en el barco que usted destrozó anoche.

—Ese barco estaba destrozado mucho antes de que yo inutilizara el timón.

—Pero por lo menos podía navegar con él —exhaló una larga bocanada de aire mientras intentaba hacer acopio de paciencia, y sacó un grueso fajo de billetes del bolsillo de los vaqueros—. ¿Cuánto cobra por sus servicios?

—Cinco dólares, pero...

Él sacó un billete de veinte dólares del fajo.

—Tenga, así quedan pagados sus servicios y el coste de la habitación y la comida. Espero poder reparar el timón hoy mismo, y me marcharé de inmediato.

Ella miró el billete, pero no lo aceptó.

—Me temo que no me ha entendido. Usted tiene que permanecer aquí y cuidar a su esposa hasta que ella se recupere, no es cuestión de un solo día. No puede zarpar sin más rumbo a la puesta de sol.

—Pero si usted ha dicho que...

—Que su esposa tiene que guardar un reposo absoluto y necesita una buena cantidad de comida y de cuidados. Eso es algo que no puede recibir a bordo de un barco, y tampoco sin usted. Tiene que quedarse aquí, señor... —se interrumpió al darse cuenta de que él no le había dicho cómo se llamaba.

—Underhill, Jackson T. Underhill. Y no pienso quedarme aquí.

—¿Por qué tiene tanta prisa, señor Underhill?

La respuesta era obvia. Aquel hombre estaba huyendo, era un fugitivo; en cualquier caso, ella no iba a ponerse a especular sobre las razones que le habían obligado a huir, eso no era asunto suyo. Lanzó otra mirada hacia el billete de veinte dólares que el tipo le ofrecía, y se preguntó si sería dinero robado.

—No puedo perder tiempo en una isla.

—Lo que no puede es abandonar sus obligaciones, no voy a permitírselo —tenía el temor creciente de que el tipo se marchara sin más y abandonara allí a Carrie.

—Tengo asuntos pendientes de los que debo ocuparme.
—¡De quien se tiene que ocupar es de su esposa!
Él alargó la mano para instarla a que aceptara el billete.
—Para eso estoy contratándola a usted.
—Soy médico, no enfermera —se llevó las manos a las caderas y deseó ser más alta para poder mirarle cara a cara—. Que tenga un buen día, señor Underhill. Vendré a ver a su esposa a última hora de la tarde. Si necesita algo, dígaselo a la señora Dawson y ella se encargará de avisarme por medio del señor Douglas.

Alargó la mano hacia el pomo de la puerta, pero él la agarró de la muñeca... y en ese momento sucedió algo, algo que Leah no habría sabido explicar. Sintió que aquel contacto encendía una cálida y extraña sensación en su interior.

Él la sujetaba con fuerza, pero sin hacerle daño. La expresión con la que la miraba era brutal, su actitud era inflexible, pero, a pesar de todo, ella tuvo una reacción de lo más peculiar: se quedó sin aliento, y el corazón se le aceleró.

—¿Que si necesito algo? Necesito un montón de cosas, señora.

Leah se zafó de su mano de un tirón, se sentía mortificada por las sensaciones prohibidas que había despertado en ella al tocarla.

—No me refería a sus necesidades, sino a las de Carrie —intentó disimular el hecho de que le temblaba un poco la voz—. Voy a usar todos mis conocimientos médicos para intentar curar a su esposa; más allá de eso, no puedo prometerle nada.

Le apartó a un lado sin contemplaciones, y salió sonrojada de la habitación.

Jackson se llevó una grata sorpresa al descubrir que en la pensión de la señora Mundy había un baño público en condiciones; al parecer, aquella había sido una propiedad lujosa en el pasado y el propietario anterior no había reparado en gastos a la hora de dotarla con todo tipo de comodidades. Perpetua

Dawson, la mujer menudita y atareada que se encargaba de la cocina, le había conducido al baño, le había mostrado las cinco hondas tinas de zinc, y le había explicado que disponían de una caldera que calentaba el agua.

Después de trabajar duro para llevar el desvencijado barco hasta el puerto, había ido a ver a Carrie y la había encontrado debilitada y aturdida. Mientras intentaba calmar el pánico que le constreñía el pecho, había ido a disfrutar del primer baño en condiciones desde... ¿Desde cuándo?, ¿desde Santa Fe? No, desde aquella noche más reciente en San Francisco. Una ramera de cabello rizado, borracha después de pasarse con la cerveza, había chocado con él y se había sentado en su regazo. Carrie se había echado a reír, había entablado una conversación con la mujer y se le había escapado el hecho de que habían comprado pasajes para viajar a Seattle. Estaba casi convencido de que la ramera estaba demasiado borracha como para enterarse de lo que había oído; ojalá fuera así.

Había alquilado una habitación en el Hotel Lombard con lo que había ganado, Carrie había insistido en ello hasta que había logrado convencerlo. Se había mostrado entusiasmada al ver las suntuosas cortinas de terciopelo, el champán y las ostras, la bandeja de trufas de chocolate... pero entonces había posado la mirada en la elaborada reja de la ventana y había comentado, estremecida:

—Esto es una prisión, Jackson. Jamás permitirán que me vaya de aquí. No voy a estar a salvo nunca, nunca.

Él había contestado con una antigua promesa:

—Tranquilízate, yo te mantendré a salvo.

—Aviva el fuego, hace mucho frío.

Aquellas palabras habían hecho aflorar un recuerdo muy, pero que muy antiguo que despertó un dolor agridulce en su pecho. Los años se desvanecieron y volvió a ser un niño sentado en el húmedo suelo enladrillado del ruinoso patio del Orfanato San Ignacio, en Chicago. A través de una ventana enrejada se oía a una niña llorando sin parar... Carrie.

Él tenía entre sus manos temblorosas un paquetito de caramelos que había robado de la despensa del refectorio. Huelga decir que a los niños nunca les daban golosinas, el hermano Anthony y el hermano Brandon se las quedaban todas.

Jackson había empezado a escalar sin soltar la bolsita de tela en la que llevaba los caramelos. Iba metiendo los pies, enfundados en unas zapatillas raídas que no eran de su talla, en las grietas que habían surgido conforme el mortero iba desmoronándose, y sus delgados bracitos temblaban mientras iba subiendo. Se le clavó una astilla del alféizar de la ventana en la mano, pero hizo caso omiso del dolor. En aquel lugar, los niños no lloraban por algo tan nimio como una mera astilla.

—¡Carrie! —la llamó, mientras conseguía apoyar el pie en el orificio de un desagüe—. ¡Soy yo, Carrie! ¡Jackson!

Los sollozos habían dado paso a un silencio absoluto; un instante después, había oído su voz de niñita con una claridad cristalina:

—Me han dejado encerrada. ¡Por favor, Jackson, sálvame! Tengo mucho frío, ¡voy a morirme aquí dentro!

—No he podido forzar el cerrojo, lo he intentado un montón de veces. ¡Te he traído caramelos! —había añadido, mientras metía el pequeño fardo entre los barrotes de la ventana.

—¿De fresa?

Otra vez silencio. El sonido de una bocina en la distancia señaló el cambio de turno de los empleados de los Astilleros Quimper. Una fría ráfaga de aire inundó el patio con el olor del lago Míchigan.

—¿Estás bien, Carrie? —intentó ver el interior de la habitación, pero solo alcanzó a distinguir sombras.

—No —le contestó ella, paladeando un caramelo—. Oye, ¿qué es esto?

—Una talla que he hecho para ti con un tronco de leña.

—Es un pájaro.

—Sí.

Se la imaginó dándole vueltas entre sus manitas. Se sentía orgulloso de sus obras, de ser capaz de plasmar hasta el último detalle. La talla en cuestión era una paloma, la había copiado de la imagen del Espíritu Santo que había en una de las vidrieras de la iglesia de Santa María. En Navidad y en Pascua, los frailes adecentaban a los huérfanos y los llevaban a la iglesia en procesión, y él siempre pasaba aquella hora contemplando las coloridas vidrieras.

—¡Es preciosa, Jackson! Siempre la llevaré conmigo.

—Le he hecho un agujero por detrás, para que puedas colgártela del cuello con una cuerda.

—No ha sido culpa mía —lo había dicho en un tono de voz extraño, como si no estuviera hablando con él—. Yo solo quería tomar en brazos al bebé, solo quería calentarme junto al fuego, pero me echaron la culpa de todo y me encerraron en este lugar tan frío. Tengo miedo, Jackson.

—Carrie... —empezaban a temblarle los brazos por el esfuerzo de mantenerse sujeto a la pared.

—¡Eh, tú! ¡Baja ahora mismo de ahí! —gritó una voz más que familiar.

Jackson no tuvo necesidad de mirar hacia abajo para saber que el hermano Anthony estaba en el patio, tensando entre las manos un cinto lleno de nudos mientras sus ojos echaban chispas y su costoso anillo relucía bajo la luz.

—¿Eres sordo, muchacho, o es una cuestión de estupidez? ¡He dicho que bajes!

Jackson alzó la mirada y vio un canalón cercano. Si lograba alcanzarlo podría subir al tejado y, una vez allí, quizás fuera capaz de encontrar la forma de bajar por el otro lado del edificio. Se inclinó hacia el herrumbroso canalón, cerró los ojos, y saltó. El avejentado tubo de hierro chirrió bajo su peso, pero aguantó. Empezó a ascender mientras hacía oídos sordos a las airadas órdenes del hermano Anthony, siguió subiendo hacia la repisa infestada de palomas que se cernía sobre su cabeza. Deseó ser un pájaro y poder huir de allí volando, rumbo a la libertad...

—Si no bajas, castigaré en tu lugar a esa pequeña diablilla a la que tanto quieres.

Se detuvo al oír la amenaza del hermano Anthony, su breve sueño de alcanzar la libertad se desvaneció; después de soltar un largo y pesaroso suspiro, empezó a bajar por el canalón. Saltó cuando estuvo lo bastante cerca del enladrillado suelo y trastabilló un poco al volverse a mirar al grueso hermano Anthony, que le propinó un bofetón con el dorso de la mano.

El fuerte golpe le hizo girar la cabeza, y al ver la sangre que saltaba ante sus ojos se dio cuenta de que el anillo de rubí del cancerbero le había hecho un corte en el pómulo. Los años le habían enseñado que el tipo sería más benévolo si lloraba y le suplicaba clemencia, pero, como eso era algo que nunca había sido capaz de hacer, se limpió la sangre con la manga y se quitó la camisa antes de que el hermano Anthony le ordenara que lo hiciera. Entonces, con una gélida mirada desafiante, dio media vuelta, apoyó las manos en la pared, y esperó a recibir el primer azote mientras arriba, en la sala de castigo, Carrie guardaba un extraño silencio.

En el baño, a muchos kilómetros y años de distancia de aquel momento, Jackson hundió la cabeza en el agua tibia y se frotó con fuerza. Le habría gustado poder desprenderse del pasado, pero eso era imposible. El pasado iba a estar siempre con él, al igual que la cicatriz que le había dejado el anillo del hermano Anthony… y, de igual forma, Carrie también iba a acompañarle por siempre.

Embarazada. Dios del cielo, Carrie estaba embarazada.

Aquella mañana había estado despierta unos minutos. Había fruncido la nariz y se había quejado del fuerte olor del vinagre y las hierbas como una niñita petulante, pero el tratamiento la había ayudado a respirar mejor y había tomado un poco de leche tibia con canela, azúcar y pan.

—Cuánto me cuidas, siempre eres muy bueno conmigo —había murmurado ella, antes de alargar la mano para pedir su botella de tónico.

—La he dejado en el barco, cielo.

La había tomado de la mano, pero ella cerró el puño y le apartó el brazo con brusquedad.

—La necesito, Jackson. Necesito mi medicina ahora mismo.

Resignado, había ido a la goleta en la barca de remos; en

cualquier caso, tenía pensado llevarla a puerto ese mismo día. Después de pagar al capitán de puerto, había regresado junto a Carrie. Tendría que haber hablado con ella de lo del embarazo y de lo que iba a suponer traer un bebé al mundo, al mundo de ambos, pero había guardado silencio mientras ella agarraba la botella y bebía con ansia hasta quedar saciada y con la mirada ligeramente perdida.

—Deja un poco, la doctora quiere saber de qué esta hecha tu medicina.

—La necesito, la necesito siempre —había farfullado ella, mucho más calmada.

Había permanecido sentado a su lado, tomándola de la mano, hasta que se había quedado dormida de nuevo. La verdad era que había tenido un día fácil con Carrie, no siempre era así. Ella siempre había tenido unos cambios de humor impredecibles, pero en los últimos tiempos su estado de ánimo había ido en declive a un ritmo acelerado... quizás era debido al embarazo, la verdad era que él no sabía nada de nada sobre cuestiones femeninas.

De hecho, tampoco sabía lo que les deparaba el futuro a Carrie y a él. Era consciente de que no podía esperar amor y seguridad, una vida estable, un hogar. Esas cosas no les sucedían a personas como ellos. Estaban demasiado desesperados, demasiado dañados. Iba a limitarse a ir a la deriva junto a ella, afrontando el día a día.

Nunca había hecho demasiados planes de futuro, siempre había vivido el presente. Había tomado en un abrir y cerrar de ojos decisiones que habían alterado su vida entera. ¿Tres años a bordo de un ballenero? Había ido por el mero hecho de que la cama de la pensión de mala muerte donde se alojaba era incomodísima; si era propietario de una goleta decrépita, era porque la había ganado en una partida de cartas.

Para bien o para mal, así era como vivía. Si uno no esperaba nada de la vida, la vida no podía decepcionarte.

Bastaba con mantenerse siempre un paso por delante de la ley. Nunca le había importado el hecho de ir a la deriva, pero en ese momento no podía dejar de pensar en ello. Aquella doctora tenía algo que hacía que deseara poder ser algo más que un hombre de paso; había algo en ella que hacía que se sintiera cansado de estar siempre en el lado equivocado de la ley, incluso cuando intentaba hacer bien las cosas. Si consiguiera llevar a Carrie a algún lugar seguro, quizás podrían empezar de cero y echar raíces, conseguir una casa y una parcela de tierra como la gente normal.

Se secó con una toalla limpia y se la puso alrededor de la cintura. Iona, la tímida muchacha sorda, le había facilitado todo lo necesario para que se afeitara, así que empezó a enjabonarse la cara mirándose en un espejito ovalado. En los últimos días se había vuelto descuidado debido a la enfermedad de Carrie, pero tenía que mantenerse bien afeitado porque en el cartel de *Se busca* aparecía con barba.

Su ánimo mejoró un poco. El cartel que contenía su retrato acompañado del correspondiente encabezado llamativo no se había publicado en Seattle, así que lo más probable era que la búsqueda no hubiera llegado tan al norte, al menos de momento. Para cuando le siguieran la pista hasta allí, él ya estaría lejos gracias a un golpe de suerte cuando jugaba a las cartas en una taberna de Yester Way, en Seattle. Un póquer de reinas en el momento justo le había hecho ganar la goleta.

Estuvo a punto de sonreír al recordar la embarcación en cuestión, siempre había soñado con tener un barco. De niño había robado un ejemplar de *La isla del tesoro* (todo lo que valía la pena conseguir había que robarlo) y, bien entrada la noche, bajo la luz de una vela robada, en el dormitorio para chicos del orfanato, había devorado con los ojos, la mente y el corazón aquella historia de aventuras. A pesar de todo, había aprendido a soñar; después de leer aquel libro, había sentido la necesidad de navegar, de ser libre, de sentir que tenía el control de un mundo que él mismo hubiera elegido.

Eso era algo que Jackson T. Underhill no había podido encontrar, al menos de momento. Pero seguía buscándolo.

El ballenero no había sido la respuesta. Había aborrecido

el tedio, la rígida jerarquía que había entre la tripulación, la enfermiza violencia del segundo de a bordo, la sangrienta violencia de la caza. Había hecho como había hecho siempre a lo largo de su vida: aprender de la experiencia, y seguir adelante.

La goleta era un nuevo (aunque aguado) comienzo, pero tenía algunos problemas. El daño que había causado la doctora no era más que el principio. Cuando había atracado la embarcación en el muelle, el ayudante del capitán de puerto le había dado una deprimente lista de reparaciones que había que hacer para que estuviera en condiciones de navegar de nuevo.

Si lograba dejarla lo bastante bien como para llegar a Canadá, una vez allí podría tomarse un tiempo e idear algún plan. Tan solo tenía una vaga idea de cuál iba a ser su destino final. Lo único que sabía era que tenía que encontrar un sitio donde Carrie se sintiera segura, donde él no corriera el riesgo de ser reconocido, donde un hombre pudiera ser juzgado por su trabajo duro en vez de por un pasado que no podía cambiar.

Después de limpiar la cuchilla de afeitar, se secó la barbilla y se volvió para agarrar la ropa recién lavada que había en el vestidor... y lo que vio fue el trasero de una mujer.

La doctora Mundy estaba entrando en el baño caminando de espaldas, estaba ligeramente inclinada hacia delante y hablándole con voz suave a alguien que estaba sentado en una silla de ruedas hecha de madera y mimbre.

—Un par de pasitos más, ya hemos llegado.

Estaba hablando con una voz increíblemente dulce y persuasiva que carecía del tono mordaz y reprobador que usaba con él.

—Te sentirás como nuevo cuando te metas en la tina —añadió ella, antes de girar la silla de ruedas.

—¿Quién es ese hombre, doctora Mundy? —preguntó un niño.

Ella alzó la mirada y abrió los ojos como platos al verle. Su mirada se llenó de pánico, parecía una cervatilla que acababa de ver a un cazador.

—¡Señor Underhill!

—Señora... —la saludó con una reverencia burlona, consciente de que el nudo que le sujetaba la toalla alrededor de la cintura era de lo más precario.

Se sintió impresionado al ver que ella lograba recobrar el control sin mover ni un solo músculo. El pánico que se reflejaba en sus ojos dio paso a una gélida mirada autoritaria. Seguro que, debido a su profesión, estaba acostumbrada a ver cuerpos masculinos a diario y en él no veía nada más que un espécimen como cualquier otro aunque estuviera medio desnudo.

Ella irguió los hombros, tensó los labios y carraspeó un poco antes de contestar. Saltaba a la vista que estaba esforzándose por no fijar la mirada en su tatuaje.

—No esperaba encontrarle aquí. He traído a Bowie para que disfrute de su baño terapéutico, es el hijo de la señora Dawson —su voz se suavizó un poco cuando bajó la mirada—. Bowie, él es el señor Underhill, ya sale del baño.

El niño sonrió con timidez, y Jackson sintió que se le encogía el corazón con una extraña sensación. El pequeño era rubio, tenía la tez pálida y su rostro reflejaba la resignación de un paciente inválido. Estaba muy flaquito, y una manta le cubría las escuálidas piernas.

—¿Cómo estás, jovencito? Encantado de conocerte —le costó trabajo poder esbozar una sonrisa.

Miró a Leah, y no apartó la mirada de ella mientras recogía su ropa y se colocaba tras un biombo. Silbó mientras se vestía, y saboreó la sensación de la ropa recién lavada contra la piel limpia. Incluso le habían cambiado un botón de la camisa que se le había roto semanas atrás... Leah Mundy no era demasiado cordial, pero estaba claro que tenía buenos empleados.

A veces era posible sentirse respetable, aunque fuera por unos minutos.

Miró por casualidad hacia la sala donde estaban las tinas mientras salía del baño y vio que Leah había logrado desvestir al niño, aunque le había dejado puestos los calzones por una cuestión de pudor.

—Sophie no está, así que vamos a tener que arreglárnoslas tú y yo solos. ¿Puedes agarrarte a mi cuello?

Mientras ella le pasaba un brazo alrededor de la espalda y el otro bajo las piernas, el niño obedeció y le pasó los huesudos bracitos por el cuello antes de preguntar:

—¿Dónde está Sophie?

—Ha ido a Port Townsend en el transbordador de vapor.

Al verla tambalearse un poco al alzar al niño en brazos, Jackson se acercó a ellos y dijo con voz ronca:

—Espere, yo la ayudo.

Ella le miró sorprendida antes de asentir.

—Agárrele las piernas para que podamos meterle en la tina.

Las piernas eran incluso más pálidas que el resto del cuerpo, y estaban flácidas por la falta de uso. Jackson las sujetó con cuidado y fue inclinándose mientras metían a Bowie en el agua.

—¿Está demasiado caliente para ti, hijo?

—No, está bien... señor.

—No hace falta que me hables de usted, llámame Jackson.

Las palabras se le escaparon sin más a pesar de que era un prófugo de la justicia y se suponía que tenía que evitar llamar la atención. Cuando uno era amigable, lo único que lograba era ganarse problemas, esa era una lección que había aprendido a base de golpes durante los duros años que había pasado deambulando de un lado a otro.

El niño se mostró más contento y relajado cuando se sumergió en el agua. Apoyó la cabeza en el borde de la tina, y empezó a mover los brazos hacia delante y hacia atrás con suavidad.

Al ver que Leah parecía estar empeñada en ignorarle, Jackson la ignoró a su vez y se puso de cuclillas junto a la tina.

—¿Te gusta el agua? —le preguntó al pequeño.

—Sí. Le he dicho un montón de veces a mamá que quiero ir a nadar a la playa, pero dice que es demasiado peligroso.

Leah sacó de un tarro una especie de ungüento que tenía un olor mentolado y empezó a untárselo a Bowie en las piernas.

—Es demasiado peligro...

Jackson la interrumpió antes de que pudiera terminar la frase.

—Lo principal es que nades con alguien que sea muy fuerte.

—No le meta ideas en la cabeza —le espetó ella con sequedad.

—Si un niño no tiene ideas, ¿en qué demonios va a pensar durante todo el día?

—¡Hable con propiedad!

Por Dios, qué mujer tan mandona y estirada.

—Ah, ¿no he hablado con propiedad? ¡Demonios, no me he dado ni cuenta!

Le lanzó una esponja a Bowie en un gesto juguetón. El niño se quedó desconcertado por un instante, como si no supiera cómo reaccionar, pero entonces le siguió el juego y se la lanzó a su vez.

—Hijo, yo tenía la cabeza llena de ideas a tu edad.

—¿Qué clase de ideas?

«Cómo escapar del orfanato, cómo olvidar las cosas que el gordo de Ralphie me obligaba a hacer en medio de la noche, cómo hacer oídos sordos al llanto de los críos más pequeños...». Se obligó a apartar a un lado los recuerdos, los ocultó tras una amplia sonrisa antes de contestar:

—Ideas acerca de zarpar rumbo al paraíso. Tenía un libro que me encantaba, *La isla del tesoro*. Lo escribió un tal Robert...

No tuvo que terminar de decir el nombre, Bowie lo hizo por él.

—¡Louis Stevenson!, ¡conozco ese libro! También escribió *Secuestrado*, ¿lo has leído? Tengo un montón de libros, la doctora Leah me los trae. ¿Verdad que sí, doctora?

—Uno nunca está solo cuando lee un libro.

Jackson la miró sorprendido al oírla murmurar aquella respuesta. Bowie y él charlaron sobre todo tipo de cosas durante el baño, desde lecturas hasta sueños de juventud, y le sorprendió descubrir que tenía algo en común con un niñito lisiado que hablaba con mucha propiedad y tenía la habitación llena de libros.

Mientras ellos charlaban, Leah Mundy se limitó a observarles con expresión inescrutable. Seguro que no estaba contenta con la situación, y no era de extrañar; al fin y al cabo, no le conocía y lo que había visto de él hasta el momento no inspiraba confianza, se la había llevado de su casa a punta de pistola y había estado a punto de secuestrarla.

En el fondo se alegraba de que las cosas no hubieran llegado a ese extremo, porque la idea de pasar días enteros con ella a bordo de la goleta le ponía nervioso; aun así, le atenazaba una insistente sensación de apremio. El pasado estaba pisándole los talones.

—¿Has salido a navegar alguna vez? —le preguntó al niño.

—No.

—Es una experiencia fantástica, Bowie. Algo condenadamente especial —le lanzó una fugaz mirada a Leah antes de añadir—: Pero tienes que asegurarte de no tener a bordo a un amotinado dispuesto a destrozar el timón.

—¿Quién haría algo así?, ¿un pirata?

—Una loca.

A Bowie le pareció un gran chiste y se echó a reír. Leah agachó la cabeza, pero Jackson se dio cuenta de que tenía las mejillas teñidas de rojo. No parecía tan estirada cuando se ruborizaba.

—Mamá estuvo a punto de llevarme una vez en el transbordador de vapor que va a Seattle, pero cambió de idea. Dijo que estaba demasiado lejos.

—Bueno, puede que tu papá...

—Su padre murió hace años —le interrumpió la doctora.

A Jackson no le hizo ninguna gracia la gélida calma que se reflejaba en sus palabras, y mantuvo la mirada fija en el niño al contestar:

—Lo siento, pero me alegra que tengas un hogar. A lo mejor puedes ir a nadar un día de estos.

—Sí, puede ser —le dijo el niño, antes de golpear la jabonosa superficie del agua con las palmas de las manos.

—Será mejor que me vaya —se encargó de sacarlo del agua,

y la doctora lo envolvió en una toalla—. Tú sigue leyendo esos libros, jovencito. ¿Está claro?

—Sí.

—Doctora Mundy.

—Que tenga un buen día, señor Underhill —le dijo ella con rigidez.

Jackson salió desconcertado del baño, no entendía qué demonios le pasaba a aquella mujer. Ella se había salido con la suya, le había obligado a quedarse en aquella remota isla verde, pero estaba empecinada en conservar su manto de superioridad. Había algo en ella que le provocaba, que le retaba, que le incitaba a arrancarle aquel manto para ver lo que se ocultaba debajo. Sabía que no debería sentir aquel deseo de conocerla, no entendía por qué le importaba lo que ella opinara de él.

Diantre, se había encontrado con escorpiones y cactus mucho más amistosos que la doctora Leah Mundy.

Para cuando anocheció, Leah se había encargado de Bowie, le había drenado un forúnculo al inspector de cobros, había ido a ver a la anciana Ada Blowers para ver cómo estaba de la tos, y le había entablillado un brazo roto a un leñador borracho que no había dejado de proferir improperios y se había negado a pagar a una «matasanos» que, según él, hacía el trabajo propio de un hombre.

Pero su larga jornada no iba a terminar hasta que fuera a ver a su nueva paciente. Se detuvo unos segundos a los pies de la amplia escalinata, y posó una mano en el poste de madera labrada mientras oía los sonidos que inundaban la vieja casa a aquella hora del día.

Perpetua tarareaba una canción mientras trabajaba en la cocina, era como una abeja obrera en el corazón de la casa. Desde el saloncito llegaba el sonido apagado de las voces de los huéspedes, que conversaban después de la cena... los hombres fumando en pipa, las mujeres cosiendo.

Aquel era el mundo de Leah, el lugar donde iba a pasar el

resto de su vida. La luz de la puesta de sol que entraba por el rosetón situado encima de la puerta principal hizo que sintiera nostalgia, le pareció el símbolo de otro día más que llegaba a su fin.

No sabía cómo hablarle a aquella gente que vivía bajo su techo, no sabía los sueños que albergaban ni cómo abrirles su corazón. Por eso vivía apartada de todos, trabajaba duro y se mantenía aislada, por eso era como una forastera en su propia casa.

Se alisó la parte delantera de su bata blanca. La prenda había perdido buena parte de la rigidez del almidón con el paso del día, y las cintas le caían lacias a la espalda.

«Cuida tu aspecto físico, muchacha. No me extraña que aún no hayas encontrado marido».

«Cállate. Calla, calla, cállate». Deseó poder silenciar el recuerdo de la voz de su padre. Le había querido con todas sus fuerzas, pero eso nunca había sido suficiente... ni siquiera al final, cuando yacía indefenso y desvalido en su lecho de muerte. No había logrado salvarlo, no había conseguido que él dijera las palabras que había esperado oír durante toda su vida: «Te quiero, hija mía».

Apretó los labios con decisión y subió la escalera, ajena al susurro de su falda rozando los escalones de madera pulida; al llegar arriba, llamó con suavidad a la puerta.

—Señora Underhill, ¿está despierta?

Le contestó una voz masculina, una voz que identificó de inmediato, pero no alcanzó a entender lo que decía.

—¿Puedo entrar?

La puerta se abrió y apareció ante sus ojos Jackson T. Underhill. No llevaba puesto el sombrero y, a juzgar por lo despeinado que estaba, daba la impresión de que había estado pasándose los dedos con nerviosismo por su rubio cabello.

—Está despierta, Doc.

Nunca la habían llamado así y Leah se dio cuenta de que le gustaba cómo sonaba, era un apelativo que inspiraba familiaridad y confianza. Recordó el incidente del baño, el sobresalto que se había llevado al verle con una toalla alrededor de la cintura como única vestimenta. Aunque no llevaba puesta la pistolera alrededor de la cintura, había algo en él que le hacía parecer peligroso, un depredador. Algo en lo que ella no debería pararse a pensar. Se obligó a centrar su atención en el lugar debido: su paciente.

La luz del anochecer entraba por las cortinas de fustán que enmarcaban la ventana, y el resplandor cubría como un velo ámbar la figura que yacía sobre la cama. Carrie Underhill lucía aquel velo dorado como si fuera un ser mitológico. Era toda una belleza. El juego de luces y sombras enfatizaba los finos huesos de su rostro, su tez pálida y su cabello claro absorbían la luz rosada de la puesta de sol.

Se volvió a mirarla sin levantar la cabeza de la almohada, y parpadeó aturdida.

—Me alegra ver que está despierta, señora Underhill —Leah la tomó de la mano, y la patóloga que llevaba dentro tomó las riendas de la situación de inmediato. Lo primero que notó fue que la delgada mano de la paciente estaba fría, demasiado fría—. ¿Cómo se siente?

Carrie apartó la mano con dificultad. Sus ojos, azules como un plato de porcelana de Delft, estaban abiertos y nublados.

—Mal, muy mal —buscó con la mirada a Jackson, y dio la impresión de que se calmaba un poco al verle—. ¿Estamos a salvo aquí, Jackson? Me dijiste que íbamos a ir a un sitio seguro.

—Aquí estás a salvo, cielo.

Lo dijo con una voz tan suave, que a Leah le costó reconocerla.

—Me duele, me duele mucho —gimió la joven, con un rictus de dolor en su perfecto rostro.

Leah sintió que la recorría un escalofrío, y las sospechas que había estado manteniendo a raya desde la primera vez que había visto a Carrie Underhill cobraron fuerza.

Intentó apartar a un lado las cobijas, pero la joven se aferró a ellas y exclamó:

—¡Jackson!

—No le gusta estar destapada, prefiere estar bien cubierta —dijo él, a modo de explicación.

—Tengo que examinarla —le espetó Leah con brusquedad. Respiró hondo para recobrar la compostura, y se volvió hacia Carrie—. Iré deprisa —le prometió, antes de empezar a palparle el abdomen con sumo cuidado a través del camisón de franela que llevaba puesto.

Le sorprendió ver que la prenda estaba limpia, ¿un forajido que hacía la colada? ¿Qué hacía un hombre tan implacable como Jackson T. Underhill con aquel ser tan etéreo y delicado?

El olor a ropa limpia estaba entremezclado con algo más penetrante, un olor metálico e inconfundible.

Calculó que la joven debía de estar embarazada de unos tres meses, y bajó la mano hacia la parte inferior del abdomen. Carrie gritó de dolor y alzó las piernas, con lo que quedó al descubierto la mancha de sangre fresca que había en las sábanas.

Antes de que Leah pudiera reaccionar, Jackson la agarró del brazo y la apartó de un tirón.

—¡Dios!, ¡le está haciendo daño, doctora!

Ella le alejó de la cama y lo condujo hacia una ventana abuhardillada. Bajó la voz para que Carrie no pudiera oírla, y se inclinó un poco hacia él.

—¿Cuándo ha empezado a sangrar?, ¿por qué no me ha avisado?

—¡No sabía que estaba sangrando! Creía que estaba mejor, que estaba dormida —su voz estaba teñida de miedo.

—¿Ella no le ha dicho lo que pasaba?

—No, no me ha... yo creo que ni se ha dado cuenta.

—Me temo que está sufriendo un aborto.

—¿Qué significa eso? —le preguntó, mientras la agarraba del brazo con fuerza.

Leah se zafó de él de un tirón antes de contestar.

—Que está perdiendo el bebé.

—¡Haga algo!

El frío que la embargaba se congeló hasta formar una gélida masa de miedo en su interior.

—Lo único que puedo hacer es intentar salvar a la madre.
—¡Pues hágalo!, ¡hágalo ya! —alzó la voz al oír el débil grito de dolor de Carrie.
—Creo que no me entiende, señor Underhill. No es tan sencillo, es posible que se requiera una intervención quirúrgica.
—¿Qué quiere decir con eso?, ¿que va a tener que operarla?
—Tengo que detener la hemorragia.
Él se puso muy pálido y susurró:
—Cirugía.
—Sí, si no deja de sangrar.
—No.
Leah le vio formar la palabra con los labios, pero hizo que la repitiera.
—No le he oído, señor Underhill.
—No, no va a hacerle más daño.
Leah contuvo a duras penas su furia. Le agarró la mano, y le obligó a seguirla hasta el pasillo.
—No va a operar a Carrie —reiteró él, con voz baja y amenazante—. No es un bicho con el que pueda experimentar.
—¿Cómo se atreve a decirme algo así? ¡Yo me dedico a curar, señor Underhill! ¡No soy ninguna carnicera! Le aseguro que daría lo que fuera por no verme obligada a someter a su mujer a nada invasivo. Voy a intentar parar la hemorragia lo mejor que pueda, pero, si ignoramos el problema, ella seguirá desangrándose, las toxinas se extenderán por su cuerpo, y acabará falleciendo. Será una muerte lenta y dolorosa.
Él se apoyó contra la pared del pasillo, echó la cabeza hacia atrás y cerró los ojos.
—Maldita sea, maldita sea...
—Esto no ayuda en nada a su esposa, señor Underhill. Tiene que tomar una decisión —el débil grito de dolor procedente de la habitación la instó a añadir—: ¡Y tiene que ser ya!
Él se movió con tanta rapidez que Leah no asimiló lo que pasaba hasta que la agarró de los hombros y la sujetó contra la pared. El tipo le hundió los dedos en los brazos con una fuerza

que revelaba lo desesperado que estaba; tenía su cara tan cerca que notó que olía a loción y a cuero.

—A ver, doctora, ¿está diciéndome que Carrie puede desangrarse hasta morir?

—Exacto —le fulminó con la mirada para intentar que la soltara, pero él se limitó a sujetarla con más fuerza. Se humedeció los labios mientras luchaba contra el agotamiento de la larga jornada de trabajo—. Podría sufrir una infección, y está demasiado débil para luchar contra algo así.

—Pues cúrela, cúrela ahora mismo —se lo exigió con voz contenida y gélida—. Detenga la hemorragia y cúrela. Si no lo hace, juro por Dios que acabaré con usted.

Leah y su padre habían tenido largas y acaloradas discusiones sobre la conveniencia de dotar el consultorio con una sala de operaciones. Edward Mundy aseguraba que la Medicina moderna que estaba extendiéndose en las grandes ciudades era una ridiculez para finolis, pero lo que pasaba en realidad era que solo le gustaba gastar dinero en sí mismo. Ella casi nunca lograba ganar las discusiones que tenía con él, pero, cuando se trataba de su profesión, su pasión por curar a los demás le daba fuerzas.

Al final había logrado salir victoriosa, y había sido recompensada con una sala de operaciones pequeña pero innovadora adyacente a la sala principal. No podía compararse con las grandes salas repletas de personal de los hospitales de Denver y Omaha, donde había aprendido su difícil profesión, pero se trataba de unas instalaciones impresionantes para un pueblecito isleño como aquel.

Seguía al pie de la letra la técnica aséptica del doctor Lister, de Gran Bretaña, que había demostrado sin ningún género de duda que esterilizar la sala de operaciones reducía el riesgo de infección. Penny Lake le había asegurado en una carta que todos los cirujanos del Johns Hopkins utilizaban guantes de goma durante las operaciones, y ella había adoptado de inmediato esa costumbre.

Su ayudante, Sophie Whitebear, había regresado ya de Port Townsend y roció con firme destreza una solución de ácido carbólico que quedó suspendida como una fina neblina en el aire de la sala. Todo... las batas, el pelo, la paciente dormida, el instrumental, las paredes y el suelo... quedó humedecido e impregnado del penetrante olor de aquella sustancia.

Cuando estuvo todo listo (la lámpara bien colocada, la paciente bien cubierta, las vendas y el instrumental a mano), cerró los ojos y rezó una breve oración. Había hecho aquello muchas veces, había operado multitud de cuerpos para extraer balas, cálculos biliares o tumores sangrantes, pero siempre la abrumaba la responsabilidad de tener que invadir la santidad del cuerpo humano.

«Dios mío, por favor, guía mi mano. Te lo ruego...». Mantuvo la respiración pausada y los nervios templados, y empezó a operar.

CAPÍTULO 3

Jackson se sentía impotente, no podía hacer nada por Carrie.

Iba de un lado a otro del consultorio como una fiera enjaulada, mirando cada dos por tres hacia la esmaltada puerta blanca detrás de la cual, en una sala tan iluminada que hasta dolían los ojos, Carrie estaba desangrándose. Quizás la había visto viva por última vez cuando la habían metido en aquella extraña sala que olía tan mal, a lo mejor no volvía a despertar jamás. Era posible que no volviera a ver el color de sus ojos, ni a oír el sonido de su voz, ni a sentir cómo le tomaba de la mano.

Un amargo sentimiento de culpa le constreñía la garganta. En el orfanato, cuando eran niños, le había prometido a Carrie que cuidaría de ella, pero aquella letal hemorragia era un enemigo incorpóreo. No podía vencerlo con los puños ni huir de él, tenía que depositar toda su fe en una doctora huraña que no sentía ni el más mínimo respeto por él y que tampoco mostraba demasiada compasión hacia Carrie.

El miedo era un compañero al que estaba habituado. Su vida había sido en gran medida una serie de incidentes horribles, empezando por el día en que su madre le había abandonado en un orfanato de Chicago y pasando por el momento en que había huido de Texas con las manos manchadas de la sangre de un hombre; aun así, el miedo que le embargaba en ese momento era más intenso y gélido que cualquier otro.

No soportaba estar en aquella posición... impotente, sin opciones, sin poder hacer nada... Dios, ¿cuánto iba a durar aquella tortura?

El consultorio estaba envuelto en un silencio sepulcral. Tanto la doctora como su ayudante estaban calladas y Carrie estaba sedada con éter, así que no se enteraba de nada (gracias a Dios). El único sonido procedía de un reloj de madera que había sobre una repisa. El incesante tictac era un martilleo que incrementaba su ansiedad y le retumbaba en la cabeza.

Apretó los dientes, echó mano de todo su autocontrol, y dejó de pasear de un lado a otro. La sala del consultorio era acogedora y estaba muy limpia y ordenada. A lo largo de una pared había una hilera de albarelos, y un estante tras otro de libros. Por encima de un horno de leña había colgado un cuadro de una neblinosa isla en tonos verdes y dorados con palmeras mirando hacia una bahía en calma.

Jackson contempló durante un largo momento aquel paraíso y tuvo la impresión de que podía oler el exótico perfume de las flores y oír el canto de los pájaros. Se preguntó si un lugar así existía en el mundo real.

Necesitaba con urgencia una distracción, así que entró en el pequeño despacho que había a un lado y allí encontró por fin ciertos indicios que demostraban que la doctora Leah Mundy tenía una vida, que no era una autómata que se dedicaba a dar órdenes y curaba a la gente mediante la intimidación. En una de las paredes había varios diplomas. Era la primera vez que veía uno, y se sintió fascinado ante tantas distinciones máximas e importantes titulaciones.

La doctora había estudiado en instituciones que sonaban tanto imponentes como exóticas... Great Western, Beauchamps Elysées, Hospital Loxtercamp... Había leído libros como *Patología y osteología de los mamíferos*, de Delafield & Pudden; entre los tomos sobre Medicina había un librito fino, y tuvo que ladear un poco la cabeza para poder leer el título: *Barcos que se cruzan en la oscuridad: Una trágica historia de amor*, de Beatrice Harraden.

Era la primera vez que Jackson conocía a una mujer instruida.

Agarró un ferrotipo enmarcado donde aparecía Leah junto a un caballero con mostacho, y contempló pensativo la imagen. Un padre. Él no tenía ni idea de cómo era tener uno, le habían dicho que había sido concebido por un leñador nórdico en un burdel de Chicago.

Nunca había dejado que el hecho de no tener padre le afectara, pero, a juzgar por la cara que tenía Leah Mundy en el retrato, estaba claro que a ella le importaba mucho el suyo. Le tenía agarrado del brazo con fuerza mientras con la otra mano sujetaba un certificado enrollado (lo más probable era que fuera alguno de los diplomas que había en la pared), y el hombre exudaba una altivez gélida mientras Leah sonreía con el entusiasmo de un cachorrillo.

Estaba claro que desde entonces había sucedido algo que la había ido marchitando. Era lista, exudaba control y seguridad en sí misma cuando estaba ejerciendo la Medicina, pero había perdido ese brillo en la mirada.

«¿Qué fue lo que te pasó, Leah Mundy?», se preguntó para sus adentros. A lo mejor se le había agriado el carácter por la muerte de su padre, o quizás había sido por alguna otra razón; fuera lo que fuese, había pasado de ser una joven sonriente e ilusionada a una doctora sombría y autoritaria cuya única fuente de disfrute parecía ser su trabajo.

Se preguntó si era eso lo que la hacía ser tan única, lo que hacía que pareciera tan avispada, tan especial y competente... o quizás fuera el hecho de que tenía la vida de Carrie en sus manos.

Masculló una imprecación y empezó a ir de un lado a otro de nuevo. Carrie. Ella había sido durante años su misión, su propósito en la vida; de hecho, a veces era la única razón que tenía para levantarse por la mañana.

La primera vez que la había visto, ella era una niñita de nueve años. Recordaba ese momento con total nitidez, porque por primera vez en su vida se había atrevido a creer que los ángeles existían de verdad. A pesar de estar en el sórdido vestíbulo del orfanato, Carrie parecía estar por encima de aquella miseria, era como si tuviera la mirada puesta en algún punto situado mucho más allá de aquel lugar repleto de huérfanos y vigilantes.

Verla le había hecho recordar un cuadro que había visto una vez en una iglesia en el que aparecía una peregrina extasiada al ver por primera vez a Dios. Los otros niños murmuraban que Carrie, tan hermosa y delicada como una mariposa, tenía por dentro un extraño vacío, que carecía de alma.

Él sabía que era el único que podía protegerla, y por salir en su defensa había sufrido de lo lindo (hemorragia nasal por un puñetazo, dedo roto, hombro dislocado). Las recompensas eran escasas, pero eso le hacía valorarlas aún más. Carrie le sonreía, le apretaba la mano o le susurraba que le quería... lo hacía de vez en cuando, con la frecuencia justa para lograr que él la creyera. Y con la sinceridad justa para convencerle de que ella sí que sabía cómo amar.

Miró de nuevo hacia la puerta e intentó imaginarse a Carrie con un hijo, pero no lo logró. Ella no tenía ni idea de cómo cuidar a un bebé. Desde el accidente en el que había fallecido un niño que se alojaba en la misma sección que Carrie y la habían encerrado en la sala de aislamiento como castigo, ella no había vuelto a hablar jamás de bebés, no había vuelto a mirar ni a tomar a uno en brazos.

Y entonces, de un día para otro, Carrie había desaparecido sin más del orfanato. Él la había estado esperando a la salida de la sección de chicas como siempre, en aquel pasillo que apestaba a orines y a bórax, pero la espera había sido en vano. El hermano Anthony, después de propinarle un golpe en la oreja por tener la impertinencia de preguntar, le había dicho que la habían adoptado.

Jackson había sentido como si algo en su interior implosionara... no por el golpe, ya que estaba acostumbrado a que le pegaran, sino por la noticia que acababa de recibir. Sabía perfectamente bien lo que quería decir que una joven como Carrie fuera «adoptada». Los traficantes de blancas estaban buscando constantemente mercancía nueva, y tanto el hermano Anthony como el hermano Brandon estaban buscando constantemente la forma de llenarse los bolsillos de dinero.

Lo que había sucedido a partir de ese momento lo recordaba como una serie de imágenes fracturadas por la violencia que se había desatado. Los fragmentados recuerdos le herían como si se tratara de afilados pedazos de cristal.

Recordaba que se había abalanzado hacia el corpulento hermano Anthony y le había empujado contra la mohosa pared.

—¿Dónde está Carrie, hijo de puta? ¿Quién se la ha llevado?

Aún era muy joven, pero su voz llena de furia había retumbado por el cavernoso pasillo.

—Ya... estará lejos de aquí, maldito mocoso. ¡Vete al infierno!

El malnacido había abierto los ojos de par en par cuando Jackson le había echado las manos al cuello y había empezado a asfixiarlo; a pesar de la pésima alimentación y del maltrato que había sufrido a lo largo de los años, era un muchacho robusto.

—¿Dónde está? —había sentido una terrible presión detrás de los ojos mientras la cólera se extendía por su interior como un incendio descontrolado. La furia era algo muy poderoso, y su joven mente absorbió esa fuerza que podía llevar a un hombre a cometer un crimen—. ¿Dónde está? ¿Dónde?, ¿dónde?

—Ya va por... por el Big Muddy...

El hermano Anthony se había interrumpido de golpe y, al cabo de un instante, unos fuertes brazos habían agarrado a Jackson desde atrás. Unos puños armados con unos nudillos de acero le habían golpeado hasta dejarlo inconsciente, y había despertado (no habría sabido decir si horas o días después) en una celda sin ventanas del sótano. Tenía un ojo cerrado, le pitaban los oídos, y sentía el dolor punzante de una costilla rota. Había tardado días en recuperarse de aquella paliza, y algo más de tiempo en poder tenderle una emboscada al pobre muchacho que le llevaba la comida. Entonces había huido de aquel lugar a la carrera... rumbo a la libertad, al peligro, lleno de la desesperación de un fugitivo.

Había ido vagando de pueblo en pueblo sin rumbo. Había pasado por campamentos madereros en los bosques del norte, por fuertes del ejército y puestos avanzados del oeste, por pueblecitos donde la gente fingía que no le veía, por grandes y sucias ciudades donde daba la impresión de que todo formaba parte de un juego de apuestas. Se había convertido en todo un experto jugando a las cartas y usando un arma. Había navegado a bordo de barcos por el lago Michigan durante los veranos, y había aprendido a vivir según le apetecía. Era como un parásito que encontraba un huésped y lo dejaba seco antes de seguir con su camino.

Después de una partida de cartas en un tren con rumbo al este, se había encontrado de buenas a primeras en Nueva York. Aunque la ciudad no le había gustado, una fuerza que no entendía pero contra la que no había opuesto resistencia le había conducido de forma inexorable en dirección este por Long Island.

Había visto el mar por primera vez un miércoles, y se había quedado mirándolo como si tuviera ante sus ojos el rostro del mismísimo Dios. El lunes siguiente había empezado a trabajar como marinero en un ballenero, y los tres años posteriores habían sido un paraíso y un infierno por partes iguales. A su regreso, tenía dos cosas muy claras: que odiaba con todas sus fuerzas la matanza de ballenas, y que adoraba el mar con una pasión que rayaba en la veneración.

Pero la búsqueda pendiente de Carrie le mantenía cautivo, y al final había logrado localizarla. En Nueva Orleans, para celebrar lo bien que le había ido en la mesa de póquer, había decidido pasar la noche con una ramera. Se había sentido extrañamente reconfortado por la forma fría y mecánica con la que se daban y se recibían los servicios prestados, pero al abrir los ojos por la mañana se había llevado una sorpresa tan desagradable como un cubo de agua helada.

—¿Qué demonios es esto?, ¿de dónde lo has sacado? —preguntó, mientras le daba un pequeño tirón a la cinta de seda que la ramera llevaba alrededor del cuello.

Ella había aferrado el objeto con actitud defensiva antes de contestar:

—Lady Caroline se lo dejó. Ella decía que era un amuleto que da buena suerte, así que decidí ponérmelo.

Él agarró el amuleto en cuestión y lo contempló en silencio durante un largo momento. Era la paloma que había tallado para Carrie tanto tiempo atrás.

—¿Dónde está ahora esa tal lady Caroline? —preguntó, esperanzado.

—Lo último que supe de ella fue que se había ido a Texas con la banda de Hale Devlin.

Texas tan solo había sido el principio.

El sonido de vidrio al romperse le arrancó de los recuerdos, y masculló una imprecación al ver que acababa de romper el ferrotipo que tenía en la mano. Del centro del cristal radiaban unas finas grietas transparentes que distorsionaban la imagen de Leah con su padre. Ella tenía su sonriente boca rota como si la hubieran golpeado, y la mano que su padre le había posado en el hombro había quedado arrancada.

Fue quitando el cristal con sumo cuidado, y la imagen recuperó la normalidad: Leah, sonriente y radiante de orgullo, agarrando con fuerza su diploma; su padre, frío y distante.

Sí, no había duda de que era una mujer ilustrada, pero la cuestión era si iba a poder salvar a Carrie.

Se estremeció al recordar lo que había encontrado en Texas, y se dio cuenta de que la verdadera cuestión era si era posible que alguien salvara a Carrie a aquellas alturas.

Agotada, manchada de sangre hasta los codos y con la confianza en sí misma muy mermada, Leah se quitó los guantes de goma, apoyó la frente contra la húmeda pared de la sala de operaciones, y cerró los ojos mientras oía cómo Sophie se encargaba de meter las sábanas y las batas sucias en una disolución de ácido carbólico y vaciaba una palangana de loza en un cubo para deshechos.

—Has hecho todo lo posible, Leah. He estado observándote como un halcón al acecho, y esos doctorcitos finolis de Seattle no habrían podido hacerlo mejor.

—Eso díselo al señor Underhill —le contestó, con voz apenas audible, antes de abrir los ojos y mirarla—. Dios, Dios...

Sophie tenía un rostro ancho, ojos oscuros y llenos de sabiduría, y un aire de serenidad que se reflejaba tanto en sus movimientos como en sus palabras. Era mitad india Skagit y mitad francocanadiense y había estudiado en internados que le habían enseñado lo justo para convencerla de que no pertenecía ni al mundo de los blancos ni al de los nativos americanos, sino que estaba en un lugar precario situado entre los dos. Era una posición incómoda, pero la propia Leah era una inadaptada y a veces sentía que las dos eran almas gemelas.

—Es la gran maldición de los médicos —admitió, apesadumbrada—. Casi todo el mundo muere una sola vez, pero un médico muere cada vez que pierde un paciente.

Sophie apretó los labios antes de contestar con voz suave:

—Pero los médicos tenéis la gran recompensa de renacer cada vez que salváis una vida —bajó la mirada hacia el rostro macilento e inmóvil de Carrie Underhill antes de añadir—: Sí, has perdido al bebé, pero has evitado que la señora Underhill muera desangrada. Vivirá para darte las gracias, y puede que tenga otros hijos.

Leah se tragó el nudo que tenía en la garganta. Sabía que algunos niños estaban destinados a malograrse, en especial si la madre tenía una salud tan precaria. Había algo extraño en el estado de salud de Carrie Underhill, algo al margen del embarazo. A lo mejor se trataba de alguna enfermedad crónica, pero ¿cuál?

Quizás tomaba calomel, un purgante que mucha gente seguía usando; de hecho, su propio padre solía administrárselo a sus pacientes, y por eso él había sido el causante de situaciones como la que ella acababa de vivir con Carrie.

Iba a tener que mantenerla bajo una estricta observación, pero en ese momento tenía por delante una tarea más apremiante: dar la cara ante su marido, ante el padre del bebé.

La pesadumbre que la embargaba no se desvaneció mientras ayudaba a Sophie a terminar de limpiar; después de ponerle un camisón limpio a Carrie y de cambiar la ropa de cama, fue hacia la puerta y la abrió.

—Señor Underhill...

Él giró la cabeza como si alguien le hubiera dado un puñetazo en la mandíbula. El cansancio había profundizado las líneas de expresión que enmarcaban sus ojos y su boca, pero una barba incipiente suavizaba el efecto y le daba un aspecto engañosamente vulnerable.

—¿Cómo está Carrie?, ¿está bien?

Leah asintió.

—Está dormida, pero es probable que despierte en menos de una hora.

Él cerró los ojos y respiró hondo antes de mascullar:

—Bien. Demonios, qué... alivio —abrió los ojos y admitió—: Dios, me siento como si acabaran de darme cuatro ases.

Ella carraspeó un poco.

—Es posible que a su esposa le duela la cabeza y que tenga vómitos a causa del éter. Usted debe permanecer alerta por si volviera a sangrar, pero creo que es improbable que suceda —luchó por esbozar una sonrisa de ánimo. Al ver la ternura y la desesperación que se entreveían en el rostro de Jackson Underhill, deseó conocerle mejor para poder tomar su mano y sostenerla con fuerza unos segundos en señal de apoyo, pero se limitó a decir—: Creo que su esposa va a recuperarse. Necesita mucho reposo y buena comida, y eso es lo que vamos a darle.

—Sí, de acuerdo —cerró los ojos de nuevo, y le flaquearon las rodillas.

—Siéntese, señor Underhill. No quiero tener que ocuparme de dos pacientes esta noche.

Él se sentó en la butaca, se llevó las manos a la cabeza y hundió los dedos en su espesa cabellera rubia.

—No me había dado cuenta de que estaba tan tenso.

Alzó la mirada hacia ella y Leah sintió una punzada de compasión al ver la agitación que se reflejaba en sus ojos, en aquellos ojos de pistolero. La primera vez que los había visto, había estado a punto de desmayarse de miedo, pero en ese momento sentía una gélida sensación de pesar por la noticia que iba a tener que darle.

—Gracias, Doc.

Ella asintió y se aferró al borde de la puerta mientras esperaba y esperaba a que él le preguntara por el bebé. Al ver que permanecía callado, que se comportaba como si fuera ajeno a la existencia de su hijo, tragó con dificultad y tomó la iniciativa.

—Señor Underhill...

—¿Qué?

Leah respiró hondo, y notó en los pulmones el efecto cáustico del ácido carbólico y el amoníaco.

—Lo lamento, pero no he podido salvar al bebé.

—El bebé.

Lo dijo con voz suave y carente de inflexión, era imposible saber lo que estaba sintiendo.

—Lo siento. Lo siento mucho, muchísimo.

Él la miró en silencio durante tanto tiempo que Leah empezó a preguntarse si la había oído, si había entendido lo que ella acababa de decirle.

—Supongo que usted lo habrá hecho lo mejor que ha podido —comentó él al fin.

Leah había conocido a una buena cantidad de tahúres y pistoleros cuando viajaba con su padre. Eran hombres sin alma, hombres que mataban en un abrir y cerrar de ojos, y Jackson T. Underhill era uno de ellos. Hasta ese momento no se había dado cuenta de cuánto ansiaba que fuera distinto... mejor, más noble, más compasivo... pero la actitud que estaba teniendo en lo referente al bebé demostraba que era como los demás.

—Sí, me he esforzado al máximo, pero tengo mis limitaciones como cualquier otro médico. Hay cosas que no tienen solución —decidió no revelarle sus sospechas respecto a Carrie, al menos de momento.

—Ya veo —se limitó a contestar él, mientras juntaba las yemas de los dedos.

Ella tuvo ganas de recordarle a gritos que acababa de perder un hijo. No lo hizo, pero le parecía muy extraño que tuviera una reacción tan tibia. Era posible que su forma de lidiar con la pérdida fuera negarse a admitir la existencia del bebé; al fin y al cabo, hacía un día que se había enterado de lo del embarazo.

—¿Me ha conseguido una muestra del tónico que está tomando su mujer?, me urge averiguar lo que contiene.

—Sí, después le doy la botella. Es una especie de medicina patentada que la ayuda a relajarse, siempre ha sido bastante... nerviosa.

—Le mandaré una carta al fabricante para pedirle que me diga lo que contiene —basándose en las sustancias que había visto suministrar a su padre, no era nada optimista. Muchos de los remedios patentados contenían purgativos como el calomel, y cosas incluso peores. Intentó esbozar una sonrisa alentadora—. Cuando su esposa se recupere, podrán tener más hijos sin problemas.

—No habrá ninguno más, Carrie ha estado a punto de morir —hizo un gesto tajante con la mano, y se puso en pie con una mezcla de violencia y desesperación.

Leah había oído palabras similares en boca de otros maridos asustados, pero casi siempre acababan por caer en el olvido; cuando la mujer se recuperaba, el marido solía olvidar el terror del aborto.

—No tome ninguna decisión por ahora, señor Underhill —le aconsejó, con voz suave—. Todos estamos cansados, y su mujer tiene por delante una larga recuperación. Tienen tiempo de sobra para pensar en el futuro.

—¿Cómo que «una larga recuperación»?, ¿qué quiere decir?

—Estoy hablando de semanas, como mínimo. Su esposa ha perdido mucha sangre, y ya estaba baja de peso y anémica.

—No puedo esperar tanto.

—En ese caso, estará poniendo en grave riesgo la vida de su esposa —le espetó ella, indignada—. A ver, ¿podría ayudarme a llevarla a su cama?

—Doc... Doctora Mundy —lo dijo con voz neutra, carente de inflexión.

—¿Qué?

—Me gustaría que dejara de mirarme así.

—¿Cómo?

—Como si fuera una serpiente bajo una roca.

—Si ve las cosas desde la perspectiva de una serpiente, la culpa es suya, no mía.

Él masculló algo entre dientes, algo que Leah no alcanzó a oír, pero cooperó y la ayudó con Carrie.

—¿Va a quedarse el tiempo que sea necesario para que su mujer se recupere? —le preguntó, mientras acostaban a la joven con sumo cuidado.

Jackson T. Underhill se pasó la mano por la cara. Leah se había dado cuenta de que era un gesto que solía hacer cuando se sentía frustrado.

—Sí —contestó él al fin—. Sí, me quedaré aquí.

Leah sintió que una melancólica ensoñación la envolvía como si de una neblina matinal se tratara mientras regresaba de casa de los Winfield. Había decidido ir sola en la calesa, porque hacía buen día y no había riesgo de que el vehículo quedara atascado en algún lodazal; por regla general, era el señor Douglas el que conducía, pero ya estaba bastante mayorcito y ella intentaba no obligarle a levantarse demasiado temprano.

Su padre había insistido en tener cochero porque, según él, reforzaba su imagen de hombre importante... pensar en él la hizo retroceder en el tiempo y se vio a sí misma con nueve años, engalanada con un montón de cintas y lazos, sentada con rigidez en el salón de la casa de Filadelfia donde vivían, mientras él le enseñaba a sumar. A pesar de los años que habían pasado, aún recordaba el olor de la cera para madera, aún oía el tictac del reloj del abuelo, aún podía ver cómo la mirada de su padre iba volviéndose más y más gélida cada vez que ella se equivocaba con algún número.

—Perdona, padre. Estudiaré más, la próxima vez lo haré mejor.

Había cumplido con su palabra. Siempre conseguía hacer a la perfección todo lo que él le exigía, pero con eso no bastaba. Nunca era suficiente. Edward Mundy había hecho un gran trabajo a la hora de convencer a su hija de que, por mucho que estudiara, por mucho que se esforzara, nunca iba a conseguir que él le diera su aprobación.

Sí, él quería que su hija estudiara Medicina porque no tenía un hijo que siguiera sus pasos y fuera médico como él, pero también quería que ella se casara, que lograra un matrimonio ventajoso. Se había encargado de hacer desfilar ante ella a una larga lista de pretendientes, pero todos ellos se marchaban de inmediato porque no tenían ni idea de qué hacer con una mujer como ella. Querían a alguien que riera, bailara y cotilleara, no les interesaba alguien que estudiaba Anatomía y expresaba opiniones polémicas.

El rítmico sonido de las ruedas de la calesa la reconfortó y la ayudó a dejar a un lado aquellos oscuros recuerdos. Su padre ya no estaba allí, el pasado había quedado atrás y estaba en sus manos mantenerlo a raya.

Pensó en los Winfield mientras el camino iba abriéndose ante sus ojos entre las marrones orejas de la yegua. Había sido un parto fácil, el bebé había emergido sano, completito y lleno de vida. Nunca se cansaría de la sensación de tener la cálida y resbaladiza piel de un recién nacido entre sus manos, de ver la mirada llena de felicidad del padre y las lágrimas de triunfo de la madre, pero lo que más le gustaba de todo era ese momento en que el bebé inhalaba aire por primera vez, soltaba ese sonoro berrido que parecía decir «Aquí estoy, mundo, vivito y coleando», y la vida le recorría en una oleada que teñía su cuerpecito de un glorioso tono rojizo.

En mañanas de primavera como aquella, una semana después de que la señora Underhill sufriera el aborto, era capaz de creer que Sophie tenía razón al afirmar que un médico renacía de nuevo cada vez que salvaba una vida. La habían despertado a las cinco de la mañana para que fuera a atender a la señora Winfield, el bebé había llegado al mundo dos horas después, y el eufórico señor Winfield le había pagado de inmediato una buena suma (lo cual había sido toda una sorpresa, porque la mayoría de sus pacientes solían hacerse los remolones a la hora de pagar).

En resumen: Se sentía llena de orgullo después de haber ayudado a nacer a otro habitante más de Coupeville y tenía una moneda de veinte dólares en el bolsillo, así que estaba de muy buen humor. Tenía la profesión más gloriosa del mundo, una profesión que consistía en sanar, en salvar vidas y aliviar sufrimientos. Había sido una estudiante ejemplar que se había esforzado más que sus compañeros, había superado con creces las expectativas que su padre tenía de ella, y al final había conseguido el triunfo de lograr sus objetivos a pesar de todas las dificultades... pero la inevitable sombra de siempre se cernió sobre ella y empañó su alegría.

A pesar de que había tenido entre sus brazos a un recién nacido, siempre llegaba el momento en que tenía que entregárselo a la madre, en que tenía que ver cómo el padre abrazaba a su esposa y a su hijo y una felicidad radiante envolvía a la familia.

Seguro que muchos dirían que eran imaginaciones suyas, pero Leah había visto una y otra vez ese brillo radiante. Se preguntó si era la única capaz de reconocer esa magia, la única que se daba cuenta de lo que podían lograr el amor y la familia. Se trataba de dos cosas que tenían el poder de convertir a una mujer anodina en una belleza radiante, de iluminar las oscuras esquinas de la casucha más humilde.

Quizás estaba destinada a ser una mera observadora durante toda su vida, pero a veces anhelaba vivir en primera persona esa felicidad, la dicha de tener amor y familia. En momentos de soledad como aquel, con el golpeteo de los cascos de la yegua como sonido de fondo, sentía que el miedo iba adueñándose de ella como una fístula, como un cáncer. El horror de pensar que nunca iba a vivir esa clase de amor, que iba a envejecer sola y aislada.

Suspiró con pesar y enfiló por la calle principal. Chasqueó la lengua para que la yegua acelerara el paso, y el animal obedeció después de protestar con un pequeño resoplido.

Aquella calle empedrada, flanqueada por tiendas e iglesias, partía en dos el pueblo y descendía hasta la costa. Al otro extremo del estrecho, el sol naciente emergía en un estallido de color tras la dentada silueta de la distante Cordillera de las Cascadas.

Por suerte, en ese momento vio movimiento en el puerto y eso la arrancó de sus pensamientos. Aguzó la mirada para poder ver a través de las finas capas de neblina y vio a Davy Morgan, el aprendiz del capitán de puerto, saliendo de la pequeña oficina que dirigía la reserva histórica conocida como Ebey's Landing. El joven se estiró y bostezó, y su vívido pelo rojizo brilló bajo los primeros rayos de sol.

Davy alzó una mano para proteger sus ojos del sol mientras miraba hacia el muelle donde estaba amarrada la goleta de Jackson Underhill, y Leah sintió que la recorría una desagradable oleada de culpa al ver el timón colgando de lado como un brazo roto. Ella era la culpable de que estuviera inutilizado, y daba la impresión de que repararlo iba a ser una ardua tarea; aunque no fuera asunto suyo, sabía que el señor Underhill había estado durmiendo en la embarcación. Quizás no pasaba las noches con Carrie porque se había tomado muy en serio lo de evitar tener más hijos.

Presa de una perversa curiosidad, fue a echarle una ojeada al barco. Se detuvo al llegar a la barca de remos que había al final del muelle, y Davy Morgan la saludó con un gesto de la cabeza al verla.

—Buenos días, señorita Mundy.

Ella le devolvió el gesto de saludo. Davy, al igual que casi todo el mundo, evitaba llamarla «doctora», pero el joven no lo hacía por malicia... a diferencia de Bob Rapsilver, su jefe, que salió en ese momento de su oficina.

Leah se puso a la defensiva de inmediato. El capitán de puerto no ocultaba la inquina que le tenía desde que ella le había dicho que el dolor de hígado del que siempre estaba quejándose se aliviaría cuando dejara de tomar su copa diaria de whisky; en vez de dejar de beber, el tipo se había vuelto en su contra y ponía en duda abiertamente su moral, sus intenciones y su preparación como doctora ante todo el que quisiera escucharle.

—Señor Rapsilver —le dijo, con fría cortesía.

—Señorita Mundy —se quitó la vieja gorra marinera que llevaba antes de añadir—: Ha madrugado mucho hoy.

—Los Winfield acaban de tener un bebé sano y fuerte.

—Ah, sí, la profesión de partera sí que es adecuada para una mujer —comentó, antes de mirar su reloj de bolsillo con actitud de hastío—. Me alegra oír que no estaba intentando trabajar como un hombre.

—Por supuesto que no, yo lo hago mejor.

Davy soltó una risita, y Rapsilver le señaló con una de sus regordetas manazas.

—¿No tendrías que estar comprobando el motor del barco de vapor de Armstrong?

—Ya lo he hecho, señor. No está en condiciones, he estado a punto de quemarme la mano mientras intentaba apagarlo.

—¿Estás bien? —le preguntó Leah con preocupación.

—Sí, señorita, gracias. Pero al señor Armstrong no va a hacerle ninguna gracia lo del motor.

—Ten cuidado —le advirtió, antes de bajar de la calesa.

Mientras ataba las riendas a un proís, frunció el ceño al oír cómo crujían los muelles del decrépito vehículo. Otra tarea de la que tenía que encargarse, otro problema que había que solucionar. A veces se sentía como Sísifo, que subía una roca hacia la cima de la montaña y siempre se le caía rodando antes de llegar, pero en esa ocasión no iba a dejarse arrastrar por el desánimo. Había traído una nueva vida al mundo y no tenía que ir a visitar a ningún paciente, no iba a permitir que sus preocupaciones le agriaran el día.

Se alzó un poco la falda para que el bajo no se le mojara, y fue hacia el final del muelle. La goleta debía de tener unos diecinueve metros de eslora, tenía el casco avejentado y la pintura descascarillada. Jackson le había dicho que se llamaba *Teatime*. Algún optimista había escrito el nombre tiempo atrás en un ornamentado escudete sujeto a la popa, pero tan solo quedaban las letras *eat me*.

Caminó junto a la goleta, observándola con curiosidad. A pesar de que estaba en mal estado, tenía las clásicas y elegantes líneas de un rápido navío de alta mar. La entristecía un poco verlo estropeado y descascarillado, le recordaba a un paciente al que uno apreciaba y que iba sucumbiendo a los rigores de la edad.

Se preguntó quién había encargado la construcción de aquel barco. ¿Había estado en exóticos puertos de islas distantes?, ¿cómo había llegado a manos del señor T. Underhill? Aquel hombre era un misterio, ¿adónde se dirigían su extraña y hermosa mujer y él con tanta prisa? Seguro que hacia el norte, hacia Canadá. A lo mejor querían adentrarse en aquellas tierras salvajes y perderse allí.

La verdad era que ya estaban perdidos, eso estaba claro. La cuestión era si ellos mismos se habían dado cuenta de esa realidad.

Vaciló por un instante, pero lo cierto era que tenía que hablar con el señor Underhill. Su esposa estaba alterada y no iba a ser fácil contarle lo que ella decía cuando estaba lúcida, tenía que intentar actuar con tacto.

Por otro lado, también tenía que tener en cuenta que estar a solas con él entrañaba cierto riesgo, porque se trataba de un hombre que había intentado secuestrarla. El capitán de puerto no iba a ser de gran ayuda si Jackson intentaba atacarla, aunque, por otra parte, no tenía sentido que quisiera lastimarla, porque la necesitaba; de hecho, la necesitaba desde el principio, incluso cuando le había apuntado a la cabeza con su arma.

Se agarró a un flechaste para mantener el equilibrio y subió a la goleta, que se mecía con suavidad; después de pasar por el puente de mando, subió por una escalerilla que conducía a la parte central de la embarcación. En la cubierta relucían las lumbreras que daban luz a las cámaras inferiores, y en medio había una escotilla entreabierta para dejar entrar la luz matinal; se acercó a ella, se agachó un poco y se asomó, pero se tapó los oídos a toda prisa al oír una voz masculina soltando imprecaciones.

—¡Maldita sea!, ¡cabrón del demonio!

—¡Señor Underhill!

La escotilla se abrió del todo, y el aludido asomó la cabeza. Tenía el rostro acalorado, y la frente y las sienes húmedas de sudor.

—Hola, Doc.

Ella carraspeó un poco antes de contestar.

—Estoy convencida de que la persona con la que está hablando ahí abajo preferiría que la tratara con más educación.

Se sorprendió al verle esbozar una sonrisa.

—Estoy solo, Doc. Lo que pasa es que estaba discutiendo un poco con la reparación que estoy haciendo.

Ella se sorprendió aún más al notar que su propia boca sonreía también.

—¿Le sirve de algo?

—El qué?

—Soltar imprecaciones. ¿Le ayuda a reparar el barco?

—No, pero al menos hace que me sienta mejor.

Una parte del timón estaba tirada sobre la cubierta principal, y había sogas y poleas por todas partes. Sabotear aquella embarcación era la primera cosa destructiva que Leah había hecho en toda su vida y, a pesar de las circunstancias, se sentía culpable.

—Le ayudaré —le dijo, antes de bajar por la escotilla sin más.

El tacón de la bota se le quedó enganchado en el último escalón y cayó hacia delante, pero unas fuertes manos la agarraron de la cintura.

—Tenga cuidado, Doc —le advirtió él, con los pulgares justo debajo de sus senos.

La sostuvo por un segundo, pero a Leah le pareció una eternidad y se quedó sin aliento. Hacía muchísimo que nadie la tocaba y, aunque la trataba de forma totalmente impersonal, ella no pudo por menos que admitir que era la primera vez que alguien la sujetaba así.

—¿No lleva corsé, Doc? —le preguntó, sorprendido.

Su franqueza hizo que se sintiera un poco avergonzada, y se puso a la defensiva.

—Estar constreñido es terrible para la salud.

Él alzó las manos con las palmas hacia fuera en un gesto conciliador.

—A mí no va a oírme ponerle objeciones a que se prohíba que las mujeres usen corsé.

Ella se colocó bien la blusa con cierto nerviosismo.

—Tenga cuidado —le advirtió él; después de indicarle con un gesto un cubo de brea y varios cabos adujados que había en el suelo, retrocedió un poco y la observó en silencio.

Tanta atención por su parte tuvo un efecto muy extraño en la compostura de Leah. Su rostro se ruborizó, se le aceleró el pulso, y se sintió como una tonta.

—Así que ha venido a ayudarme, ¿no? —comentó él, con una medio sonrisa.

—Sí, da la impresión de que no le vendrá mal que le echen una mano.

—¿No está demasiado ocupada?

—Hoy ya he hecho una visita. Si no surge ninguna emergencia, estoy libre de momento.

—Pues gracias, es todo un detalle por su parte.

—He pensado que era lo mínimo que podía hacer, después de haber... —dejó la frase inacabada.

—Después de haber roto el timón.

—¡Usted intentó secuestrarme!

—No es muy dada a responsabilizarse de sus propios actos, ¿verdad?

Leah agarró ceñuda la llave de madera que él le ofreció, y contestó con sequedad:

—Y usted no es dado a disculparse por los suyos.

—A ver, sujete esto para que no se mueva... sí, eso es —metió un perno de madera en un agujero, y lo fijó con un mazo—. Algún marinero de agua dulce puso pernos de hierro en la carlinga, y se han oxidado. Tengo que reemplazarlos con sujeciones de madera si no quiero que el mástil de popa se caiga.

Repitió el proceso varias veces más, pero empezó a mascullar imprecaciones a diestro y siniestro al ver que, cada vez que fijaba uno de los pernos, el del lado contrario se salía.

Leah se limitó a contemplarle en silencio y a sujetar los pernos, pero al final no pudo seguir mordiéndose la lengua.

—¿Me permite una sugerencia?

Él se golpeó el pulgar con el mazo. Cerró los ojos y apretó la mandíbula antes de mascullar:

—Dispare.

—¿Por qué no corta los pernos un poco más largos y, cuando todos estén colocados, recorta la madera a ras de la superficie?

Al ver que se quedaba mirándola durante un largo momento, Leah pensó que iba a burlarse de ella o a ponerle pegas a su idea, tal y como solían hacer los hombres cuando estaban haciendo alguna tarea y una mujer se atrevía a hacer algún comentario al respecto.

—Buena idea, vamos a hacerlo a su manera —contestó él al fin.

Ella siguió sujetándole los pernos y él se vio obligado a tumbarse de lado para llegar a todos los herrajes, pero dejó de estar tan malhumorado conforme el trabajo fue avanzando. Era un hombre alto, esbelto y fuerte que parecía gozar de una salud excepcional. Ella era médico y el cuerpo humano era el núcleo de su profesión, su obsesión, y estaba disfrutando viendo el de aquel hombre; de hecho, estaba disfrutando más de la cuenta.

—Oiga, Doc, ¿cómo llegó a ser una mujer que practica la Medicina?

Leah se había sobresaltado cuando él había empezado a hablar, ya que había creído que la había pillado observándole, así que respiró aliviada al oír la pregunta.

—Si soy mujer es porque nací así.

—De acuerdo, me merezco esa respuesta —admitió él, con una carcajada.

—Y llegué a practicar la Medicina leyendo mucho, trabajando duro, llevando a cabo un riguroso aprendizaje, y haciendo prácticas en un hospital —le habría gustado preguntarle cómo había llegado a ser él un forajido, pero no se atrevió a hacerlo.

—Habla mucho, pero no dice nada —comentó él, mientras sellaba con cola uno de los pernos.

Aquel comentario la sorprendió, y no tuvo más remedio que admitir:

—Sí, supongo que tiene razón.

—¿Cuál es la verdadera historia?

Se puso de pie mientras hablaba y se sacudió el mandil de carpintero que llevaba puesto, un mandil que Leah prefería con mucho a la canana.

—¿Por qué quiere saberla? —no entendía por qué podría interesarle a él su vida.

—Por mera curiosidad. ¿Qué pasa?, ¿es un gran secreto?

—No, es que no estoy acostumbrada a que me pregunten sobre ese tema.

Él hizo una reverencia burlona, y el movimiento hizo tintinear las herramientas que llevaba en los bolsillos del mandil.

—Pues yo estoy haciéndolo.

Leah no pudo evitar sonreír, y él comentó:

—Tendría que hacerlo más a menudo.

—¿El qué?

—Sonreír, así está muy bonita.

—Estar bonita carece de importancia para mí.

—Eso sí que es nuevo, supongo que no tuvo una madre típica.

—Fue mi padre quien me crio. No tuvo ningún hijo varón, así que podría decirse que puso en mí todas sus aspiraciones —guardó silencio mientras intentaba poner en orden sus pensamientos, y oyó una voz del pasado… «¡Doctor Mundy, le necesitan! ¿Puede venir?».

Ella no debía de tener más de unos diez años, pero había acompañado a su padre. Se había encargado de sujetar el candil durante el trayecto en calesa y después, al llegar a la casa del paciente, había permanecido arrinconada en una esquina del cuarto del enfermo.

No se sentía capaz de admitir ante aquel desconocido, aquel hombre que la trataba con amabilidad y cuyos ojos grises reflejaban secretos ocultos, que su padre había sido un médico horrible, un charlatán que administraba pócimas muy cuestionables que a menudo hacían más mal que bien.

—Aprendí mucho mientras le veía trabajar.

No era del todo mentira. Había aprendido que no había nada más valioso que la vida humana; que la gente necesitaba que un médico le diera esperanzas; que un buen médico podía hacer mucho más que aliviar el dolor, mientras que uno malo se hacía rico a costa del sufrimiento ajeno. Su padre le había dado un único regalo: gracias a él, estaba decidida a hacer bien lo que él había hecho mal.

Se obligó a recordar el dolor y el horror y el hecho de que, incluso estando en su lecho de muerte, Edward Mundy había seguido sin darle ni una pizca de cariño. Tragó con dificultad antes de comentar:

—Murió debido a complicaciones en una vieja herida de bala.

—Supongo que esa es la razón de que a usted no le gusten las armas, ¿no?

—Las armas son las herramientas de los cobardes, unas herramientas destructivas. He visto demasiadas veces lo que puede hacer una bala —le espetó ella con aspereza.

—Como dirían los tres mosqueteros... *Touché*, Doc —agarró un punzón antes de añadir—: Así que se hizo médico como su papá, ¿no?

—No, no como él —se sonrojó y apartó la mirada al admitir—: Solíamos estar en desacuerdo a la hora de elegir el tratamiento más adecuado; de hecho, solíamos discrepar acerca de casi todo.

—¿Como por ejemplo?

La forma en que ella debía vestir, hablar y comportarse; la forma de atrapar a un marido rico; adónde debían huir cada vez que uno de los pacientes de su padre fallecía porque era un médico incompetente.

—¿Y bien? —insistió Jackson.

Leah empezaba a arrepentirse del cauce que había tomado la conversación, pero resultaba sorprendentemente fácil hablar con aquel hombre. Quizás era porque sabía que él iba a quedarse muy poco tiempo allí y no volvería a verlo, así que no podría utilizar lo que ella le contara para herirla.

—Mi padre no llegó a entender nunca mi insistencia en practicar la Medicina por el bien de la humanidad y no para ganar dinero. Él creía que yo debía aprovechar mi tiempo libre para socializar, se sintió decepcionado al ver que yo no lograba un matrimonio ventajoso.

—¿Qué demonios significa eso de «un matrimonio ventajoso»?

—A ojos de mi padre, significaba que yo me casara con un hombre que pudiera saldar sus deudas.

—¿Y qué significa para usted?

—Encontrar a un hombre al que yo... —no se atrevió a decirlo— que sienta estima hacia mí.

—En ese caso, ¿por qué no se ha casado aún?

—Porque semejante hombre no existe —admitió, mientras volvía a sentir el familiar dolor de la soledad—. Aún no he conocido al hombre dispuesto a darme la libertad de practicar la Medicina; al parecer, todos quieren que su esposa se quede en casa manteniendo encendida la chimenea y zurciendo calcetines en vez de curando a los enfermos.

—A mí me parece condenadamente aburrido.

—¿El qué?, ¿curar a los enfermos?

—No, mantener encendida la chimenea y zurcir calcetines.

Leah se echó a reír.

—¿Su madre no le enseñó que una mujer debe limitarse a cuidar su casa?

A él se le borró la sonrisa de la cara de golpe.

—Mi madre nunca me enseñó nada.

A juzgar por su tono de voz, estaba claro que no quería que

ella tocara aquella vieja herida. No había duda de que los dos tenían cicatrices que se esforzaban por ocultar.

—¿Quién le habló de los tres mosqueteros?

—Nadie, soy autodidacta —lo dijo con un tono de voz seco, cortante, pero su rostro se iluminó y posó la palma de la mano sobre una viga transversal. La luz de las lumbreras de la cubierta tiñó de reflejos dorados su pelo—. Ahora que tengo el *Teatime*, puedo ir a donde me plazca.

—¿Adónde piensa ir?

—A donde me lleve el viento.

—Suena bastante... veleidoso. ¿Nunca ha pensado en quedarse en un sitio, en echar raíces?

—Nunca pienso demasiado —admitió, antes de meter el pincel en un cubo de cola para madera y seguir con su tarea.

Leah guardó silencio mientras la cola se secaba alrededor de un perno suelto. Le habría gustado preguntarle muchas cosas... Qué era lo que había dejado atrás en su pasado, por qué no hablaba nunca del bebé que Carrie había perdido, cuáles eran sus expectativas de futuro... pero se mordió la lengua. Desde muy pequeña había aprendido a ser cauta. Sabía que tenía que tener cuidado con lo que decía, con lo que aprendía acerca de alguien, con lo que sentía por esa persona.

Le había entregado su corazón y su alma a un hombre una única vez en la vida, y él la había aplastado. Ese hombre era su padre. Sí, era un charlatán, pero era lo único que ella conocía, lo único que tenía. Le había otorgado una influencia enorme sobre ella a la hora de tomar decisiones, y lo único que le quedaba eran recuerdos amargos.

Deseó poder olvidar el pasado y, mientras seguía trabajando en silencio junto a Jackson Underhill, aprovechó para observarlo con disimulo. Había visto a hombres desde todos los ángulos debido a su profesión, pero él despertaba en su interior un interés único que la desconcertaba.

A pesar de tener un comportamiento que e fascinaba más de lo debido, daba la impresión de que era un hombre que esperaba (y solía encontrarse) con lo peor que la vida tenía por ofrecer; aun así, se aferraba a la esperanza de una forma que ella no había visto nunca y que le intrigaba.

Al final fue incapaz de seguir conteniendo su curiosidad, aunque sabía que estaba siendo una incauta.

—Siento curiosidad, señor Underhill. ¿Cómo llegó a sus manos este barco?

—¿Qué le hace pensar que no lo mandé construir?

—No me lo imagino poniéndole a un barco un nombre como *Teatime*.

—La última vez que eché un vistazo, ponía *eat me*.

—Podría reparar el escudete. Si no fue usted quien eligió el nombre, ¿quién fue?

Al ver que tardaba unos segundos en contestar, Leah supuso que estaba sopesando la información que podía arriesgarse a darle.

—Un inglés que conocí en Seattle, le gané el barco en una partida de cartas. El tipo estaba pasando por una mala racha, pero tengo entendido que, en otros tiempos, surcó las aguas del Lejano Oriente y navegó entre las islas en busca de exóticos tes. Yo pienso ir allí algún día —añadió, casi para sí mismo.

—¿Adónde?

—No sé, a algún lugar lejano y exótico. A lo mejor navego hacia la puesta de sol hasta que encuentre lo que estoy buscando.

La sorprendió la intensa emoción que se entreveía en aquellas palabras, en su voz áspera.

—¿Qué es lo que busca, señor Underhill?

—El paraíso, uno como el del cuadro que tiene usted en su despacho —se le enrojecieron las orejas al hacer aquella confesión—. Eh... en fin, es algo que siempre he querido encontrar —se encogió de hombros en un gesto que quería restarle importancia a sus palabras—. ¿Puede pasarme ese mazo? —al ver que ella fruncía un poco el ceño al pasarle la herramienta en cuestión, le preguntó—: ¿Qué pasa, Doc?

—Me resulta bastante difícil comprenderle. Mi profesión es el factor que motiva mi vida, lo que me da una dirección y un propósito, pero usted no tiene ningún plan más allá de navegar hasta el próximo puerto. Usted es como este barco, señor Underhill. Carece de timón, de un rumbo fijo. ¿No le perturba eso?

—Soy un soñador, y usted alguien que planifica las cosas. ¿Quién demonios es usted para decir que su forma de vida es mejor que la mía?

—No debería haber dicho nada al respecto, le pido disculpas —le dijo ella, ruborizada.

—No hace falta que se disculpe —le aseguró, antes de agarrar un taco de lijar y ponerse manos a la obra.

—¿Cuánto tiempo van a durar las reparaciones? —le preguntó, en un intento de dejar atrás el tema de la planificación y los sueños.

—Davy Morgan, que asegura que sabe de estas cosas, dice que semanas. Le sorprendió que el barco lograra llegar hasta aquí desde Seattle, y me dio un listado larguísimo de reparaciones. Yo puedo encargarme del trabajo en sí, pero tendré que ir a la ciudad para conseguir el dinero que hará falta para pagar los materiales.

—¿Cómo piensa conseguir ese dinero?

—Jugando a las cartas.

—¿Por eso está huyendo?

—Yo no he dicho que esté huyendo.

—No hace falta que lo diga. Lo supe en cuanto intentó secuestrarme, y usted mismo me lo confirmó cuando me advirtió que no alertara al sheriff.

—¿Lo ha hecho? —le preguntó, con voz amenazadora.

Leah se esforzó por sostenerle la mirada al contestar:

—No, pero lo haré si usted me da razones para ello.

—No estoy buscando problemas.

—Ya lo sé.

Leah se había planteado ir a hablar con el sheriff Lemuel St. Croix, pero no lo había hecho. St. Croix era un tipo duro y taciturno que parecía fuera de lugar en Coupeville, un soltero de mediana edad al que le gustaba la buena vida; a pesar del modesto salario que recibía como agente de la ley, había conseguido adquirir un vehículo Panhard que no funcionaba con tracción animal, sino con gasolina. No parecía demasiado interesado en velar por la ley y el orden, pero eso no suponía un problema porque en la zona solían cometerse pocos delitos.

Siguió viendo trabajar a Jackson mientras permanecía sumida en sus pensamientos. Cuando él hablaba del mar, un soñador ocupaba el lugar del forajido. Su intensidad tenía algo que la cautivaba, se sentía atraída por la pasión que ardía en sus ojos grises. No recordaba la última vez que había sentido en su interior un deseo tan poderoso, su corazón parecía haber olvidado cómo soñar por culpa de los rigores de la vida cotidiana.

No habría sabido decir cuándo había sucedido, cuándo habían muerto todos sus sueños. No sabía por qué no había sentido esa pérdida hasta ese momento, hasta que al mirar a los ojos de un desconocido veía potenciales y tentadoras posibilidades.

No debería intentar averiguar más información sobre la vida de aquel hombre de paso que estaba huyendo de la ley y debía de tener mucho que esconder. Cuanto menos supiera de él, mejor. Había llegado el momento de decirle la razón por la que había ido a verle al barco.

—Su mujer parecía agitada cuando fui a verla ayer por la tarde.

—Ha perdido un bebé, supongo que eso afectaría a cualquier mujer.

Leah contuvo las ganas de preguntarle si él también estaba afectado, pero se limitó a decir:

—Sí, por supuesto, pero me temo que se trata de algo más que eso. Ella me dijo... —vaciló antes de seguir. No sabía si eran un matrimonio que lo compartían todo, o si se ocultaban secretos el uno al otro—. Parece estar bastante agitada.

—Sí, eso es normal en ella.

—Ha estado sufriendo unos ataques de pánico bastante fuertes, es como si estuviera viviendo una pesadilla estando despierta. Habla de sangre y de fuego, de una mancha en el suelo, de una casa en llamas; además, le da pánico quedarse encerrada.

Señor Underhill, su esposa está aterrada porque cree que algo o alguien está persiguiéndola.

Tenía la esperanza de que él se riera y le restara importancia al asunto, tal y como solía hacer en muchas ocasiones, pero no fue así. La forma en que la miró le recordó el día en que le había conocido, ya que en sus ojos apareció de nuevo aquel brillo acerado similar al del cañón de un arma. Su actitud amenazante la hizo retroceder un paso.

—Lo que Carrie dice son puros desvaríos. No es asunto suyo, Doc.

—Todo lo que afecte al estado de mi paciente es asunto mío.

Al ver que tensaba la mandíbula y luchaba por contenerse, Leah se preguntó por qué estaba tan enfadado y qué estaba ocultando. Le habría encantado que, tal y como él aseguraba, todo aquello no fuera asunto suyo, pero, lamentablemente, sí que lo era.

—Carrie ha tenido una vida dura —admitió él a regañadientes—. Nos criamos en un orfanato y, si a veces da la impresión de que está asustada, se debe a que su vida ha sido aterradora.

Leah sintió que se le formaba un nudo en la garganta. Estaba claro que la vida había sido brutal con Carrie.

—Entiendo. Seguro que vivir en un orfanato fue horrible tanto para usted como para ella.

—¿Horrible? Sí, supongo que podría decirse así. Bueno, Doc, ¿lista para ayudarme con el mástil?

Ella le miró sorprendida al ver que dejaba atrás el arranque de mal genio, pero subió tras él a cubierta. De repente se dio cuenta de que el barco era como una especie de tabla de salvación para él, ya que se olvidaba de todo cuando estaba atareado con las reparaciones.

—Tenga, agarre este cabo. Si lo he hecho bien, la sección superior debería colocarse en su lugar —empezó a sudar y a mascullar imprecaciones mientras tiraba del cabo que tenía en sus manos, y se detuvo por un momento para quitarse la camisa y lanzarla a un lado.

Leah se quedó mirándolo embobada, pero se dio cuenta de lo que estaba haciendo y luchó por centrarse en la tarea que tenían entre manos.

Contuvo el aliento al ver que el alto mastelero de abeto respondía al fin a la acción de los cabos y las poleas. Jackson intentó izar las velas, y la inundó una inesperada y embriagadora satisfacción al verlas alzándose majestuosamente. Sintió una extraña opresión en el pecho mientras esperaba, expectante y con el aliento contenido; cuando la vela se abrió contra el cielo, la sensación de opresión estalló en su interior y sintió que la inundaba una súbita calidez que hizo que entreabriera los labios y soltara un involuntario sonido de placer. ¿Cómo era posible que, viviendo en la costa, se hubiera perdido hasta ese momento la emoción de navegar?

Se puso la mano a modo de visera para protegerse los ojos del sol, y admitió para sí la respuesta a esa pregunta. Se perdía todo lo importante porque siempre se mantenía al margen, y un forastero que huía de la ley era quien estaba mostrándole las maravillas que tenía delante de las narices.

Bajó la mano y se dio cuenta de que él estaba mirándola con expresión interrogante. El sudor que cubría sus anchos hombros brillaba bajo el sol.

—¿Sucede algo, señor Underhill?

—Ha disfrutado de la experiencia, ¿verdad?

—Sí, la verdad es que me ha resultado... interesante.

—Ha disfrutado de lo lindo.

—Sí, ¿cómo se ha dado cuenta?

Él le acarició la mejilla con el dorso de la mano en una breve caricia.

—Parece una mujer que acaba de hacer el amor.

—¡Oh, por el amor de Dios! —exclamó, antes de darle la espalda.

No debería estar allí, no debería estar comportándose así, no debería estar sintiendo lo que sentía... pero la fascinación que sentía por aquel hombre se acrecentaba por momentos, y cada vez le costaba más controlarla. Jackson T. Underhill era misterioso y seductor, y tenía la fría indiferencia de un tipo errante que carecía de raíces. Ella sabía que debería mantener las distancias, que debía centrarse en curar a su esposa, pero no podía evitar tener pensamientos prohibidos. No podía evitar recordar sueños que había abandonado años atrás, y que se arrepentía de haber dejado en el olvido.

—¿Está afirmando que hizo tratos con este tipo?

Joel Santana extendió sobre el mostrador de la tienda el cartel de *Se busca* donde aparecía Jack Tower, y el boticario lo quitó de la vista a toda prisa y miró furtivamente a su alrededor para asegurarse de que ninguno de los clientes lo había visto.

—Yo no he dicho eso, marshal —protestó, antes de mover la nariz en un gesto que recordaba a una rata.

Joel apoyó el codo en el mostrador mientras le recorría una enorme oleada de cansancio. Había cruzado Texas siguiéndole la pista a Tower y había llegado a Nuevo México, donde el aire de Santa Fe golpeaba el rostro de un hombre con arena rojiza durante el día y le helaba hasta los huesos de noche.

—Mire, caballero, si yo digo que lo ha dicho, es que lo ha dicho.

—Pero...

—No me gustan los tipos de su calaña —miró por encima del hombro al indio que estaba durmiendo fuera, junto a la puerta de la tienda—. No me gusta lo que vende.

—Le aseguro que todas mis medicinas son de la más alta...

—Y una mierda. No me gusta que se vendan sustancias que atontan al que las toma y le hacen venir a por más una y otra vez.

Santana entornó los ojos para ver mejor los estantes que había detrás del mostrador. Peyote, hongos alucinógenos en polvo, láudano, cristales de morfina y Dios sabe cuántas cosas más. En su opinión, no eran más que celdas sin barrotes que le arrebataban a una persona la libertad, la dignidad y, al final, incluso la vida.

Alargó una mano y derribó un tarro de cristal que se hizo pedazos al estrellarse contra el suelo. Un intenso olor herbal inundó el ambiente.

—Vaya, qué torpe soy. Parezco un búfalo en el saloncito de una dama.

—¡Eh! ¿Qué demo...?

—¿Qué hay en este otro tarro?

Al ver que Joel alargaba de nuevo el brazo hacia el estante, el boticario retrocedió un paso y abrió los brazos en un intento de proteger su mercancía.

—¡De acuerdo! ¡Sí, le vendí algo a ese tipo!

Santana bajó el brazo. Le ardía el hombro por culpa de la bursitis, había pasado demasiadas noches de frío bajo las estrellas. Cuanto antes encontrara a Jack Tower, antes podría retirarse. Vivir en un lugar con buenas vistas donde hiciera buen tiempo, encontrar a una mujer dispuesta a aguantar las tonterías de un tipo obstinado... Antes de que su mente fuera demasiado lejos, se metió el pulgar en la pistolera y esperó en silencio a que el boticario desembuchara.

—Apareció en medio de la noche, yo estaba dormido como un tronco y me despertó.

—¿Qué era lo que quería?

—Al principio ni siquiera podía oírle. La mujer que estaba con él... su esposa, o lo que fuera... estaba gritando como una histérica.

Joel sintió que la sangre se le helaba en las venas. Aunque sabía la respuesta de antemano, sacó el ferrotipo que le había dado el sheriff de Rising Star.

—¿Esta mujer?

—Sí. Sí, es ella.

—¿Qué fue lo que les vendió?

—Una cajetilla de tabaco picado... Picado fino Underhill, creo recordar... y un frasco entero de esto.

El boticario bajó una botella que contenía una medicina patentada llamada Remanso de Paz Pennysworth. Las portentosas virtudes que se le atribuían en la etiqueta eran absurdas; al parecer, la persona que la tomaba podía contar con todo tipo de beneficios, desde una buena noche de sueño y una evacuación de las heces regular hasta la perfecta paz espiritual.

Joel abrió la botella azul para oler lo que contenía, y dedujo que la sustancia era una mezcla de maíz, melaza y opio. El hielo que le corría por las venas le inundó el corazón; a diferencia de él, Jack Tower no sabía la verdad acerca de Caroline Willis, no era consciente de lo que ella había hecho en el pasado ni de lo que era capaz de hacer.

Había oído hablar de ella por primera vez varios años atrás, después de un incendio que se había desatado en Nueva Orleans y que había dejado reducido a cenizas uno de los antros más conocidos del barrio francés. Había habido una víctima, un predicador al que parecían gustarle los juegos peligrosos, ya que en el momento del incendio tan solo llevaba puestos unos zahones de cuero y estaba tumbado en una cama, atado de pies y manos a los postes.

Había sido entonces, en una sofocante noche de julio, cuando Joel había entendido el verdadero significado de «arder en el infierno».

El predicador había resultado ser un cliente de Caroline.

—¿Adónde fueron al salir de aquí? —le preguntó al boticario.

—Se marcharon de la ciudad en tren, lo juro por Dios. Es todo lo que puedo decirle, le juro que no sé nada más —no había duda de que estaba deseando que acabara el interrogatorio.

Joel se llevó la mano al borde del sombrero y vio que el tipo se tensaba, estaba claro que pensaba que iba a romper algo más.

—Es usted un hombre bastante nervioso —el sonido de las espuelas le acompañó mientras se dirigía hacia la puerta. Lanzó una mirada hacia las hileras de tarros, y añadió—: Debería tomar algún remedio.

Jackson estaba preocupado e inquieto, así que salió a sentarse en el porche delantero de la enorme casa y contempló el cielo nocturno. Había estado estudiando las estrellas, porque un buen capitán de barco las usaba para orientarse mientras navegaba. Sacó una cajetilla de tabaco, enrolló un cigarrillo y lo encendió, y siguió con la mirada los hilillos de humo gris que se alzaban y jugueteaban con la luz de la luna. Había intentado despertar el interés de Carrie por la Astronomía, le había mostrado las ilustraciones del viejo libro que había encontrado a bordo de la goleta, pero ella no mostraba interés por casi nada en los últimos tiempos.

Un susurro quedo y prohibido le pasó por la mente... «Leah Mundy sí que se interesaría por el tema».

No debería estar pensando en ella, no en esos términos, pero su mirada se desvió como por voluntad propia hacia el ala de la casa donde ella tenía el consultorio. Al ver que salía luz por la ventana, aferró los brazos de la mecedora mientras luchaba por quedarse donde estaba, pero quería ir hasta allí, quería verla y averiguar por qué ella tampoco podía conciliar el sueño. Se dirigió hacia allí con sigilo, y miró por la ventana. ¿Por qué demonios estaba despierta tan tarde?

Leah alzó un tubo de ensayo para verlo bien a la luz de la lámpara. En la parte superior estaban formándose cristales, y en el fondo se había depositado una capa de sustancias inertes. Lograr el ajuste adecuado era complicado, pero en esa ocasión lo había conseguido. Era una suerte haber logrado por fin un resultado, porque la botella de tónico de Carrie estaba casi vacía.

Extrajo parte de la sustancia cristalizada con una vara estéril. Había logrado la confirmación irrefutable, pero eso no la tranquilizaba. Tenía que encontrar la forma de decirle a Jackson lo que había descubierto.

CAPÍTULO 4

—Si aprieta con más fuerza esa taza, acabará por romperla.

Jackson miró su propia mano al oír el comentario de la doctora Mundy, y se dio cuenta de que tenía los nudillos blanquecinos. Estaba contemplando a Carrie desde la puerta del salón, y no la había oído llegar. Hizo un esfuerzo por relajar la mano y se volvió de nuevo hacia el salón.

Dos semanas después de su problema de salud (él procuraba no pararse a pensar en que había sido un aborto), Carrie parecía estar recuperada. No había duda de que se sentía mucho mejor, porque había adquirido la costumbre de bajar a sentarse todas las tardes al salón; una vez allí, se convertía en el centro de atención y parecía una reina rodeada de su corte, no había otra forma de describirlo.

Le encantaba ponerse sus vestidos más bonitos (tenía un montón, y quería muchos más), sentarse junto a la ventana en un anticuado diván con flecos, y charlar con los huéspedes de la pensión.

Él no les conocía demasiado bien, pero, tal y como solía suceder, Carrie se había ganado las simpatías de todos. Era tan bella como una flor de primavera y, cuando estaba de humor para conversar, a la gente le resultaba entretenida. Su atento público estaba formado por la tía Leafy, que no era tía de nadie pero sentía un ávido interés por los asuntos privados de todo el mundo; Battle Douglas, un hombre timorato que le tenía miedo hasta a su propia sombra; Zeke Pomfrit, el minero avejentado que le ponía nervioso; y Adam Armstrong, un magnate maderero que al parecer poseía una gran fortuna y que se alojaba allí mientras su yate a vapor, *La Tache*, estaba siendo reacondicionado en el puerto.

A diferencia de él, Armstrong no se molestaba en hacer el trabajo por sí mismo. Había contratado a un constructor de buques de la zona para que reparara tanto la maquinaria como el casco de madera y acero de la embarcación, y él se pasaba el día luchando con el poco fiable telégrafo de la oficina de correos, jugando a las cartas con los otros huéspedes, o flirteando con las empleadas de la tienda de ropa de Nellie Morse.

Jackson conocía bien a esa clase de hombres, tipos que tenían los bolsillos llenos del dinero familiar y que no se molestaban en derramar ni una sola gota de sudor por nada. Poseía la elegante sofisticación que parecía ser innata de los hombres que nacían rodeados de riquezas y privilegios, era como si le hubieran barnizado con el dinero y el poder de su familia tal y como se barnizaba la madera de un barco. Su pelo le cubría la frente con aparente dejadez, pero seguro que había tardado una hora en conseguir que le quedara así.

Jackson apartó la mirada de él. Adam Armstrong no le interesaba, el tipo no tenía nada de malo al margen de su inagotable encanto.

Carrie estaba sentada en el centro, ataviada con un vestido de organdí que le había suplicado que le comprara en San Francisco, como una reina rodeada de sus súbditos. Le brillaban los ojos, tenía las mejillas sonrosadas, y su voz reflejaba una chispeante animación mientras charlaba sobre todo y sobre nada.

—Yo llevaba puesto el vestido más hermoso del mundo, era una prenda de muaré rosado. Y una mujer metió a su perrito en Antoine's.

—Vaya.

Armstrong se limitó a hacer aquel comentario cortés, pero Jackson tuvo ganas de borrarle la sonrisa de la cara con un puñetazo.

—Creo que fue en Nueva Orleans donde oí por primera vez *Las calles de El Cairo* —siguió diciendo ella—. Sí, fue en Nueva Orleans, en el club Wildcat. Era una canción de lo más escandalosa, pero no debía de ser demasiado pecaminosa, porque mi pareja en aquella ocasión era un predicador. En aquel lugar servían unas ostras deliciosas...

Nueva Orleans, había sido allí donde Jackson había conseguido al fin encontrarle la pista. Guiado por el instinto y por los vagos recuerdos de una prostituta, la había seguido hasta Texas, y había acabado por encontrarla en una aletargada y polvorienta población llamada Rising Star.

El recuerdo de aquel momento seguía siendo perturbador. Le había costado reconocerla al verla con un vestido de baile, el pelo teñido de un chillón tono dorado y los labios pintados de rojo. Ella estaba de pie a las puertas de la cantina, pero, cuando él la había saludado, había fingido que no le oía y había entrado en aquel antro sin ventanas para sentarse con los miembros de la banda de Devlin, que habían ido pasándosela del uno al otro entre risas.

Las risas se habían silenciado horas después. Carrie y él habían acabado frente a frente en una habitación salpicada de sangre, separados por el cuerpo sin vida del alcalde de Rising Star.

Una puerta se había cerrado de golpe.

No habría sabido decir por qué, pero recordaba con claridad el sonido de un portazo tras él, en el pasillo. El momento que había quedado quebrado por ese sonido era tan terrible que, a pesar del tiempo que había pasado, cerró los ojos con fuerza para intentar no recordarlo... pero su esfuerzo fue inútil.

Recordaba el olor de la sangre y de la pólvora, el eco de una puerta al cerrarse, el sonido de la respiración acelerada de Carrie, su mirada implorante, su voz al decir dos únicas palabras: «Ayúdame, Jackson». Hasta ese momento, no estaba seguro de si ella le había reconocido, pero al oírla pronunciar su nombre supo que no tenía elección. La agarró de la mano y echó a correr.

Suspiró mientras intentaba relajarse. Todo era tan difícil con ella, tan dramático, tan impredecible.

—Está mejorando —le dijo a Leah en voz baja, para no interrumpir la entretenida charla de Carrie.

—Está entreteniendo a los demás huéspedes, de eso no hay duda. ¿Va a unirse al grupo usted también?

—No puedo, tengo que seguir con las reparaciones del barco. Cada vez que arreglo algo, surge un nuevo problema. Voy a tener que ir a Seattle o a Port Townsend para conseguir algo de dinero, solo tengo que jugar bien mis cartas —le guiñó el ojo antes de pedirle, sonriente—: No me mire así.

—¿Cómo?

—Como si yo fuera escoria. Usted suele mirarme así, Doc.

—¡Eso no es verdad!

—¿Ah, no? ¿Puede saberse por qué está tan seria hoy?

Ella le puso una mano en el brazo, una mano elegante y competente que tenía callos debido al duro trabajo que desempeñaba, y le pidió en voz baja:

—Señor Underhill, ¿podría hablar con usted en privado?

Jackson sintió que una gélida sensación le recorría el pecho.

—Sí, claro.

Le hizo un gesto de despedida a Carrie con la cabeza, pero ella no le prestó atención alguna y, después de reírse por un comentario de Armstrong, empezó a contar otra anécdota más.

«Cualquier cosa menos la verdad, mi querida Carrie. Cualquier cosa menos la verdad», pensó él para sus adentros al oírla afirmar con gran firmeza que había bailado con el vicepresidente.

—¡Esa Leah Mundy! Se la ve de lo más sosa con ese vestido tan anticuado que lleva, ¿verdad?

A Jackson le bastó con mirar a Leah y ver que tensaba los labios y alzaba la barbilla para saber que, lamentablemente, había oído aquellas palabras.

—No lo ha dicho para ofenderla, Doc.

—No me ha ofendido.

Cruzaron el vestíbulo y salieron al porche. Una barandilla blanca que le recordaba a las costillas del esqueleto de una ballena rodeaba la parte delantera y los laterales de la casa; en la distancia, a los pies de una extensa y verde pendiente, las aguas del estrecho de Puget relucían bajo la luz del atardecer.

Se trataba de un lugar que él había dado por hecho que solo existía en sus sueños. Una resplandeciente casa en lo alto de una colina, islas distantes diseminadas como esmeraldas sobre un mar color zafiro, montañas nevadas enmarcadas por un cielo azul.

Se apoyó en una columna de marfil y observó en silencio a Leah Mundy. No tenía una belleza deslumbrante como la de Carrie, pero en sus facciones equilibradas y en sus ojos marrones había una calma y una serenidad que le gustaban, que le gustaban mucho. En ese momento recordó el día en que habían izado juntos las velas de la goleta, pensó en la expresión de embeleso y éxtasis que había visto en su rostro. Era la expresión que debería tener una mujer en su rostro cuando un hombre le hacía el amor... Dios, no podía permitirse el lujo de pensar en una mujer como ella.

—Señor Underhill...

También le gustaba su voz, una voz baja y suave. Carrie, por el contrario, era dada a largos silencios llenos de melancolía y a parloteos incluso más largos en los que no decía nada sustancial.

Se sintió mal al darse cuenta de lo que estaba haciendo. No debería estar allí plantado como un pasmarote, comparándolas a las dos.

—Quería hablar con usted acerca de su esposa —añadió ella.

—Está mucho mejor, Doc. Supongo que le debo...

—No es eso lo que quería comentarle —Leah se alisó la falda y se dirigió a paso lento hacia la barandilla—. En mi opinión, está totalmente recuperada del aborto.

Jackson se preguntó cuándo debería confesarle la verdad acerca del bebé, y supo la respuesta de inmediato: Nunca.

—Creo que el aborto podría ser resultado de otro problema —añadió ella.

Qué mujer tan cauta. Era como un soldado que andaba por un campo minado, que iba avanzando lentamente centímetro a centímetro.

—Si le soy sincero, yo hacía tiempo que no la veía tan bien como ahora.

Ella se volvió a mirarlo sin soltar la barandilla. Además del vestido del que Carrie se había burlado, llevaba un prístino delantal blanco. Jackson no pudo por menos que darse cuenta de que tenía unos senos firmes y una cintura estrecha, y recordó el momento en que la había ayudado a bajar de la goleta. Por Dios, aquella mujer no llevaba corsé.

—Señor Underhill, lo que estoy intentando decirle es que me temo que su esposa sufre... otra dolencia.

Lo dijo en voz baja, con aquella actitud calmada y serena que la caracterizaba, así que él tardó unos segundos en asimilar lo que acababa de oír.

—Otra dolencia —pronunciadas por su propia lengua, el impacto de cada una de aquellas palabras fue como un martillazo; por alguna extraña razón, no se sorprendió. No era una noticia inesperada—. ¿Qué demonios significa eso?

Ella bajó la mirada antes de volver a alzarla.

—Por favor, entienda que tengo muy poca experiencia en esta clase de asuntos, mucha menos de la que me gustaría tener, pero los síntomas me parecen claros.

—Por el amor de Dios, Doc, suéltelo ya —le pidió, presa de una desagradable aprensión de la que no había escapatoria.

—Creo que su esposa es una adicta.

—Una adicta.

—Sí.

—¿Como los que beben éter o fuman opio?

—Sí. Ella es adicta a un opiáceo... a la morfina, para ser exactos.

Jackson soltó una carcajada, y se apoyó aliviado contra la columna.

—Puede que usted no tenga demasiada experiencia en estos temas, pero yo he visto a unos cuantos adictos a lo largo de mi vida. Los he visto vomitando en callejones y suplicando en estaciones de tren, alguna que otra vez he visto cómo se llevaban a alguno a la cárcel —pensó en la piel macilenta, en los ojos carentes de expresión y en la actitud de completa desesperanza de aquella gente, y afirmó con firmeza—: Carrie no tiene ninguna adicción.

—Lamento estar en desacuerdo con usted, señor Underhill, pero sí que la tiene. Carrie toma copiosas cantidades de elixir varias veces al día, ¿verdad?

—¿El líquido oscuro ese que hay en las botellas azules? Por lo que he visto, está hecho de melaza en gran medida.

—Contiene una gran cantidad de morfina, que es un derivado del opio. Me tomé la libertad de analizar el contenido. Le mandé una carta al fabricante, y la respuesta que he recibido confirma los resultados que obtuve.

La sensación de aprensión se intensificó, le heló las extremidades y le retumbó en los oídos. Recordó la noche en que había visto la luz encendida en el consultorio y, al mirar por la ventana, la había visto atareada con sus matraces, sus botellas y una extraña luz azulada, y con varios libros abiertos sobre el escritorio.

—Creía que el tónico la ayudaba.

—Hace que ella sienta una falsa sensación de bienestar, pero se ha convertido en esclava de esa sustancia.

Jackson se estremeció y pensó en todas las veces que él mismo le había acercado una de aquellas botellas.

—¿Tan mala es?

—La morfina es un narcótico poderoso, y no siempre es nociva. Yo se la administro a pacientes que están sufriendo un dolor insoportable a causa de una herida o de alguna enfermedad grave, pero, cuando una persona toma demasiada cantidad y de forma continuada, el resultado es que se crea una adicción. Lamentablemente, los textos médicos... incluso los recientes... casi nunca mencionan ese peligro potencial; de hecho, en algunos se afirma que los opiáceos sirven para mantener un equilibrio adecuado y para curar las ansias de beber alcohol. Pero los médicos más modernos creen que se trata de una sustancia destructiva.

Aquella mujer le hacía sentir indefensión, le hacía sentir

como un ignorante; peor aún: sentía que le había fallado a Carrie, que había estado ciego ante la enfermedad que la aquejaba. En ese momento quería descargar su ira, golpear algo, pero se obligó a mantener la calma.

—¿Está segura de que Carrie tiene esa adicción?

—Sí. Dígame, ¿alguna vez se ha quedado sin tónico?, ¿ha pasado alguna temporada sin tomarlo?

—Demonios, claro que sí, y no le afecta...

No pudo acabar la frase. Aquella mujer era la doctora de Carrie y, le gustara o no, tenía que ser sincero con ella. Bajó la mirada y la fijó en las tablas del suelo, que estaban desgastadas y grisáceas por el paso del tiempo.

—Ahora que lo pienso, la verdad es que Carrie casi nunca está lejos de una botella de ese tónico —chascó los nudillos y alzó la mirada poco a poco hasta llegar a sus ojos, aquellos profundos ojos marrones que irradiaban serenidad—. Explíqueme lo que pasa, Doc.

—La dependencia de un adicto suele incrementarse hasta que no puede pensar en nada más; al final, Carrie podría llegar a sufrir desnutrición, demencia, y otras dolencias —su rostro serio reflejaba una sinceridad total—. Es muy peligroso dejar que su esposa siga tomando esa sustancia, debemos llevarla sin demora a la senda de la recuperación.

—Sí, de acuerdo —a pesar de su aquiescencia, la ominosa sensación que le embargaba no perdía intensidad. Tenía que tener fe en las habilidades de Leah, debía confiar en que ella supiera lo que había que hacer—. Adelante, Doc.

Ella se apartó de la barandilla y miró hacia el mar. La luz del sol relucía como monedas de cobre sobre el agua y una fresca brisa, heraldo de la inminente llegada del verano, acariciaba la líquida superficie.

En ese momento, Adam Armstrong, del brazo de Carrie y de la tía Leafy, que parecían delicadas como muñequitas a su lado, dobló la esquina. Carrie saludó con la mano y le mandó un beso a Jackson, y el trío siguió bajando rumbo a un castaño gigante que tenía un columpio colgado de una de sus ramas.

Cuando Armstrong sentó a las damas en el columpio con galantería y empujó con suavidad, Jackson se volvió hacia Leah para asegurarse de que estaba viendo lo que sucedía.

—¿Está segura de que Carrie está tan enferma como dice, Doc?

—Sí, me temo que sí. Ya sé que parece tan encantadora y saludable como cualquier otra joven en momentos como este, pero ¿qué sucedería si se quedara sin su medicina?

Jackson recordó una noche en particular. Estaban en Santa Fe, a Carrie se le había acabado el tónico, y se había puesto a gritar como una histérica antes de acostarse con escalofríos y una expresión en la mirada que daba miedo. Él había despertado al dueño de la botica en medio de la noche para conseguir el condenado tónico, y en adelante se había asegurado de que Carrie siempre tuviera alguna botella disponible.

—A Carrie no le gusta quedarse sin esa cosa —admitió.

—Nunca he tratado a un adicto. A juzgar por lo que he leído y por la información que he recibido de otros médicos con los que mantengo correspondencia, tengo entendido que se trata de un tratamiento difícil y doloroso, y que no se trata de una enfermedad que se pueda curar en todos los casos —se volvió a mirarlo y carraspeó con nerviosismo—. Ya sé que no es lo que le habría gustado oírme decir, y...

—¿Qué?, ¿qué pasa? —la irritación que sentía endureció su voz.

Ella tardó unos segundos en contestar. Le contempló sin amilanarse, con una mirada impenetrable que le enfureció.

—Está absolutamente prohibido que conciba un hijo mientras se encuentra en este estado.

Si la situación no fuera tan condenadamente horrible, Jackson se habría echado a reír. ¡Si ella supiera!

—Ya hemos hablado de este tema, Doc. Le dije que eso no iba a ser ningún problema —le espetó con sequedad.

Estaba siendo totalmente sincero, era una de las pocas cosas que podía afirmar con completa certeza. No tenía ninguna visión clara de cómo iba a ser su futuro con Carrie, porque nunca había pensado más allá del siguiente horizonte, pero lo que tenía muy claro era que ella no corría peligro alguno de que él la dejara embarazada.

—Eh... bien, tan solo quería asegurarme de que quedara claro. Es algo de suma importancia, el bebé que su esposa perdió...

La irritación de Jackson se acrecentó al ver que se interrumpía y se mordía el labio.

—¿Se puede saber qué demonios está diciendo?

—Los bebés que nacen de madres que sufren una adicción suelen tener problemas.

Jackson contuvo el impulso de taparle la boca con la mano, de suplicarle que se callara. No quería oírlo, no quería saber que en algún lugar existía un niño que nunca iba a vivir, que no iba a sentir la caricia del viento en el rostro, ni a construir un castillo de arena, ni a saber lo que era el amor de un padre.

—Hay muy poca documentación al respecto —siguió diciendo ella, nerviosa pero firme—. El narcótico...

—Sí, capto la idea —no quería oír nada más, tenía las sienes empapadas de sudor... de repente se le pasó por la cabeza una idea horrible—. Dios mío... Dígame una cosa, Doc. ¿Fue culpa mía?, ¿sucedió porque le di la medicina a Carrie?

—La culpa la tiene la adicción, no se culpe de lo que sucedió. Un adicto siempre encuentra la forma de conseguir la sustancia que quiere, las ansias que lo tienen en su poder son muy poderosas.

Él se desabrochó el botón superior del cuello de la camisa, se sentía descompuesto.

—Pues cure a Carrie de su adicción, haga lo que sea necesario.

—Espero que recuerde lo que acaba de decir.

—¿Qué se supone que significa eso?

—Lo que tengo que hacer es privarla por completo de su medicina. Va a suplicar que se la demos, señor Underhill. Sin ella estará descompuesta, físicamente enferma —entrelazó las manos con nerviosismo antes de añadir—: Debemos ayudarla, porque si sigue así estoy convencida de que la situación podría volverse irreversible.

—¿Qué quiere decir con eso? —se sentía incapaz de lidiar con aquello. Su vida entera se había centrado en salvar a Carrie, en mantenerla a salvo.

—Que dejará de ser Carrie y se convertirá en un ser esclavo de esa sustancia. Lamento ser tan clara, pero...

—¡Pues cúrela! —sintió una perversa satisfacción al verla dar un respingo. Había conseguido sobresaltar a Leah, la mujer que siempre mantenía la calma, que llevaba unos zapatos lustrosos y un prístino delantal blanco almidonado—. Usted es la jodida doctora, ¡cúrela!

Leah sabía que, desde el momento en que le dijera a Jackson Underhill que su esposa era adicta a la morfina, la vida de todos los habitantes de la pensión iba a convertirse en un infierno, pero ni por asomo había llegado a imaginar algo así.

Cuando unos alaridos inhumanos empezaron a salir por cuarta noche consecutiva de la habitación de su paciente, se levantó de golpe de la cama, metió los pies en las zapatillas, y se puso la bata mientras iba a toda prisa hacia allí.

Zeke Pomfrit estaba en la puerta de la habitación, y la vela que tenía en la mano iluminaba la expresión malhumorada de su rostro y su bigote ladeado.

—Señorita Mundy, este jaleo ya dura demasiado. Si las cosas siguen así...

—Lo siento, soy consciente de que esta enfermedad está siendo difícil para todos los que vivimos en esta casa.

—¿Difícil? ¡Yo diría que...!

—Hablaremos del tema mañana por la mañana, tengo que atender a mi paciente —le dijo ella con voz cortante. Llamó a la puerta a pesar de que sabía que no iban a oírla, y entró al cabo de un momento.

Carrie estaba sentada en medio de la cama, profiriendo unos gritos que tensaban su cuello de alabastro. Jackson la rodeaba con los brazos para sujetarle las muñecas a los costados y estaba muy pálido, tenía los labios tensos y los ojos oscurecidos de preocupación.

—Carrie —le dijo, centrada por completo en su paciente—. Carrie, mírame.

Tomó su rostro entre las manos, pero Carrie sacudió la cabeza para zafarse de ella.

—¡No me toque! ¡Jackson, haz que se vaya! ¡Está intentando matarme! Sabe que voy a morir sin mi medicina, ¡voy a morir! ¿Es eso lo que quieres, Jackson? ¿Quieres que me muera? —se quedó sin aliento, y empezó a temblar.

—Sabes que no, cielo, que nadie quiere que mueras.

Él le dijo aquellas palabras al oído con una ternura impactante, y ella se aferró a su camisa con todas sus fuerzas.

Leah retrocedió un poco y se limitó a observarles. Aquellos ataques tenían una pauta obvia, Carrie gritaba como loca durante un rato hasta que al final se calmaba. Pero en esa ocasión parecía diferente... más desesperada que de costumbre, más decidida y llena de odio al mirarla a ella. Parecía una niña que se aferraba a Jackson con todas sus fuerzas, pero los ojos con los que la miraba a ella no tenían nada de infantil.

—Quiere quedarse con Jackson, ¿verdad?

—¿Qué?

La pregunta la había sobresaltado tanto, que fue lo único que alcanzó a contestar; Jackson debió de sentir lo mismo, porque su reacción fue idéntica:

—¿Qué?

—Que quiere quedarse con Jackson. Es lo que quieren todas las mujeres que le conocen, lo que siempre han querido. Pero usted lo desea tanto que está dispuesta a matarme para conseguirlo.

Leah se ruborizó, no pudo evitarlo. Recordó aquel día en el barco en que él la había tocado, y aquel mero contacto había sido casi como un abrazo. Recordó el calor de su cuerpo y el timbre de su profunda voz masculina cerca del oído, recordó que el dolor de la soledad parecía menos intenso cuando estaba con él. Luchó por apartar aquellas ideas de su mente, y contestó con firmeza:

—Soy tu médico. No tengo interés alguno en tu marido más allá del que tengo en ti como paciente.

—¡Mentirosa! —exclamó la joven, mientras empezaba a mecerse hacia delante y hacia atrás—. ¡Mentirosa, mentirosa, mentirosa! —su macilenta frente se perló de sudor y se estremeció mientras seguía aferrada a Jackson—. ¡Por favor, por favor, por favor, dame mi tónico! ¡Solo un sorbito, Jackson! Estaré mejor con un sorbito, te lo prometo, y todo el mundo podrá irse a dormir.

Su voz era tan lastimera, su petición parecía tan razonable...

Jackson alzó los ojos hacia Leah. Era la mirada que ella esperaba, la mirada que temía recibir. Él quería ceder.

—Está pasando por un infierno, Doc —le dijo en voz baja—. ¿Qué tiene de malo una cucharadita? Solo una, lo suficiente para que se calme y pueda dormir —lanzó una mirada elocuente hacia la puerta antes de añadir—: Para que todos podamos dormir.

Carrie dejó de mecerse y contuvo el aliento mientras esperaba expectante.

—No, señor Underhill —Leah se volvió hacia su paciente, que parecía querer asesinarla con su mirada—. Si te tomas el tónico, te sentirás mejor durante un rato, pero después tendrás que volver a empezar desde el principio este tratamiento.

—¡Yo no le he pedido este condenado tratamiento! —chilló la joven, mientras aferraba con desesperación las sábanas—. ¡Está matándome! ¡Por favor, Jackson, por favor! ¡No dejes que me mate, te lo ruego! ¡Me encuentro muy mal, me duele mucho!

—Cielo, la doctora Mundy dice que tienes que eliminar la sustancia de tu organismo por completo.

—¡Me lo prometiste! ¡Cuando estábamos en el orfanato, me prometiste que me protegerías!

—Ya lo sé, pero...

—¡Estás incumpliendo tu promesa, Jackson!

Los ojos de él reflejaban la batalla que estaba librándose en su interior. Estaba claro que era un hombre que no hacía promesas a la ligera, y que no las quebrantaba jamás.

—¡Su tratamiento es peor que la enfermedad! —le dijo a Leah con aspereza.

—Eso no es cierto, señor Underhill.

—Nada de lo que usted ha hecho ha funcionado, ¿por qué

demonios tengo que confiar en usted? Lo único que ha hecho ha sido torturarla. ¡Por el amor de Dios, dele un poquito!

—Una cucharada generará una calma falsa. La ansiedad volverá después, pero será más fuerte y resultará más difícil luchar contra ella.

—¡Esta mujer me odia! —gritó Carrie—. ¡Me odia y quiere deshacerse de mí! —su actitud cambió de repente, y acarició los hombros de su marido al pedirle con voz lisonjera—: Tráeme mi medicina, Jackson. O ve a por la que usa la doctora, sé dónde la guarda. He visto dónde la pone. Hay un armario cerrado con llave en su despacho, una vez dejó que yo lo viera para atormentarme. ¡Por favor, Jackson, ve a buscarla!

Leah se quedó atónita al oír aquello, porque nunca le había mostrado el armario en cuestión, pero, según lo que había leído, los adictos eran muy taimados e ingeniosos a la hora de encontrar la forma de conseguir los narcóticos.

—Tranquila, cielo —susurró Jack, mientras le ponía una mano en la cabeza y hundía los dedos en su sedoso cabello.

Carrie no podía verle el rostro, pero Leah sí. Tenía arrugas alrededor de los ojos y de la boca debido a la tensión, unas profundas ojeras revelaban lo poco que había dormido durante los últimos días, y en sus labios se dibujó una mueca de impotencia cuando dijo con voz suave:

—Todo va a salir bien. Tranquila... piensa en otra cosa, Carrie. Piensa en el lugar del que siempre hablamos.

—El paraíso —murmuró ella, mientras abría y cerraba los puños sin parar.

—Brisas cálidas —le susurró él al oído—, cascadas y playas de arena blanca como el azúcar, todas las naranjas que te puedas comer. Música y baile todas las noches...

—Me encantaría, me encantaría bailar mientras siento la caricia de la brisa cálida... —suspiró ella contra su pecho.

Leah sintió que se le formaba un nudo en la garganta al ver el dolor tremendo que estaban sufriendo, un dolor que solo el tiempo y la abstinencia podían curar. Ansiaba con todas sus fuerzas poder ayudarlos, pero una terrible voz interior le susurró de repente la verdad al oído: quería vivir en carne propia una devoción como aquella, ansiaba importarle a alguien tanto como Carrie le importaba a Jackson.

Cuando él terminó con su relato, Carrie alzó el rostro hacia él y Leah apartó la mirada para no inmiscuirse en un momento tan íntimo, pero la pareja no se besó.

—Jackson, no vamos a encontrar ese lugar si me niegas mi medicina.

Estaba claro que el relato no había tenido ningún impacto en la ansiedad que la consumía. Leah se sintió decepcionada, aunque no habría sabido decir si la decepción que sentía era más por Jackson que por sí misma.

—Tienes que ser fuerte, Carrie —le dijo, en un intento de darle ánimos—. Cada momento que pasas sin la morfina te acerca un poco más al momento en que no vas a necesitarla.

Carrie se apartó de golpe de Jackson y se volvió hacia ella.

—¡Fuera!, ¡fuera de aquí! —agarró un vaso que había en la mesita de noche y se lo lanzó—. ¡No quiero volver a verla!, ¡espero que arda en el infierno! ¡Fuera!, ¡fuera!

Leah esquivó el vaso, que pasó volando junto a ella y se estrelló contra el suelo. Le dolió la mirada de censura que vio en los ojos de Jackson, estaba claro que pensaba que estaba lastimando a su esposa y que la odiaba por ello. Sabía que no tendría que importarle lo que él opinara, pero no podía evitarlo.

«Quiere quedarse con Jackson, es lo que quieren todas las mujeres que le conocen». Las palabras de Carrie siguieron atormentándola cuando regresó a su dormitorio. Se acostó de inmediato, pero permaneció despierta en la oscuridad hasta que dejaron de escucharse los gritos.

Cuando Carrie se calmó, Jackson aprovechó para ir a fumar al porche delantero y huir del eco de aquellos gritos que seguían resonándole en los oídos. Se sentó en uno de los escalones, dejó que la noche le envolviera y que el croar de las ranas y el aroma del mar le inundaran la mente. Dios, ¿cuándo iba a terminar todo aquello?

Oyó un sonido a su espalda, y Leah abrió la puerta. Salió al porche y, sin percatarse de su presencia, se estiró y se apoyó contra la pared. Parecía agotada.

—Dios, no puedo hacer esto yo sola —les susurró a las estrellas.

—No está sola en esto —le aseguró él, antes de lanzar a un lado el cigarrillo.

Ella se llevó una mano al pecho.

—¡Señor Underhill! ¡No le había visto!

—No está sola en esto —le repitió en voz baja—. Estoy intentando hacer todo lo que usted aconsejó... darle ánimos a Carrie, hacer que piense en otras cosas... pero hay veces en que nada sirve.

—Ya lo sé, y no sabe cuánto me gustaría que hubiera algo que funcionara. Es... lo que soy, mi vocación. Mi tarea consiste en hacer que las cosas mejoren, y cuando no lo consigo... —su voz se apagó con un quedo suspiro.

En ese momento parecía muy delicada, muy sola, aunque no en el sentido de estar indefensa. No, daba la impresión de que estaba sufriendo, y Jackson tenía ganas de conocerla mejor.

—Venga y siéntese junto a mí, Doc.

Ella vaciló, pero al final obedeció. Se sentó de cara a él, con la espalda apoyada en el poste de la barandilla, antes de admitir:

—A veces me cuesta dormir después de episodios como el de hoy.

—A mí también.

—No debería quejarme, es usted el que sufre sus ataques de ira.

—Carrie me odia —lo afirmó sin dudarlo, sentía una extraña objetividad al respecto.

—No, eso no es cierto. Su ansia por conseguir el elixir la lleva a decir cosas que jamás diría la verdadera Carrie.

Jackson recordó la absurda acusación de Carrie: «Quiere

quedarse con Jackson, es lo que quieren todas las mujeres que le conocen». Sería gracioso si no resultara tan descabellado, lo único que Leah Mundy quería de él era... ¿el qué?, ¿cuánto hacía que nadie se interesaba por lo que aquella mujer pudiera desear?

Estuvo a punto de ofrecerse a masajearle los hombros al ver lo tensos que los tenía, pero optó por no hacerlo. No estaría bien tocar a aquella mujer, porque no sería un contacto impersonal ni mucho menos.

—¿Hay alguna historia que explique el porqué de ese tatuaje?

Ella se inclinó un poco hacia él para ver mejor el tatuaje en cuestión, así que Jackson movió el antebrazo para que la luz de la luna lo iluminara bien y contestó:

—Es una sirena.

—Qué... interesante.

—Sí, eso pensé yo en su momento, pero de eso ya hace mucho tiempo.

Soltó una carcajada carente de humor. El ballenero había atracado en Río de Janeiro y él le había entregado su corazón a una joven de ojos dulces llamada Dolores, pero ella consideró al final que dicho corazón solo era merecedor de tres días de su valioso tiempo.

—Es un regalo que le hizo una dama a un joven estúpido.

—Vaya, eso sí que es interesante de verdad...

La frase quedó interrumpida por el grito de un muchacho que se dirigía hacia la casa galopando a lomos de un caballo.

—¡Doctora Mundy!

Jackson se puso de pie y, de forma instintiva, se llevó la mano a la pistola que no llevaba en ese momento.

—Es el hijo del capitán Hathaway —le dijo Leah.

—¡Tiene que venir! —exclamó el muchacho, tan jadeante como su montura.

Leah se levantó de inmediato.

—¿Me acompaña, señor Underhill?

—¿En serio?
—Siempre viene bien contar con un par de manos más.

Al día siguiente, Leah salió de su dormitorio por la tarde ataviada con su vestido de batista color burdeos conjuntado con una polonesa que caía sobre la parte trasera de la falda plisada. Unos guantes de encaje y un sombrerito completaban el atuendo. Se había arreglado con esmero porque el señor Armstrong la había invitado a ir al Salón de la Templanza, donde podían verse las imágenes en movimiento proyectadas por la linterna mágica del profesor Newbery.

Tenía muchas ganas de disfrutar de aquella salida, ya era hora de que participara en actividades sociales.

Oyó risas femeninas al entrar en el salón. Adam estaba esperando en la butaca que había junto a la chimenea, y Carrie Underhill y la tía Leafy estaban contemplando la ornamentada jaula donde vivía el canario de esta última.

—¡Qué encanto de pajarito! —comentó Carrie, mientras metía un dedo en la jaula.

Leah se sintió aliviada al ver que la joven parecía tener un buen día. Nada de ataques de ira ni de intentar convencer a alguien de que le consiguiera el tónico, nada de viajes furtivos a la botica del pueblo.

—Carlos es mi único consuelo desde que Ambrose falleció —comentó la tía Leafy con tristeza—, pero deja la jaula hecha un asco.

—Tenga estos periódicos, yo ya los he leído.

Que Leah supiera, Carrie nunca se había mostrado interesada en leer ni el *Island County Sun* ni ningún otro periódico, y le resultó curioso que tuviera aquellos en su poder.

—Está encantadora, doctora Mundy —le aseguró Adam, cuando consiguió apartar la mirada de Carrie. Se acercó a Leah, y se inclinó con cortesía sobre su mano enguantada.

—Ah, doctora, no la hemos oído entrar —comentó Carrie—. ¡Qué vestido tan mono! Hacía diez años por lo menos que no veía ese estilo, creo que habría que recuperarlo.

—Usted le da una nueva vida —le aseguró Adam con galantería.

—Gracias. ¿Nos vamos?

—¿Adónde van? —les preguntó Carrie.

El tono cortante de su voz tomó por sorpresa a Leah. Se quedó desconcertada al darse cuenta de que la joven parecía celosa, pero, antes de que pudiera contestar, Jackson entró en el salón. Había estado atareado con las reparaciones de la goleta, y estaba sudoroso y con la tez quemada por el sol.

—¿Quién va adónde?

La situación era tan absurda que Leah se echó a reír antes de contestar:

—Por Dios, no estamos huyendo para planear una revolución. Adam y yo vamos al espectáculo de la linterna mágica.

—Pásenselo bien —dijo la tía Leafy, que estaba ocupada dándole una pipa al canario.

—Pensamos hacerlo, señora Leafington —le contestó Adam, antes de abrir la puerta principal.

Jackson la miró ceñudo cuando pasó junto a él, pero Leah se esforzó por ignorarle. Se repitió por enésima vez que Adam Armstrong era un hombre muy apuesto, educado y adinerado. Tendría que sentirse halagada por sus atenciones, pero mientras bajaban por la cuesta hacia el Salón de la Templanza no pudo dejar de pensar en Jackson y en la cara de enojo que había puesto al darse cuenta de que Adam y ella iban a salir juntos.

Cuando llegaron al salón, un edificio rojo situado en la cima de la colina que se cernía sobre el puerto, Adam se detuvo en el patio en penumbra. La tocó en la barbilla por un instante para instalarla a que la alzara y le mirara, y le preguntó con voz suave:

—Esto no va a funcionar, ¿verdad?

—¿El qué?, ¿la linterna? Pero si he leído que es muy interesante... —alcanzó a decir, ruborizada.

—No me refiero a la linterna, sino a nosotros.

Ella sintió que las mejillas le ardían aún más.

—Lo siento, pero me temo que no entiendo a qué se refiere.

—Claro que lo entiende, Leah. Deberíamos formar una pareja maravillosa, pero no es así porque no existe.

—¿El qué?

—La atracción. La chispa que debería estar, pero que no existe entre nosotros.

Ella se sintió agradecida por su comprensión, y le miró con una sonrisa llena de pesadumbre al admitir:

—Puedo explicar la anatomía del corazón humano, señor Armstrong, pero no tengo ni idea de cómo gobierna las emociones.

—Nadie la tiene, el corazón nos juega malas pasadas a todos.

16 de mayo de 1894

Mi querida Penelope:

Quiero manifestarte mi más sincero agradecimiento por los diarios y los artículos que me enviaste sobre el tema de las adicciones. He pasado las últimas noches despierta, leyendo todo ese material nuevo, y he llegado a la triste conclusión de que no existe ningún remedio milagroso. Es algo que ya sabía de antemano, pero guardaba la esperanza de que nuevas investigaciones hubieran dado con la forma de facilitarle en algo este camino a mi pobre paciente.

Cada hora es una batalla. Los huéspedes de mi casa están al borde de la rebelión, pero no sé qué más hacer. Mi paciente, la señora U---, lanza acusaciones descabelladas durante sus ataques de furia. También hay ocasiones en las que se muestra tan lisonjera como una niñita pidiendo un dulce, pero su objetivo siempre es el mismo: Convencer a alguien de que le consiga su tónico, esa sustancia repugnante que venden los charlatanes, y se la dé para poder hundirse de nuevo en un profundo olvido.

A pesar de todo, me alegra poder decirte que mi tratamiento, a pesar de ser tosco e inflexible, parece estar surtiendo algunos efectos. Los arranques de furia son menos frecuentes, las noches un poco más tranquilas. Gracias a Dios, da la impresión de que cada día es un poco más fácil que el anterior, y a veces me atrevo a creer que estamos llegando al final de este difícil trayecto.

Ella habría sucumbido ante la fuerza de su adicción hace mucho de no ser por el señor U--. Es el más devoto de los maridos, Penny. Le he visto pasar horas sentado junto a ella sin moverse de su lado. A veces le cuenta historias, incluso le canta. Ella nunca le da las gracias, a veces me pregunto...

Leah dejó la pluma sobre el escritorio. No entendía lo que estaba haciendo, ¿por qué pensaba tanto en Jackson Underhill? Seguro que era por fatiga, por pura fatiga, porque llevaba dos semanas sin dormir ni una sola noche de un tirón; en cualquier caso, tal y como le decía a Penny Lake en la carta, las cosas iban mejorando poco a poco.

Bajó la mirada hacia el diario encuadernado en cuero que tenía sobre el escritorio y recordó que tenía que ir a ver al capitán Hathaway, que había sufrido un ataque severo de apendicitis. Cuando habían llegado a casa del paciente, Jackson la había ayudado a apartar muebles, a cubrir las mesas con trapos y a colgar lámparas para convertir la cocina en una sala de operaciones. Ella se había alegrado de contar con su ayuda, y había tenido la impresión de que él se alegraba de tener aquella distracción. Tomó nota mental de que debía darle las gracias.

Miró hacia la ventana y vio que Adam Armstrong y Carrie salían juntos de la zona de los baños. La joven llevaba un bonito vestido camisero color lavanda, su lustrosa melena dorada estaba sujeta en un recogido alto, parecía muy animada y charlaba sin parar mientras su acompañante la escuchaba con suma atención.

Leah no sabía gran cosa acerca de Adam. Tenía buenos modales y mucho dinero, así que era el huésped perfecto. La verdad era que se mostraba muy atento con Carrie y eso parecía tener un efecto beneficioso en la joven, pero había algo en aquella inesperada amistad que le inquietaba. Se preguntó si Jackson se sentía molesto por la situación. No había duda de que Adam había oído los gritos por la noche y, aun así, se mostraba tan atento como un jovenzuelo cortejando a una dama.

Por mucho que le costara admitirlo, era obvio que una cara hermosa y una actitud encantadora tenían un gran valor.

Apoyó los codos en el escritorio, cerró los ojos y se masajeó las sienes. Su vocación por la Medicina la exprimía a veces hasta hacerla sentir que no le quedaba nada dentro y, aun así, seguía dando más y más de sí misma. Daba la impresión de que su pozo nunca se quedaba seco. Ella jamás permitiría que eso sucediera, era demasiado disciplinada y testaruda para permitirlo.

—Creo que yo soy la culpable de ese dolor de cabeza.

Abrió los ojos al oír aquella voz suave y miró sorprendida a Carrie, que estaba en la puerta del consultorio con una sonrisa vacilante en el rostro. Adam no estaba con ella.

—Carrie, querida, te he visto saliendo de los baños.

—Son una bendición, y el jardín, una maravilla.

Leah se apresuró a levantarse de la silla, y sintió que una llamita de esperanza se encendía en su interior.

—Mírate, estás preciosa.

—Gracias. He decidido que ya es hora de que me resigne a la idea de restablecerme.

El corazón de Leah dio un brinco de alegría.

—¡Cuánto me alegro por ti! —exclamó mientras la tomaba de las manos.

La joven tenía los dedos un poco sudorosos, pero le devolvió el apretón con aparente cordialidad. Parecía mejor, mejor de verdad, pero, a pesar de la alegría que la embargaba, Leah no pudo evitar sentir una perversa punzada de consternación. Cuando Carrie se recuperara y la goleta estuviera reparada, Jackson no tendría razón alguna para quedarse allí.

—He venido a darte las gracias —le dijo Carrie, antes de acercarse a la ventana—. En el fondo, supe desde el principio que lo que hacías era lo mejor para mí. Las cosas que te dije, lo que te grité... No lo dije en serio, Leah —carraspeó un poco antes de preguntar—: No te importa que te tutee, ¿verdad?

—Por supuesto que no. Ya sé que no lo decías en serio, era la adicción la que te hacía hablar así.

—Sí, es verdad. ¿Podrías perdonarme?

—No hay nada que perdonar. Has hecho tu acto de contrición, y he visto con mis propios ojos lo duro que ha sido. Tu marido y tú...

—¿Mi marido? —Carrie rio con ligereza y acarició la borla del cordón de la cortina mientras miraba hacia el puerto a través de la ventana—. Él solo piensa en ese barco suyo, no tenemos nada en común.

Leah se tragó las ganas de preguntarle por el bebé que había perdido, ya que sabía que no era quién para juzgar a un paciente.

—El de Adam no es una chatarra, ese sí que está listo para navegar.

—¿Ah, sí? —Leah estaba cada vez más confundida—. Creo que Davy Morgan mencionó que había problemas de acumulación de hollín en la maquinaria.

La observó con atención para ver si tenía los ojos dilatados o si se movía con la agitación característica de alguien bajo los efectos de algún opiáceo, pero daba la impresión de que la joven estaba calmada.

—Jackson comentó que pensaba ir dentro de poco a Seattle en el transbordador de vapor. Tiene que ganar dinero, eso es algo que siempre se le ha dado bien.

—Entiendo —no, no entendía nada, pero no sabía qué decir.

—Adam tiene dinero, un montón de dinero —afirmó Carrie, con un suspiro de satisfacción.

Adam Armstrong era uno de los hombres más adinerados de las islas. Era lógico que impresionara a una mujer como Carrie, que parecía deseosa de poseer cosas caras.

—Estaré a salvo con Adam —murmuró la joven, mientras seguía mirando por la ventana.

En la distancia, un transbordador entró en el puerto y el sonido de su silbato flotó en el aire.

—Tu esposo se desvive por mantenerte a salvo —se preguntó si recordaba todas las noches que él había permanecido sentado junto a ella, abrazándola y murmurándole al oído.

Carrie se frotó los brazos con las manos antes de cruzarlos por delante de la cintura.

—Él quiere aventuras, quiere zarpar rumbo a la puesta de sol. Nunca lograré entenderle, nunca —se volvió de nuevo hacia ella, y le dijo con una sonrisa radiante—: Pero eso no es de tu incumbencia. Tú ya has hecho más que suficiente, Leah. Siempre estaré en deuda contigo.

CAPÍTULO 5

Cuando Jackson preguntó por Leah, la tía Leafy le dijo que habían ido a buscarla para que fuera a casa de los Babcock.

—Dicen que la familia entera está enferma —la anciana se estremeció con delicadeza antes de meter varias pipas en la jaula de su canario.

—¿Están muy mal?

—Sí, eso dijo el muchacho que vino corriendo a por la señorita Leah. Lo siento mucho por ella, porque los Babcock nunca le pagan —se volvió a mirarlo, y el sol tiñó de un suave tono lavanda su blanco cabello—. ¿Usted también se encuentra mal, señor Underhill?

—No, señora.

—¿Su esposa vuelve a estar indispuesta?

—No, señora —contestó, con más vehemencia—. Ayer durmió toda la noche, creo que en breve estará como nueva.

—Es una joven muy bonita, supongo que se habría recuperado antes si hubiera tenido un médico de verdad.

—Leah Mundy es un médico de verdad.

—No está bien que una mujer se dedique a hurgar en el cuerpo humano. No está bien y punto, esa es mi opinión.

—Sí, señora, es su opinión.

Jackson se dio cuenta de que aquel era un prejuicio al que Leah se enfrentaba a diario. Subió la escalera a toda prisa para decirle a Carrie que iba a ausentarse para ir a ganar algo de dinero. Le habría encantado poder ganarse un jornal por su trabajo diario como cualquiera, pero eso era algo que la vida nunca le había dado. Tenía que ir a Seattle.

—¿Estarás bien en mi ausencia? —le preguntó a Carrie.

Ella lo miró con una sonrisa radiante y asintió.

—De ahora en adelante siempre estaré bien, Jackson. Siempre estaré a salvo.

Él le devolvió la sonrisa.

—Pienso ir a Seattle dentro de muy poco.

—Podrías ir mañana.

Le sorprendió que accediera con tanta premura, esperaba una discusión.

—¿No te importa?

—¿Por qué habría de importarme? Mírame, Jackson. De verdad que estoy mejor.

—Si la doctora está de acuerdo, supongo que tomaré el transbordador de Seattle —le dijo, antes de inclinarse para besarle la frente.

Ella exudaba esa dulzura de joven recién bañada que siempre le había inspirado ternura. Ternura y, en ese momento, también esperanza. Era tan hermosa... sintió una punzada de deseo que se esfumó tan rápidamente como había aparecido. Lo que él quería de Carrie no tenía nada que ver con el sexo, pero le encantaba verla sonriendo y con las mejillas sonrosadas. Daba la impresión de que se había librado de su adicción. Por eso quería ver a Leah: para saber si era cierto, si Carrie tenía controlado su problema.

Mientras iba rumbo a la casa de los Babcock, se dio cuenta de lo rápidamente que había adquirido la costumbre de ir a hablar con Leah. Nunca se había permitido el lujo de depender de nadie, y mucho menos de una doctora terca como una mula, así que depender de ella era una experiencia nueva.

Mientras cruzaba el pueblo, sintió una extraña sensación de desasosiego. Le habían bastado aquellas breves semanas para aprenderse de memoria aquel lugar. La tienda de Brunn era el lugar donde los marineros se paraban a hacer reparaciones y a reabastecerse, y donde él mismo pensaba comprar las provisiones en cuanto la goleta estuviera lista para volver a navegar; desde la colina alcanzaba a verse la oficina del sheriff, un edificio cuadrado y de color teja situado en Coveland. Las celdas se habían construido en un edificio de piedra anexo, y era un lugar al que él procuraba no acercarse.

La iglesia metodista, pintada de blanco y coronada por un delicado campanario, estaba a cierta distancia de la calle principal. Él no había entrado nunca, pero a veces se detenía en la verja al atardecer mientras oía cómo practicaba el coro. Sobre la puerta había un cartel donde ponía *Todos somos hijos de Dios*. El domingo anterior había sentido la perversa tentación de entrar para ver si eso era cierto, si permitían que un forajido escuchara la palabra de Dios junto a la esposa del predicador, pero huelga decir que no lo había hecho.

La iglesia tenía un muy mal efecto sobre él, siempre hacía que recordara su terrorífica infancia en Chicago. El hermano Anthony había impartido unas penas extremadamente duras; de hecho, Jackson estaba convencido de que el dolor que sentía en las piernas cuando llovía y hacía frío se debía a las horas que había pasado arrodillado sobre el frío suelo de piedra.

La escuela estaba junto a la iglesia, y hacía poco que le habían dado una nueva capa de pintura roja. Una campana de bronce colgaba a un lado del patio que los niños pisoteaban con sus juegos. En la cima de una colina descansaban hileras de casas de porches encalados y jardines que empezaban a vibrar con la abundancia que traía el verano, y el aroma de las lilas perfumaba el aire.

Era un pueblo de familias que trabajaban juntas, que jugaban juntas, que rezaban, lloraban y reían juntas. La gente construía sus hogares en aquel lugar, y algunos de ellos no se marcharían jamás de aquella isla. Eso era algo que a él le resultaba inimaginable, pero que al mismo tiempo anhelaba con una intensidad que hacía que le doliera el pecho.

Echar raíces en un lugar, tener a alguien a su lado...

Se dijo que su lugar estaba en la goleta, y que tenía que cuidar de Carrie. Eso tenía que bastarle, intentó convencerse de que con eso tenía suficiente.

Mientras caminaba, pensó en el bebé que Carrie había perdido y que, en caso de haber vivido, también habría estado bajo su cuidado. La vida era muy extraña, un hombre nunca sabía lo que podía sucederle. ¿Quién iba a imaginarse que no podría dejar de pensar en una mujer como Leah Mundy?, ¿quién iba a imaginarse que alguien como ella haría que se preguntara cómo sería levantarse cada mañana en el mismo lugar, tener amigos, un empleo y vecinos?

Enfiló al fin por el camino de tierra lleno de baches que conducía a la casa de los Babcock, y al ver que había varios vecinos en el porche dedujo que no había riesgo de contagio. Sophie Whitebear estaba de pie a un lado de un extraño artilugio situado sobre una mesa de madera, y Leah estaba hablando mientras señalaba el artilugio en cuestión con la mano.

A pesar de que no alcanzaba a oír lo que decía, no le costó trabajo imaginar el suave y firme timbre de su voz, la férrea certeza en la que se apoyaban sus palabras. Cuando hablaba de Medicina, Leah Mundy exudaba confianza, pero en otras ocasiones (cuando hablaba de su padre y del pasado) parecía tan perdida como Carrie. La cuestión era que, en cuestiones de Medicina, no había nadie más versado que Leah, y ella lo sabía.

Daba la impresión de que el pueblo entero se había acercado para verla tratar a sus pacientes aquella mañana. Había granjeros vestidos con mono de trabajo, marineros con camisas a rayas, tenderos con mandil... incluso el reverendo Cranney estaba allí. Este último tenía sus blancas y limpias manos unidas y parecía uno de los niños del coro (aunque algo grandecito), cándido y desconcertado por lo que ocurría a su alrededor. Su regordeta esposa, que llevaba un corsé demasiado apretado, estaba cotilleando con algunas de las feligresas.

Lemuel St. Croix, el sheriff, estaba a un lado flanqueado por sus dos ayudantes mientras observaba con escasa preocupación lo que sucedía. Jackson procuró no acercarse a ese grupo. Siempre había evitado a los agentes de la ley por una cuestión de principios, pero en ese momento tenía una razón específica para no hacerse notar.

En cualquier caso, St. Croix no le daba buena espina. Le parecía un tipo ladino al que le gustaba demasiado la ropa cara, y el arma que llevaba (una Colt con la culata chapada en níquel), era llamativa y más propia de un tahúr que de un sheriff; por suerte, St. Croix también carecía de la habitual actitud vigilante de un agente de la ley, y parecía estar absorto en la conversación que mantenía con un hombre que llevaba una raída camisa de sargento del ejército. Había bastantes mujeres agrupadas alrededor de la casa, y muchas de ellas estaban pálidas y horrorizadas.

—¡Esta mujer os está llenando la cabeza de mentiras! —exclamó un hombre con aspereza.

Jackson alzó la cabeza para poder verle y se dio cuenta de que se trataba del señor Gillespie, el carnicero del pueblo. La poderosa musculatura de sus brazos y su cuello estaba tensa, y tenía el rostro enrojecido de ira. Leah Mundy estaba junto a él, mirándole ceñuda con las manos en la cintura y sin dar muestra alguna de sentirse intimidada.

Jackson sintió un orgullo absurdo al verla. Le parecía admirable cómo estaba enfrentándose a su contrincante, con una mezcla de desafío y audacia. Era dura a la par que vulnerable, y a pesar de estar en medio de una muchedumbre parecía estar tan sola como una isla.

—¿A quién vais a hacerle caso? —siguió diciendo Gillespie—, ¿a esta charlatana, o a James Gillespie? Mi familia llegó a esta isla hace cuarenta años, nuestros hijos han crecido juntos. Me conocéis, sabéis que jamás os vendería carne envenenada.

—No estoy acusándole de haberlo hecho a propósito —afirmó Leah, con una voz clara que pudieron oír todos—. Lo que digo es que esta familia tiene triquinosis, y que la bacteria que causa esa enfermedad está en la carne que usted les vendió —señaló con un gesto una bandeja que había sobre la mesa antes de añadir—: Ni se preparó ni se guardó de forma adecuada, algo debió de salir mal en el proceso de ahumado.

Las mujeres empezaron a murmurar mientras sus ojos iban de la bandeja al carnicero.

—¡Sé hacer mi trabajo! Llevo ahumando carne desde antes de que usted naciera, señorita. No venga a decirme ahora que le he vendido mercancía en mal estado a esta gente.

Leah alzó la barbilla en un gesto lleno de terquedad.

—Estoy segura de que esa no fue su intención, pero...

—¡Pero nada! A este pueblo le hace falta un médico de verdad en vez de una entrometida que ni siquiera sabe cuidar de su casa como debe hacerlo una mujer.

Leah le fulminó con la mirada, pero hizo un esfuerzo visible por controlar su genio. Respiró hondo y entrelazó las manos antes de contestar:

—Caballero, como médico tengo la obligación de informar a esta gente de que usted les ha vendido carne en mal estado.

—¡Ja! ¿Qué se puede esperar de una mujer que se cree médico? La única que va a tratar con usted en adelante es esa... esa... —señaló con menosprecio a Sophie Whitebear antes de decir—: No es más que una india que bebió más alcohol de la cuenta, ¡eso es lo que es!

Jackson cerró un puño, pero se obligó a mantener la calma mientras miraba de reojo al sheriff. No había necesidad de llamar la atención, estaba de paso en aquella isla y era aconsejable que se mantuviera al margen de los asuntos de los lugareños.

—¡No se atreva a insultar a Sophie! —exclamó Leah—. A mí puede decirme lo que quiera, pero no voy a permitir que vierta mentiras sobre mi ayudante.

—Muy bien, voy a decirle lo que se merece: Es una entrometida que se cree capaz de hacer el trabajo propio de un hombre. ¿Sabe lo que yo creo? que le dio algún tónico a toda la familia para que enfermaran, y así poder fingir después que los cura y cobrar por sus servicios. No sería el primer charlatán que hace algo así.

La multitud empezó a murmurar y a mirar a Leah con hostilidad.

—¡Debería meterla en la cárcel, sheriff! ¡Métala en algún lugar donde no pueda molestar a la gente! —añadió Gillespie.

St. Croix frunció el ceño, y fue entonces cuando Jackson vio la zona de piel más brillante que asomó bajo el elegante bombín que llevaba puesto. Tan solo había visto una cicatriz parecida en una ocasión... en la cabeza de un hombre al que le habían arrancado la cabellera y que había vivido para contarlo.

Apretó los dientes mientras contenía las ganas de intervenir en aquel condenado asunto que no tenía nada que ver con él, pero, cuando el sheriff asintió y se llevó la mano a su arma al oír algo que le dijo en voz baja uno de sus ayudantes (un escocés delgaducho que se llamaba Caspar MacPhail), no pudo más.

Leah conseguía que fuera más allá de los límites que siempre se había marcado, que dejara a un lado la cautela. La soledad que la rodeaba le llevaba a correr riesgos. Le traía sin cuidado que pudiera montarse una escena, había llegado el momento de intervenir.

—¿Qué es lo que pasa, amigos? —preguntó con indolencia.

—La doctora está dándole problemas a esta familia, y también está intentando destrozar la reputación del carnicero —le contestó alguien.

Jackson se volvió hacia Leah y ella le miró con una expresión extraña y llena de desconfianza, como si no estuviera segura del bando en que iba a posicionarse él.

—¿En serio? He llegado bastante tarde, ¿podría ponerme al tanto de la situación? —lo dijo con voz neutral, y dejó que ella expusiera los hechos para que la gente pudiera tomar sus propias conclusiones.

—Los miembros de esta familia cenaron anoche esta carne, y esta mañana todos sufrían los mismos síntomas: fuertes vómitos, diarrea. He diagnosticado triquinosis.

Él indicó con un gesto el instrumento negro de metal que había sobre la mesa.

—¿Qué es eso?

—Un microscopio. Si echa un vistazo, podrá ver las triquinas que hay en las fibras de la carne.

El carnicero avanzó un paso a toda prisa mientras mascullaba una protesta, pero Jackson se interpuso en su camino. Nadie vio el fuerte codazo que le propinó al corpulento tipo en las costillas, pero sintió una satisfacción muy gratificante al oírle soltar un bufido de dolor.

—¿Ah, sí? Enséñeme cómo funciona, Doc —le pidió a Leah con toda tranquilidad.

Ella enarcó una ceja (era una habilidad suya que le tenía fascinado), pero asintió y le indicó el microscopio.

—Solo tiene que cerrar un ojo y mirar por aquí —hizo una demostración, y los sedosos mechones de pelo oscuro que habían escapado de su trenza cayeron hacia delante.

Por una fracción de segundo, Jackson alcanzó a vislumbrar a la joven estudiante de Medicina que había sido en el pasado, una joven sedienta de conocimientos que estudiaba con ahínco. Cuánto había ansiado él lo que ella tenía... una educación, una profesión digna.

Pero esa profesión en cuestión estaba metiéndola en problemas en ese momento, así que Jackson se inclinó hacia delante, cerró un ojo y miró por el microscopio como si se tratara de la mira de un rifle. Vio un pequeño círculo de... de algo, y unas cosas más pequeñitas retorciéndose alrededor de ese algo.

—Las fibras estriadas son la carne en sí, y los cinco pequeños organismos las triquinas —le explicó ella.

—¡Está intentando embaucarnos! —protestó Gillespie.

—Las triquinas son los parásitos que causan las molestias abdominales —le explicó ella.

Jackson soltó un silbido en ese momento.

—¡Que me aspen! —parecía maravillado por lo que estaba viendo, y su actitud bastó para despertar la curiosidad de los presentes—. Está claro que la doctora Mundy no se ha levantado esta mañana decidida a dejar sin trabajo al carnicero. Alguien se ha puesto enfermo y ella ha encontrado la causa de esa enfermedad, así que les sugiero que, en vez de insultarla, echen un vistazo a esto y tomen sus propias conclusiones respecto a la carne.

Varias mujeres se acercaron a mirar por el microscopio, y al cabo de un momento todo el mundo quería mirar.

—¡Esto no demuestra nada! —exclamó Gillespie, furibundo—. La carne está bien, yo sé hacer bien mi trabajo.

Jackson desenfundó su cuchillo con toda tranquilidad y contempló la afilada hoja.

—En ese caso, supongo que no le importará comerse un buen pedazo ahora mismo.

El carnicero palideció al oír aquello, y se apresuró a decir:

—¡Esto no le incumbe, forastero!

Jackson no pudo por menos que darle la razón en eso. No tenía ni idea de por qué demonios estaba atrayendo la atención del pueblo entero, y con el sheriff presente.

—A mí no, pero a usted sí. Venga, cómase la carne.

—¡No me acerque eso!

La paciencia de Jackson se esfumó. Empujó al tipo contra la barandilla del porche, y le preguntó con sequedad:

—¿Va a comérsela? ¿Sí, o no?

St. Croix dio un paso hacia delante, pero se detuvo; al parecer, la situación le parecía más interesante que peligrosa.

—¿Cuáles eran los síntomas, Doc? ¿Diarrea? —siguió diciendo Jackson—. Vamos a ver cómo reacciona el carnicero, si enferma sabremos la verdad.

—Eso sería como envenenarle, señor Underhill —protestó Leah.

Él se exasperó al ver que no había forma de complacerla, así que optó por ignorarla y miró de nuevo al carnicero.

—Bueno, ¿va a comerse la carne de una vez?

—No pienso hacer nada porque usted lo diga.

—¿Y si lo decimos nosotros? —intervino la esposa del párroco.

Jackson notó que la gente iba poniéndose de su lado, y soltó a Gillespie al ver que el tipo lo notaba también y encorvaba los hombros.

—No lo he hecho a propósito —se apartó de Jackson, y se marchó después de fulminar con la mirada a Leah.

—Discúlpenme, voy a enterrar una carne que tengo en casa —dijo una mujer, antes de marcharse a toda prisa.

Varias personas más se fueron también después de hacer comentarios similares. Jackson se sintió aliviado al ver que también se dispersaban los hombres, incluyendo el sheriff, sus ayudantes y el tipo con camisa del ejército.

Leah entró en la casa, y la oyó dándoles instrucciones a los pacientes con voz clara y autoritaria. La dueña de la casa contestó en un tono que reflejaba dolor y cierto enfado, la verdad era que no parecía una paciente agradecida que acababa de salvarse gracias a su compasiva doctora.

Para cuando Leah volvió a salir, Sophie Whitebear se había encargado de recoger la mesa y de deshacerse de la carne en mal estado, y todos los demás se habían marchado. Aunque él estaba esperándola a los pies de los escalones del porche, Leah no le vio en un primer momento y cerró la puerta a su espalda con cuidado antes de apoyarse en ella. Soltó un largo y trémulo suspiro, y se apartó un mechón de pelo de la cara con una mano temblorosa.

Era una mujer muy vulnerable, pero eso era algo que los habitantes de aquel pueblo no sabían. No podían saberlo, porque ni siquiera la miraban. No la miraban a los ojos, no veían el alma solitaria que tenía dentro.

Él tampoco debería hacerlo, pero no podía evitarlo.

—Yo la acompaño a casa, Doc.

Ella se sobresaltó al oír su voz.

—¡Señor Underhill! No le había visto —le dijo, antes de bajar los escalones.

Él alargó la mano, y ella le dio el maletín de cuero marrón que contenía sus instrumentos médicos.

—Acaba de ver por sí mismo a lo que tengo que enfrentarme: la ignorancia y los prejuicios —le dijo, con cierta ironía, mientras echaban a andar.

—Sí, supongo que sí, pero también está enfrentándose al miedo.

—¿Qué quiere decir?

—¿Cuántos niños tiene el carnicero?
—Eh... yo diría que unos cinco como mínimo.
—Cinco bocas que alimentar, y lo que usted ha hecho hoy puede dejarle sin trabajo. Por eso se ha puesto tan beligerante, Doc. No es que no crea en las mujeres que practican la Medicina, sino que estaba asustado.
—Pero yo tenía razón, he dicho la pura verdad...
—Sí, delante del pueblo entero —la tomó de la mano y le acarició los nudillos con un dedo—. Esta es la mano de una persona que cura, pero usted a veces utiliza las palabras como si fueran un martillo.
Ella se detuvo y apartó la mano de un tirón.
—¡Dios mío!
—¿Qué pasa, Doc?
—¡Que usted tiene razón!
—¿En serio?
—¡Claro que sí! ¿No lo ve? ¡La ignorante soy yo! Me pasa con demasiada frecuencia, no consigo ver las cosas desde otro punto de vista. Lo único que alcanzaba a ver eran las bacterias que habían enfermado a esa familia —echó a andar de nuevo con un paso rápido que delataba su nerviosismo—. He ridiculizado a ese pobre hombre delante del pueblo entero. Tendría que haber hablado con él en privado para advertirle que la carne estaba en mal estado, tendría que haberle dado la oportunidad de que solucionara él mismo la situación. ¡Maldita sea!
Le hizo gracia oírla soltar una palabrota.
—¡Maldita sea!, ¡maldita sea! ¿Es que no voy a aprender nunca?
—¿El qué?
—Lo que el doctor van Braun me dijo en una ocasión cuando aún era una estudiante. Que la Medicina no es una ciencia, sino un arte —le miró con impotencia al admitir—: Es mi mayor defecto, no sé cuándo es el momento de dejar a un lado los hechos y las cifras para dejarme guiar por el instinto.
Él contuvo a duras penas una sonrisa. En lo relativo a su tra-

bajo, la doctora Mundy se analizaba a sí misma de forma constante e implacable.

—Claro que lo sabe, y voy a darle la oportunidad de demostrarlo.

—¿A qué se refiere?

—Quiero que me dé su opinión acerca de Carrie.

—¿Qué quiere saber?

—¿Está curada de verdad, o está fingiendo?

Leah rogó para que las palabras adecuadas salieran de sus labios. Estaba sentada en su despacho, y el viejo escritorio de roble actuaba de sólida barrera entre Jackson y ella. Él estaba sentado en una silla que parecía diminuta bajo su cuerpo largo y fuerte, y tenía las muñecas apoyadas en las rodillas.

—¿Y bien, Doc?

—Lo único que puedo decirle con honestidad en este momento es que no estoy segura —posó la mano sobre el montón de diarios y libros que tenía ante sí. Había pasado horas leyéndolos, buscando unas respuestas que no había encontrado. Agarró uno de los diarios, y leyó en voz alta—: «Ni adormidera, ni mandrágora, ni ninguna otra sustancia aletargante del mundo te devolverá jamás el dulce sueño que poseías ayer». Lo escribió Shakespeare, a veces creo que es el más listo de todos.

—Carrie parece estar mucho mejor. Se la ve feliz, descansada, y hace días que no pasa una mala noche.

La mirada de Leah se posó en el ferrotipo donde aparecía ella con su padre, y se dio cuenta de que faltaba el cristal. Se preguntó extrañada cuándo se había roto, y por qué no había notado su ausencia hasta ese momento.

—El poder de la adicción es muy fuerte, señor Underhill. No puedo prometerle que Carrie no se sentirá tentada. He pasado noche tras noche en este consultorio leyendo todo el material que he podido conseguir acerca de las adicciones. La doctora Penelope Lake, una colega mía, me ha facilitado los últimos artículos que se han escrito sobre el tema.

—Siga.

—Los alienistas que tratan enfermedades mentales afirman que la terapia debería ser de por vida.

—Por el amor de Dios, Doc...

—Pero los fisiólogos alegan que, cuando el cerebro recupera su equilibrio químico, no hacen falta más tratamientos.

—¿Qué es lo que opina usted?

Los dedos de Leah tamborilearon sobre el montón de libros y diarios. Se preguntó por qué le resultaba tan duro todo aquello, por qué era incapaz de tratar aquel asunto como si fuera un caso médico más, y al mirar a Jackson a los ojos supo la respuesta: Porque él le importaba, le importaba demasiado.

—Hay un punto en el que todos los expertos coinciden, señor Underhill. Lo más seguro para una paciente como Carrie es ingresarla en un centro.

Él se tensó como si acabara de apuñalarle en la espalda.

—¿Está diciendo que habría que encerrarla?

—Estoy diciendo que habría que llevarla a un lugar donde pueda descansar, donde no corra peligro. En una isla más al sur hay una residencia que conozco llamada Messenger House.

Aquellos ojos tan grises como el cañón de una pistola relampaguearon de furia, y la expresión de su rostro se tornó tan gélida como una roca en invierno.

—Está hablando de un manicomio.

Leah se estremeció al oír aquella palabra. Había visitado ese tipo de instituciones cuando estaba estudiando, y le habían horrorizado las condiciones en las que estaban los pacientes; lamentablemente, las personas que sufrían trastornos mentales acababan demasiado a menudo en lugares infernales donde nadie hacía caso a sus gritos de angustia.

—No. Existen instituciones privadas donde se les da un trato humano a los pacientes, y Messenger House es una de ellas.

—No pienso encerrar a Carrie —le espetó él, antes de ponerse en pie.

—Por eso he sugerido Messenger House, he visitado en persona ese lugar. No hay barrotes, se lo aseguro, tan solo médicos y enfermeras especializados en trastornos nerviosos.

—¡Maldita sea! Carrie está mejor, vuelve a ser la misma de antes.

Leah sintió una punzada de dolor en el corazón al oír aquello.

—Me gustaría que fuera así, señor Underhill, de verdad que sí, pero le ruego que se plantee la posibilidad de internarla una temporada en Messenger House. Usted podrá quedarse con ella unos días, y...

—No, nos marcharemos en cuanto el barco esté listo para navegar.

—¿A qué viene tanta prisa?

—Estoy empezando a cansarme de que alguna que otra santurrona me mire por encima del hombro.

Leah se sintió aliviada, porque prefería que la considerara una santurrona a que supiera la verdad... que la fascinaba, que se le aceleraba el corazón al verle, que el sol brillaba con más fuerza cuando le tenía cerca. Dios del cielo, ¿qué era lo que estaba sucediéndole?

—Si esa es la opinión que tiene de mí, señor Underhill, será mejor que se marche.

Él dio media vuelta y salió del consultorio sin molestarse en contestar.

Después de ordenar el montón de diarios y libros (aunque era innecesario, porque no estaban desordenados), Leah apagó la lámpara. Había algo que la atormentaba, algo que no podía quitarse de la cabeza, así que era inútil que intentara ponerse a leer. No podía desprenderse de la sospecha de que en el fondo, muy en el fondo, una pequeña y malvada parte de su ser deseaba que Carrie se fuera... sí, que se fuera para que ella pudiera estar a solas con Jackson.

—¡No! —dijo en voz alta, antes de ponerse en pie como un resorte.

Eso no estaba bien, no debería pensar siquiera en algo así. Pero la idea planeó sobre sus sueños durante toda la noche y, cuando despertó a la mañana siguiente y recordó lo que había soñado, hundió la cara en la almohada y se puso a temblar bajo el peso de la culpa que sentía.

—Solo voy a estar fuera un día y una noche, Carrie —le aseguró Jackson, cuando salió junto a ella al porche de la pensión.

—Ya sé que volverás, siempre lo haces —se había puesto un bonito vestido de color cereza, y sus zapatos rojos preferidos.

—Claro que sí, cielo —él era la única persona que volvía a por ella, que se preocupaba por su bienestar.

—Adam me hará compañía en tu ausencia —le aseguró, mientras sus ojos azules lo contemplaban con expresión solemne.

—¿Ah, sí? —Jackson sintió una punzada de... ¿de qué? ¿Celos?, ¿culpabilidad?—. Apenas le conoces, cielo.

—A él le conozco mejor que a ti —insistió ella, mientras iba alzando la voz—. ¿Qué crees que he hecho durante los largos días de mi recuperación, mientras tú estabas atareado con el barco? ¿Acaso crees que me dedicaba a hablar con las paredes o con los muebles? ¡No, hablaba con Adam! —aferró con fuerza su delicado parasol con flecos.

—Lo siento, Carrie. Tendrías que haberme dicho que te sentías sola, lo habría dejado todo a un lado para hacerte compañía. Te quie...

Ella le silenció al alzar una delicada mano enfundada en un guante de croché.

—No lo digas, Jackson. Siempre has afirmado que me quieres, pero estás confundiendo el sentido del deber con el amor.

—Maldita sea, Carrie, tengo claro lo que pienso.

—Sí, pero la cuestión es si tienes claro lo que sientes.

Lo miró sin vacilación alguna, con una mirada directa y firme, con ojos tan límpidos como el cielo de verano sobre el estrecho de Puget.

—Te busqué durante años.

—Y me encontraste, y me mantuviste a salvo.

Siempre volvían a lo mismo, al tema de la seguridad. Jackson sabía que el ansia desesperada que ella mostraba por sentirse a salvo no era normal, pero le resultaba comprensible. La habían arrancado del seno de su familia a los nueve años, y a los doce la habían vendido para prostituirla. Era comprensible que para ella no hubiera nada más importante que sentirse a salvo.

Carrie dio un paso hacia él y posó la mano en su mejilla antes de decir:

—Jamás olvidaré lo que hiciste por mí, jamás olvidaré lo de... Rising Star.

A pesar de los meses que habían pasado desde entonces, Jackson seguía sintiendo pánico al recordarlo.

—No me extraña —tragó saliva con dificultad, se le había secado la garganta—. ¿Piensas en ello a menudo?

—Es posible.

Parecía muy distante, como si estuviera sentada tras un muro que él no podía atravesar. Se preguntó si alguna vez llegaría a conocer de verdad a aquel icono, a aquella mujer a la que se refería como su esposa.

—¿Alguna vez piensas en el bebé que perdiste, cielo?

—No se me da bien tratar con niños —se limitó a decir ella, con una voz carente de inflexión.

—Solo te pido que me digas una cosa, Carrie. ¿Quién era el padre? —empezó a arderle la garganta por lo seca que la tenía.

Ella no mostró reacción alguna ante aquella pregunta. Se la veía tan serena como una madona, pálida y perfecta, y empezó a golpetear el escalón con la punta del zapato.

Jackson estaba a punto de disculparse por haberle preguntado aquello cuando ella dijo al fin:

—¿No lo sabes?

—No, supongo que no.

—Está muerto.

Fue entonces cuando él lo entendió todo. Los gritos, las acusaciones, la presencia del alcalde de Rising Star en un lugar donde no debería estar, con una mujer a la que ni siquiera tendría que conocer... la admisión de Carrie fue como un mazazo para él. Aquellos hechos habían ocurrido la noche en que habían huido.

—Se lo conté a Adam —admitió ella, con voz suave pero firme.

—¡Dios mío!

Jackson empezó a sudar. Adam Armstrong era un hombre cortés y refinado, la ropa que vestía costaba más de lo que cualquier hombre normal y corriente podría ver en toda su vida, exudaba confianza en sí mismo, llevaba a Leah a espectáculos de linternas mágicas, iba con Carrie al columpio que colgaba del castaño gigante. No resultaba extraño que una mujer quisiera confiarle sus secretos.

—¿Qué fue lo que le contaste? —le preguntó en voz baja.

Ella bajó la mirada al admitir:

—Todo.

—¿Todo?

—Que tú y yo nos criamos en un orfanato, que sufrimos muchas privaciones, que te viste obligado a hacer algunas cosas que no contarían con la aprobación de la sociedad.

Él entornó los ojos mientras recordaba el olor a sangre y a pólvora, el súbito portazo. Carrie no solía hablar casi nunca del tiempo que había pasado en Texas a pesar de que lo que había pasado allí había cambiado el curso de sus vidas, y daba la impresión de que había logrado borrar de su mente la última noche que habían pasado en Rising Star.

—Adam dice que no soy la responsable de lo que me pasó cuando era joven e indefensa.

—En eso tiene razón.

—Ya lo sé —le dijo ella, con una sonrisa llena de dulzura, antes de ponerse de puntillas para besarle la mejilla—. Gracias por todo —le susurró al oído.

Estaba claro que, en esa ocasión, estaba refiriéndose a todo sin excepciones.

Había llegado la hora de partir. El transbordador *Fairhaven* hizo sonar su silbato, y el capitán empezó a gritar órdenes.

—Te traeré un regalo, cielo —le dijo, después de darle un pequeño beso en los labios.

—Gracias. Oye, Jackson...

Él se volvió a mirarla por encima del hombro, tenía que subir a bordo del transbordador cuanto antes.

—¿Qué?

—Espero que encuentres lo que estás buscando.

Para cuando se dio cuenta de que había sido un comentario bastante raro, Jackson ya iba rumbo a Seattle a bordo del transbordador.

El sol estaba bien alto cuando Jackson regresó de Seattle al día siguiente con los bolsillos a rebosar. Su buena suerte había sido tan aplastante que incluso daba un poco de miedo. La calma y la seguridad en sí mismo que había mostrado mientras jugaba en el salón del hotel Diller habían hecho que los otros jugadores le miraran con admiración y las mujeres con deseo.

Seattle se había convertido en la estación final de la línea norte del ferrocarril, y a diario llegaban multitud de hombres con grandes aspiraciones dispuestos a levantar allí sus negocios. Las tabernas rebosaban dinero, whisky y todo tipo de planes ambiciosos, y él había conseguido llenarse los bolsillos. Podría haber logrado más que eso, ya que alguna que otra dama le había ofrecido sus favores, pero, a pesar de que no era propio de él rechazar ese tipo de ofrecimientos, se había limitado a contestar «No, gracias» con cortesía.

La verdad era que ya era un poco tarde para volverse un tipo decente a aquellas alturas de su vida... de repente le pasó por la cabeza algo que no tenía nada de decente, se adueñó de él una excitación prohibida al pensar en que faltaba poco para volver a ver a Leah... luchó contra sus propios sentimientos, no tenía derecho a pensar en ella en esos términos.

Subió a la cubierta superior y se dio cuenta de que jamás se cansaría de las vistas que había en aquella zona. El trayecto desde

Seattle hasta Whidbey, con una pequeña parada en La Conner, era muy agradable. Las ondulantes aguas eran tan claras y profundas como la mismísima eternidad, y las islas tenían esa belleza serena que hacía que un hombre, incluso uno como él, creyera en la existencia de la bondad. Se sacó la cajetilla de tabaco del bolsillo, y empezó a liar un cigarro.

Más que verlo, notó que el *Fairhaven* cambiaba su curso. El enorme transbordador se desvió hacia el norte, y Jackson vio el porqué al cabo de un momento.

Bajó a toda prisa los escalones metálicos, quería ver mejor lo que pasaba; cuando llegó a la cubierta inferior, se acercó a la gente que estaba agrupándose a lo largo de la barandilla.

—Qué pena, me parece que no ha habido supervivientes.

El comentario lo hizo uno de los pasajeros que contemplaban horrorizados los restos calcinados de un yate.

—Supongo que habrá habido una explosión. Seguro que ha sido el motor, miren todos esos restos —apostilló un marinero.

Barriles, cajas, tablas, cuerdas y trozos de lona flotaban entre un amasijo de madera calcinada.

—Es imposible que alguien haya sobrevivido a algo así, no queda ni un solo pedazo más grande que una astilla.

—Menos mal, es preferible no estar vivo para cuando llegan las orcas —comentó el marinero.

Lo único que era visible era el extremo de popa del casco y Jackson se quedó mirándolo como si estuviera hipnotizado, a la espera de que el transbordador lo rodeara para poder leer el nombre de la embarcación accidentada... aunque en el fondo ya sabía cuál era la respuesta, y por eso no se sorprendió cuando vio las cuatro primeras letras en el casco volcado.

Se trataba del *La Tache*, el barco de Adam Armstrong.

En ese momento vio un zapato flotando en el agua, un zapato rojo que reconoció de inmediato.

—Carrie... —dijo en voz baja, mientras se acercaba a la barandilla del transbordador.

Se quitó la chaqueta y los zapatos sin apartar la mirada de

aquel zapato, y se zambulló sin más. El agua estaba helada, y tanto sus emociones como sus extremidades empezaron a entumecerse mientras buceaba hacia los restos del naufragio. Emergió junto al casco medio sumergido de la embarcación, estaba convencido de que Carrie había salido a navegar en aquella nave. Maldijo para sus adentros. Tendría que haberlo visto venir, tendría que haberse dado cuenta de que ella iba a salir con su nuevo amigo. Oía vagamente las voces de la gente gritándole desde el transbordador, pero él hizo caso omiso mientras rebuscaba entre los restos. El sombrerito de paja partido en dos, un chaleco masculino, un libro abierto con las hojas empapadas...

—¡Vuelva aquí, va a morirse de frío! —le gritó alguien.

Le lanzaron un salvavidas. Apenas le quedaban fuerzas, se sentía medio muerto, así que lo agarró y dejó que lo subieran a bordo del transbordador. Alguien le puso una manta sobre los hombros. Se acercó a la barandilla y permaneció allí, chorreando y temblando de frío, y la verdad le atravesó como una gélida lanza de hierro. Se había ido, Carrie se había ido para siempre.

Vio el zapato de nuevo, y mantuvo la mirada fija en él. Los delicados lazos flotaban a ambos lados como alas, y el tacón brilló como un granate bajo la luz de la tarde.

El capitán del transbordador llegó a la conclusión de que no había habido supervivientes y ordenó que la embarcación virara hacia el oeste, pero Jackson mantuvo la mirada fija en aquel zapato rojo. El reflejo de la luz en el tacón le daba de lleno en el ojo, y en su mente sonó una melodía al piano mientras recordaba un día en que estaba en San Francisco.

—Claro que quiero ir a bailar, pero no tengo nada que ponerme —le había dicho Carrie.

Él le había comprado un vestido, y unos zapatos de baile con lazos de satén y tacones de un intenso color rojo.

Debió de hacer algún ruido, porque varias personas le miraron y se apartaron de su camino al verle la cara.

—¿Se encuentra bien? —le preguntó alguien.

Jackson no le contestó, era una pregunta para la que no había respuesta.

Jackson desayunó con Bowie Dawson a la mañana siguiente de la muerte de Carrie. El niño se movió con nerviosismo en su silla de ruedas antes de preguntar:

—¿Qué vas a hacer hoy en el barco? Eh... ¿Jackson? ¿Qué vas a hacer hoy? ¡Jackson!

—¿Qué...? Ah, perdona.

No podía dejar de pensar en Carrie. ¿Había muerto calcinada?, ¿se había ahogado?, ¿la habían devorado las orcas? No habría sabido decir por qué, pero se decantaba por la primera opción. Carrie había sido una llama efímera, un fogonazo de luz. Siempre había sido así. Debería estar enloquecido de dolor y de angustia, pero lo único que sentía era un profundo vacío.

La búsqueda de Carrie le había dado forma a su vida durante años, era lo que le había dado sentido a su existencia; después, cuando la había encontrado, cuidarla había sido su meta, su objetivo en la vida. Mantenerla a salvo se había convertido en su misión.

¿Qué era lo que iba a darle forma a su vida en adelante?, ¿un cartel de *Se busca* en el que aparecía su cara?

Antes era como un caballero andante cuya misión era encontrar un grial, un grial que se llamaba Carrie. Pero se había quedado sin nada por lo que luchar, estaba a la deriva.

—¿Me has oído, Jackson? ¿Vas a ir hoy a tu barco? —Bowie parecía un poco enfurruñado al ver que no le hacía ni caso.

—Sí, tengo que reparar las bombas de agua de popa.

—¿Puedo ir contigo?, ¿puedo ir?

Jackson le alborotó el pelo antes de contestar:

—Hoy voy a estar muy ocupado, quizás sería mejor que te quedaras aquí y le echaras una mano a tu madre.

—Te prometo que no voy a molestar. Puedes poner mi silla donde no te estorbe y yo veré cómo trabajas y practicaré algunos nudos. Estaré tan callado como un ratón, ¡te lo prometo!

Te lo juro si quieres sobre la Biblia, mantendré la boca cerrada y...

—De acuerdo, tú ganas —le dijo al fin con resignación.

Se colocó detrás de la silla de ruedas y, mientras le llevaba hacia la cocina, pensó que quizás no era tan mala idea que el pequeñajo le acompañara, charlar con él le serviría de distracción. Leah, Iona y Perpetua estaban en el puerto esperando la llegada del transbordador el día anterior, y le habían confirmado lo que él había sabido desde el principio: que Carrie se había ido con Adam.

No había habido supervivientes.

Él había sido incapaz de hablar con ellas, así que había ignorado sus palabras de consuelo y había ido a su goleta para emborracharse.

—¡Venga, vámonos! —le pidió Bowie con impaciencia.

—Antes tenemos que pedirle permiso a tu madre; si a ella le parece bien, te vienes conmigo.

Perpetua estaba preparando un pollo para la cena, y el olor a salvia y ajo inundaba la cocina.

—¡Mamá, Jackson dice que puedo acompañarle para ver cómo arregla su barco! ¿Puedo ir? ¡Anda, di que sí!

—Por supuesto que no —la mujer contestó sin vacilar, y siguió frotando el pollo con las hojas de salvia.

Jackson se preguntó si aquella respuesta tan categórica se debía a la desconfianza que sentía hacia él, o al hecho de que era extremadamente protectora con su hijo.

—Bowie se lo pasará bien en el puerto conmigo, señora. Hace mucho calor, no sería justo tenerlo encerrado todo el día en la casa.

Ella miró por la ventana a regañadientes, y parpadeó con asombro como si fuera la primera vez que veía un día de verano tan perfecto.

—Me vendrá bien tener algo de compañía, señora Dawson.

Ella le miró, y Jackson se dio cuenta de que iba a ceder al ver que esbozaba una pequeña sonrisa y se le llenaban los ojos de lágrimas. Era obvio que estaba pensando en lo que le había sucedido a Carrie.

—Sí, es comprensible —dijo al fin la mujer, con voz suave.

Empezó a darle una larga lista de advertencias a su hijo, y le tapó con una manta y una bufanda como si afuera se hubiera desatado una ventisca.

El niño permaneció callado durante todo el proceso, saltaba a la vista que estaba atónito al ver que su madre le concedía el privilegio de salir; después, mientras iban rumbo al puerto, no dejó de parlotear.

—¿Estás triste porque la señorita Carrie subió a ese barco y se murió?

Aquella pregunta tan directa en boca de un crío le impactó de lleno y le causó un dolor para el que no estaba preparado, un dolor al que no estaba acostumbrado. ¡Qué niño tan sincero!

—Sí, supongo que estoy muy triste.

—La tía Leafy dice que la señorita Carrie no estaba hecha para ser la esposa de un marinero, que era demasiado delicada.

—Sí, supongo que eso es verdad.

La vida que llevaban era tan vertiginosa y caótica que él jamás había esperado de ella que se comportara como una esposa; teniendo en cuenta las circunstancias, no parecía algo necesario. Se preguntó qué más le habría contado Carrie a aquella anciana tan curiosa.

—La tía Leafy dice que el señor Armstrong era muy, pero que muy rico.

—Sí.

No quería seguir hablando del tema. Detuvo la silla de ruedas del niño al llegar al puerto y, aprovechando que ya no podían verles desde la pensión, le quitó de encima la manta, la bufanda y el gorro de lana.

—Hace un calor de los mil demonios —comentó el pequeño, antes de volverse a mirarlo para ver cómo reaccionaba al oírle pronunciar una palabra prohibida.

—Sí, es verdad —se limitó a contestar él.

Se sacó del bolsillo su cajetilla de tabaco, y Bowie aguzó la mirada para poder leer la etiqueta.

—«Picado fino Underhill». ¡Anda, se llama como tú! Qué coincidencia, ¿verdad?

—Sí, qué cosas.

Jackson alzó el rostro hacia el cielo. El aire, limpio tras una breve lluvia, poseía un intenso tono cristalino. El sol acentuaba los colores del mar y del cielo, de la hierba y de las flores, y los hacía brillar en todo su esplendor. Respiró hondo y dejó que el aire le inundara el pecho. Cuando subió a bordo del *Teatime*, listo para encargarse de las reparaciones que tenía previstas para esa jornada, lo hizo lleno de una sorprendente sensación de bienestar.

No quiso pararse a pensar en por qué se sentía así.

Leah miró muy seria a la paciente que estaba sentada en la mesa de exploración del consultorio, y le dijo con firmeza:

—Ilsa, hoy tengo que ver a más pacientes. O abres la boca y me dejas echarle un vistazo a ese diente, o voy a tener que mandarte de vuelta a casa aunque siga doliéndote.

Ilsa Gillespie, la hija del carnicero, alzó la barbilla en un gesto de obstinación. Tenía nueve años, y estaba claro que había heredado tanto los carrillos de bulldog como la terquedad de su padre. Su pelo rubio estaba recogido en dos gruesas trenzas entrecruzadas en la parte alta de la cabeza, y fulminó a Leah con unos ojos de un intenso color azul. Tenía una mejilla inflamada por culpa de un diente infectado, pero no dejaba que se le acercara.

—Si te extraigo el diente, solo te dolerá un momento; si no me dejas que lo haga, seguirá doliéndote durante días y días. Puede que para siempre.

Al ver que la pequeña abría los ojos como platos y se tapaba la boca con ambas manos, Leah se cruzó de brazos y respiró hondo mientras intentaba armarse de paciencia. Después de lo ocurrido en casa de los Babcock, Jackson le había aconsejado que negociara una tregua con Gillespie, y aquello formaba parte del acuerdo al que habían llegado.

Aunque el tipo había vendido carne en mal estado, ella había dañado su reputación, y se sentía culpable después de hablar del tema con Jackson. De modo que había ido a hablar con Gillespie en privado, y se había comprometido a tratar a sus hijos gratis; por si fuera poco, había ido a su carnicería en hora punta para que la gente la viera comprando allí.

Desde que había llegado a aquel acuerdo con Gillespie, cada día recibía la visita de uno de sus hijos... como mínimo. Iban por cualquier cosa, desde verrugas hasta catarros, y la verdad era que Ilsa era uno de los que mejor se portaban.

Aunque no solía descentrarse cuando estaba con un paciente, no podía dejar de pensar en Jackson. Carrie se había ido, se había ido para siempre. ¿Qué estaría sintiendo él en ese momento?

Recordó el dolor que había sentido ella misma tras la muerte de su padre. Aún le resultaba duro admitir que, en medio de la tristeza, había brillado un rayito de alivio. Su padre se había pasado la vida luchando por conseguir lujos y riquezas sin lograrlo, quizás la muerte le había permitido alcanzar al fin la paz. Recordaba haber pensado que estaba completamente sola, y lo extraña que le había resultado esa sensación. En aquel momento también había tenido la sensación de que entre su padre y ella había quedado algo inconcluso.

Se preguntó si Jackson estaría sintiendo algo parecido en esos momentos.

—Venga, cielo. Si abres la boca y cuentas hasta diez, te prometo que haré que deje de dolerte.

La niña siguió protegiéndose la boca con las manos y alzó la barbilla con terquedad.

—¿Lo harías si te doy algo a cambio?, ¿quieres un penique? —le parecía increíble tener que recurrir al soborno.

La niña bajó las manos, pero exigió con firmeza:

—Que sean diez peniques.

No había duda de que era digna hija de su padre.

—Cinco.

—¡Trato hecho!

Al cabo de un minuto estaba sollozando en los brazos de Leah, con los ojos puestos en la bandeja esmaltada que había junto a la mesa y que contenía el diente que acababan de extraerle, y con cinco peniques firmemente sujetos en su puño.

—Bueno, ya está —le dijo Leah, sonriente, mientras la campana del puerto sonaba en la distancia—. Voy a darte un poco de aceite de clavo, para que te lo lleves a tu casa y...

Se interrumpió al oír un grito desgarrador, y bajó a Ilsa al suelo antes de salir corriendo del consultorio. La puerta de la cocina estaba abierta de par en par, y Perpetua Dawson estaba corriendo como una loca por el patio con la falda levantada por encima de las rodillas.

—¡Ha pasado algo en el puerto! —exclamó la tía Leafy, que estaba sentada en la mecedora de mimbre del porche y había palidecido de golpe—. ¡Bowie se ha caído al agua!

CAPÍTULO 6

Leah corrió hacia el puerto tan deprisa que las horquillas se le cayeron del pelo y se le desabrochó el delantal. Tenía la respiración jadeante y le ardían los pulmones por el aire salado del mar, oyó a Perpetua gritando sollozante el nombre de su hijo.

La silla de ruedas estaba apartada a un lado. Se la veía abandonada, vacía, y tenía encima varias prendas de ropa y una manta. Davy Morgan salió a la carrera de las oficinas del puerto, seguido de cerca por Bob Rapsilver.

—¡Bowie! ¿Dónde está mi niño? ¡Mi niño! —gritó Perpetua. Estaba al final del muelle, y parecía estar dispuesta a lanzarse al agua de un momento a otro.

Rapsilver señaló hacia el mar con uno de sus dedos regordetes.

—Se ha tirado del muelle, nunca había visto algo así.

Leah se quedó petrificada y miró en la dirección que estaba indicándoles Rapsilver. Sus temores se confirmaron al ver a Bowie en el agua, pero...

—¡Por el amor de Dios! ¿Qué es lo que está haciendo? —alcanzó a decir Perpetua entre sollozos.

El niño alzó un pálido y delgaducho bracito del agua en un gesto de saludo.

—¡Estoy nadando, mamá! ¡Mírame, estoy nadando! —volvió a meter el brazo en el agua y se impulsó hacia delante con unas brazadas un poco desgarbadas, pero sorprendentemente fuertes.

—¡Pero si no sabe nadar! —exclamó Perpetua. Le flaquearon las piernas, y tuvo que apoyarse en Davy Morgan.

—Pues está haciéndolo —le dijo Leah, mientras su corazón iba recobrando poco a poco su ritmo normal. Saboreó el dulce sabor del alivio que la embargaba, y sintió el peso del sol del mediodía en la cabeza.

No pudo evitar esbozar una sonrisa al ver que alguien emergía junto a Bowie... alguien de pelo claro, rostro bronceado, y hombros y brazos musculosos.

—El señor Underhill debe de haberle enseñado —comentó.

—El niño está como pez en el agua —apostilló Davy.

Tras el momento de angustia que había pasado, la desesperación de Perpetua dio paso al enfado. Se secó la frente con el delantal antes de gritar:

—¡Bowie! ¡Bowie Dawson, ven aquí ahora mismo! ¡Le has dado un susto de muerte a tu madre!

—¡Anda, mamá! ¡Me lo estoy pasando muy bien!

—¡Que vengas ahora mismo!

La voz tajante de Perpetua no admitía discusión. Fue a por la manta mientras los dos nadadores se acercaban al muelle y, cuando Jackson subió con el niño en brazos y se lo entregó, ella cubrió al pequeño a toda prisa.

—¡Usted tiene la culpa de todo esto, señor Underhill! —le acusó, hecha una furia—. Si Bowie no se hubiera pasado toda la mañana siguiéndole de un lado a otro, no habría corrido peligro alguno. ¡Mi hijo podría haber muerto! Es posible que se resfríe, puede que muera de una pulmonía...

—Tranquilícese, por favor —le pidió él con voz suave, mientras chorreaba agua sobre las tablas del muelle.

Lo único que llevaba puesto eran unos vaqueros, estaba descalzo y tenía el torso desnudo. La tela mojada de la prenda se le pegaba a la piel, y delineaba un físico que hizo que Leah sintiera un extraño cosquilleo.

Cada vez le costaba más fingir que el interés que sentía por él se debía a una mera curiosidad anatómica, la pura verdad era que aquel hombre despertaba un pecaminoso deseo en ella. Anhelaba tocarle, sentir la textura de su piel tersa sobre la firme musculatura, sentir su calidez y los latidos de su corazón. Se sintió avergonzada de sí misma, de su falta de principios. ¿Qué clase de mujer deseaba así a un hombre que acababa de perder a su esposa?

Su propio corazón le respondió: Una mujer que se sentía sola, y cuyos deseos emergían ante la presencia de aquel hombre tan misterioso.

—¡Explíquese! —le exigió Perpetua a Jackson, llena de indignación. Era obvio que no compartía la debilidad de Leah por él.

—El niño vive rodeado de agua, así que me ha parecido oportuno que aprenda a nadar.

—¿Y qué pasa con mi opinión al respecto? ¡Soy su madre!

—Pues tendría que haberse encargado de enseñarle hace mucho tiempo —Jackson alborotó el pelo del pequeño, que le miró con adoración—. Es un jovencito fuerte, lo ha hecho muy bien. No ha corrido peligro en ningún momento, se lo juro. No me he alejado ni medio metro de él.

Leah le miró con incredulidad. Le costaba creer que aquel fuera Jackson Underhill, un peligroso forajido.

—Supongo que nadie enseñó a Carrie a nadar —añadió él, en voz más baja. Miró hacia el mar y se frotó los brazos, que tenían la piel de gallina.

Leah sintió que le daba un vuelco el corazón cuando entendió por fin lo que pasaba, pero Perpetua no prestó ninguna atención a aquellas palabras y siguió como si nada.

—Bowie está enfermo, ¿no se ha parado a pensar en eso?

Jackson ajustó mejor la manta bajo la barbilla trémula del niño antes de contestar:

—Es como cualquier otro niño cuando está en el agua, señora —sin más, se alejó por el muelle dejando un rastro de agua a su paso y subió a su barco.

Perpetua sentó al niño en la silla de ruedas, lo cubrió con otra manta más, y le puso la bufanda y el gorro. Cada capa representaba el amor de aquella madre por su hijo, la necesidad de protegerlo. Aún no se había dado cuenta de lo que todos veían como algo obvio: al niño le sofocaba estar tan abrigado.

A Leah se le formó un nudo en la garganta al verla cerrar los ojos y besar al niño en la frente, al ver la expresión reverencial que había en su delgado rostro. Bowie no solo era su paciente, era mucho más que eso. Ella le había visto dar sus primeros pasos, unos pasos que le habían llevado desde sus brazos hasta los de Perpetua. Ella estaba presente cuando el niño había cantado su primera canción, cuando había probado la sandía por primera vez, cuando había acariciado por primera vez a un gatito. Y había sido la primera en darse cuenta de que tenía las mejillas encendidas por la fiebre, la primera en saber lo que le aquejaba. Había sido ella quien había asumido la responsabilidad de decirle a Perpetua que Bowie no iba a volver a caminar nunca más.

—Él tiene razón, Perpetua.

—¿Qué? —le preguntó, mientras le secaba las orejas al niño con sumo cuidado.

—El señor Underhill tiene razón, la natación es una buena actividad para Bowie.

—¿Lo ves, mamá? La doctora Leah dice que es bueno —apostilló el niño, que estaba medio oculto bajo las mantas.

—Como médico de Bowie, quiero aconsejarte que le dejes nadar. Ha demostrado tener las fuerzas necesarias para hacerlo. Será beneficioso para él, fortalecerá su musculatura y su salud; además, le dará más confianza en sí mismo.

—No —contestó Perpetua, antes de colocarse tras la silla de ruedas—. Tú no sabes lo que se siente al ser madre, al preocuparte de tu hijo...

—Sería con la supervisión adecuada, por supuesto.

Perpetua se detuvo y la miró por encima del hombro.

—¿Crees que Jackson Underhill puede dar una supervisión adecuada? —sin esperar respuesta, se llevó a Bowie de regreso a la pensión.

Leah se quedó en el muelle durante un buen rato. Se volvió hacia el agua y contempló los nubarrones que había en el horizonte, las lejanas montañas bañadas por la luz del sol. Estaba sola. Todo el mundo había regresado al trabajo, o a su casa con la familia.

«Tú no sabes lo que se siente al ser madre». No podía quitarse de la cabeza las palabras de Perpetua, y la embargó aquella sensación de soledad con la que estaba tan familiarizada. Aquel era su pueblo, su mundo, pero, tal y como le había pasado en todos los lugares donde había estado, no acababa de encajar del todo. Antes pensaba que no había encontrado el lugar adecuado, pero por fin empezaba a darse cuenta de que no encajaba en ningún sitio porque tenía alguna carencia dentro de su ser. Gracias a su padre, había aprendido una dura lección: cuáles eran sus propias deficiencias. Aunque era una mujer adulta y era consciente de que él no había sido un hombre perfecto ni mucho menos, jamás había logrado borrar el dolor de su niñez. Él la había tratado con tanta frialdad que había dañado su capacidad de ser amada... y quizás también de amar.

¿Por qué no podía cambiar?, ¿por qué era incapaz de entrar a formar parte de la comunidad? Era una persona patética, ni siquiera era capaz de jugar a las cartas con sus propios huéspedes después de la cena.

Aunque los McAfee solo llevaban ocho meses en la isla, él ya era un diácono de la iglesia y ella, un miembro clave de la Sociedad de Damas Humanitarias, y también del club de costura y del de jardinería; además, sus hijos se habían integrado a la perfección con los demás niños en la escuela. Había gente a la que se le daba bien «encajar»; otros, por el contrario, iban a la deriva... por siempre, o hasta que se ahogaban.

Le dio la espalda al espectacular panorama y echó a andar por el muelle mientras seguía sumida en sus pensamientos, pero Jackson salió en ese momento a la cubierta del *Teatime*. Se había puesto una camisa y unos pantalones secos, y alzó una taza de hojalata.

—¡Eh, Doc! ¿Le apetece tomar un trago?

No habría sabido decir por qué se sintió tan aliviada al verlo, por qué se sintió como si él estuviera rescatándola.

—¿Qué es? —le preguntó, al ver que la taza contenía un líquido ámbar.

—Pruébelo y verá.

Ella obedeció y se dio cuenta de que se trataba de ron.

—Es un poco temprano para beber, ¿no? —comentó, antes de tomar otro trago—. Tengo la impresión de que tendría que ponerme a cantar canciones marineras.

—¿Se sabe alguna?

—No, ni una. ¿Y usted?

—Un montón, pero va a tener que beber mucho más ron para poder soportar lo mucho que desafino.

—Gracias por el ron —le dijo, sonriente.

—Me ha dado la impresión de que le vendría bien. Podría diluirlo con agua, pero no hace falta. Me fue bien con las cartas en Seattle.

Alargó la mano hacia ella, y Leah vaciló por un instante. Aquel hombre tenía unas manos de dedos largos y fuertes, manos de marinero, callosas por el trabajo duro y las inclemencias del tiempo. Las uñas estaban limpias gracias al baño que acababa de darse en el mar. También era la mano de un forajido que la había amenazado a punta de pistola. ¿Cómo podía ser la misma mano que había alzado a un niño de su silla de ruedas y le había enseñado a nadar?

Porque no era un forajido de verdad. A lo mejor iba a la deriva, como ella, y también estaba buscando un lugar donde poder encajar.

Aunque sabía que era inapropiado, tomó su mano y el contacto hizo que la recorriera un fogonazo de placer. Aquello era una locura, una verdadera locura, pero la tentación era irresistible... él era irresistible, tan irresistible como la seductora calidez de unos tragos de ron.

—He sacado algunas cosas de la pensión —le dijo él, antes de apoyarse en una tapa de escotilla que había barnizado recientemente.

Ella tomó otro trago de ron.

—¿Ah, sí?

—La ropa de Carrie, sus cosas.

El nombre emergió como una sombra gris entre ellos. Leah le soltó la mano y se esforzó por hablar para romper el silencio.

—Lo siento, lo siento muchísimo.

—No sé cómo se supone que debo sentirme, Doc. No sé cómo comportarme cuando la gente me da sus condolencias. No sé lo que voy a hacer de ahora en adelante.

Ella estaba dolorosamente familiarizada con aquella sensación. Asintió antes de comentar:

—Por lo que veo, ha estado trabajando duro en el barco.

—Sí, he avanzado bastante.

Bajaron a la bañera de la embarcación y fue mostrándole las reparaciones que había hecho en la parte interior del casco, las bombas de agua y las prensas.

—Me pasé media mañana bajo el agua arreglando el timón, yo creo que el *Teatime* estará listo para navegar dentro de poco.

Ella observó la embarcación con interés y fue haciendo comentarios de aprobación al ver las reparaciones. Se dio cuenta de que él trabajaba tan duro en aquel barco como ella en su consultorio. Estaba claro que una persona podía lograr casi todo lo que se propusiera a base de esfuerzo.

Se asomó por la parte de popa, y vio que el escudete donde estaba el nombre de la embarcación aún no estaba arreglado.

—El escudete aún está como antes.

—Mi barco no es una preciosidad, pero está casi listo para navegar. Es lo único que me importa.

—¿Ah, sí? —se limitó a decir ella, antes de tomar otro trago de ron.

Se sentía un poco atrevida por estar bebiendo alcohol a pleno día. Mientras le veía empalmar dos cabos no pudo evitar darse cuenta de la fluidez y la elegancia de sus movimientos, y se preguntó si Jackson Underhill había sufrido una sola situación embarazosa en toda su vida.

—¿Quién de los dos va a sacar a colación el tema? —le preguntó, en un arranque de valentía.

—¿Qué tema?

—Lo que ha pasado.

—¿Lo de la clase de natación de Bowie? Al principio me he negado, pero él ha insistido hasta que he decidido intentarlo. Se ha sentido como pez en el agua, usted misma es testigo de ello.

—No, me refiero a algo que pasó antes de eso.

Él detuvo en seco lo que estaba haciendo, se quedó paralizado como si fuera un ciervo que intuía un peligro inminente. Se recobró en cuestión de segundos y, con mucho cuidado y paciencia, adujó el cabo sobre la cubierta en unos anillos perfectos.

Cuando terminó se volvió hacia ella sin prisa, y la miró con expresión inescrutable.

—Dígalo de una vez, Doc. Diga que tiene curiosidad por saber lo que siento después de que Carrie me abandonara por un magnate maderero y murieran juntos en su barco.

Leah ya había empezado a arrepentirse de haber sacado a colación el tema. Quería consolarle, penetrar aquella coraza con la que la mantenía a distancia y hacerle saber que se preocupaba por él, pero se sintió mal al ver la frialdad con la que estaba mirándola.

—Señor Underhill, si le resulta doloroso hablar de...

—¿Lo pone en duda? —la mano con la que seguía sosteniendo el extremo del cabo tenía los nudillos blancos por la fuerza con la que la apretaba—. Estaría hecho de piedra si no me doliera, cielo.

Ella tragó saliva con dificultad y dejó la taza sobre una mesa.

—Perdón, pensaba que quizás...

—¿Qué?

—Que quizás yo podría consolarle de alguna forma, ahora que...

—Sí, claro —agarró una cabilla y, después de colocarla en su sitio con brusquedad, dio media vuelta y empezó a bajar por una escalera de cámara que conducía bajo cubierta—. Gracias, doctora Mundy, es usted todo un consuelo para alguien afligido como yo —le dijo por encima del hombro.

—Entiendo que se sienta mal...

—No, Doc, no lo entiende. Se suponía que yo tenía que proteger a Carrie, y le fallé.

—¡Eso no es cierto! Fue ella la que decidió marcharse con Adam. ¿Qué habría hecho usted si el barco no hubiera explotado?, ¿habría ido tras ellos?

Él se pasó una mano por su largo y húmedo pelo.

—Cuando a Carrie se le mete algo en la cabeza, no hay quien pueda detenerla. ¿A qué viene tanta preocupación por mí?, no estoy enfermo.

Leah sabía que lo más prudente sería apartarse de la oscuridad que parecía envolver a aquel hombre, pero lo que quería era zambullirse en ella y sucumbir a la tentación.

—Puede que no, pero está sufriendo. El impacto de perder a Carrie...

—Ella nunca fue mía —admitió él con voz suave—. Una doctora tan capacitada como usted tendría que haberse dado cuenta de algo así, pero ese no es su punto fuerte, ¿verdad?

Ella sintió que se ponía roja como un tomate.

—Hago todo lo que puedo, señor Underhill. Me encargo de los enfermos de esta comunidad. Puede que mi forma de tratar a la gente no sea tan piadosa como la suya, pero suplo esa carencia con mis conocimientos y mis aptitudes.

—No estaba criticando su forma de tratar a la gente, Doc.

—¡Menos mal, porque le recuerdo que usted me despertó a punta de pistola! —se arrepintió de inmediato de aquel arranque de genio, y añadió con voz más calmada—: Eso ha sido injusto, discúlpeme. Usted hizo lo que hizo porque Carrie estaba enferma.

—No hace falta que se disculpe. He visto con mis propios ojos la lucha que libra a diario con esta gente.

—No debería ponerme tan a la defensiva.

—Ande, tómese un poco más de ron —volvió a llenarle la taza e indicó con un gesto de la mano las ventanas de popa, que enmarcaban unas vistas espectaculares del puerto—. Este es un sitio muy acogedor, Doc. Si no es feliz aquí, la culpa es suya.

—¡Yo no tengo la culpa de que la gente piense que soy muy

estricta! —masculló, antes de tomar un buen trago—. No tengo la culpa de que me juzguen por pura ignorancia y murmuren a mis espaldas —dejó a un lado la taza vacía, se aferró a la baranda y evitó mirarle. Beber ron con el estómago vacío hizo que se dejara llevar por una intolerable oleada de autocompasión—. No tengo la culpa de que les parezca bien que traiga sus hijos al mundo y les drene los forúnculos, pero que no quieran aguantar mi presencia en su mesa los domingos. No tengo la...

Se calló de golpe cuando unas manos la agarraron de los hombros y la obligaron a volverse. No le dio tiempo a pensar, a hablar, ni siquiera a respirar. Alcanzó a ver el rostro tenso y furioso de Jackson Underhill por un instante y, antes de que se diera cuenta de lo que estaba pasando, él se adueñó de su boca en un beso desenfrenado.

Saboreó su sabor masculino, se apretó contra su cálido y duro pecho, sintió un tironcito extrañamente placentero en el cuello cuando alzó la cabeza hacia él. Las dudas y las protestas que se arremolinaron en su cabeza se desvanecieron, etéreas como la niebla marina. Él no dejaba margen alguno para poder pensar, para plantear objeciones, porque estaba devorándola con un deseo que la consumía por completo.

Estaba embriagada por la firmeza de sus labios, por el dulce sabor del ron. Saboreó el fresco aroma a brisa y a mar que desprendía su viril cuerpo, el ímpetu con el que sus fuertes manos recorrieron sus hombros y su espalda antes de acercarla y apretarla contra su cuerpo como si no fuera a soltarla jamás.

Era el ron, seguro que sí. Si no hubiera bebido, habría tenido el sentido común necesario para resistirse y apartarse de él. Lo que estaban haciendo era algo prohibido e incorrecto que podía darles problemas a ambos, pero nada de todo eso le importaba en ese momento.

¿Por qué no protestaba?, ¿por qué no se apartaba de él y corría a esconderse hasta que él desapareciera para siempre?

Porque deseaba con todo su corazón que él se quedara.

Aquella verdad fue como un puñetazo, y el impacto le dio fuerzas para poner fin al beso. Soltó un gutural sonido inarticulado, apoyó las manos en su pecho, y le empujó con tanta fuerza que trastabilló hacia atrás y chocó contra la mesa atornillada al suelo que tenía a su espalda.

—¡Señor Underhill! —exclamó, con voz áspera y jadeante.

Él la observó durante un largo momento con una sonrisita insolente, y la recorrió con la mirada tal y como acababa de hacerlo con las manos.

—Creo que deberíamos tutearnos, Doc.

Ella sintió que le ardía la garganta, y ese fuego fue extendiéndose hasta hacer que le ardieran las mejillas.

—Yo solo quería consolarle.

—Pues tu método está funcionando, empiezo a sentirme muy bien —le aseguró, antes de meter el pulgar bajo el cinto.

—Lo que acaba de pasar ha sido... Usted se ha... Lo que hemos... ¡Tiene que pedirme una disculpa! —su rubor se intensificó aún más al darse cuenta de que parecía tan torpe y alelada como una jovencita inexperimentada.

—¿En serio? —su voz suave rezumaba diversión—. ¿Por qué?, ¿por hacer algo que los dos llevábamos semanas deseando?

Ella apretó los puños con fuerza.

—Si le he dado la impresión de que deseaba que usted me be... —fue incapaz de decirlo. Respiró hondo y corrigió la frase—. Si le he dado la impresión de que deseaba que usted se tomara libertades conmigo de buenas a primeras, debo decirle que...

—Te olvidas de lo que te dije la noche que entré a hurtadillas en tu dormitorio —arguyó, con un brillo travieso en la mirada—. Yo nunca pido permiso para hacer nada.

Ella agachó la cabeza y se esforzó por hablar con la calma y la profesionalidad propias de la doctora Leah Mundy.

—Puede que la culpable sea yo. Me disculpo si mi actitud o mi conducta le han incitado a comportarse así.

Al ver que él tardaba mucho en contestar, hizo acopio de valor y alzó la mirada, pero se arrepintió al ver que estaba carcajeándose en silencio. Su cuerpo se sacudía por la risa, y una exasperante sonrisa le iluminaba el rostro.

Aquello fue la gota que colmó el vaso. Se horrorizó al notar que le escocía la garganta y los ojos se le inundaban de lágrimas.

—Que tenga un buen día, señor Underhill —alcanzó a mascullar, antes de dirigirse a toda prisa hacia la plancha de desembarco.

Él se interpuso en su camino con toda tranquilidad y se apoyó contra la escala real.

—No tan rápido, Leah.

Era la primera vez que la llamaba «Leah» en vez de «Doc». Era todo un atrevimiento, aunque no tan grave como lo del beso.

—Quítese de mi camino, por favor.

—Me temo que no puedo hacerlo.

Aunque le costó lograrlo, tuvo el valor de alzar la mirada hacia él. Levantó la barbilla en un gesto desafiante al preguntar:

—¿Por qué no?

—Porque te he hecho llorar, y ahora tengo que lograr que pares de hacerlo.

Ella se secó las mejillas con brusquedad. Detestaba perder el control, detestaba lo que estaba sintiendo, y le detestaba a él por hacerla sentir así.

—Ya está, ya he parado.

—No es verdad.

—¡Sí que lo es! —una silenciosa lágrima la traicionó al deslizarse por su mejilla.

—¡Por el amor de Dios! —la agarró de las muñecas a pesar de que ella intentó evitarlo—. Ven, siéntate conmigo.

—No.

—Pues túmbate conmigo.

—¿Por qué habría de hacerlo?

Él se quedó mirándola en silencio, pero en esa ocasión Leah no vio en sus ojos ni rastro de diversión ni de insolencia. Lo que vio fue interés, y una ternura que le llegó al alma.

—Porque estás rompiéndome el corazón —admitió él al fin, mientras le secaba la mejilla con el borde de la camisa.

Ella se quedó boquiabierta, y no protestó cuando la condujo hasta un banco y se sentó a su lado sin soltarle en ningún momento las manos.

—Creo que será mejor que hablemos de esto. Si no lo hacemos, siempre estará latente entre nosotros.

—Seguirá estando latente aunque hablemos de ello —adujo, mientras luchaba por no llorar más.

—Puede que sí, puede que no. Estoy dispuesto a disculparme si hace falta para que dejes de llorar, pero yo creo que tus lágrimas no se deben a eso.

No, no se debían a eso, y Leah lo admitió al encogerse ligeramente de hombros.

—No lamento haberte besado, Leah. Jamás podría arrepentirme de eso —alzó una mano y trazó con suma delicadeza el contorno de sus labios—. Qué piel tan suave tienes, qué bien sabe tu boca... Demonios, claro que no lamento haberte besado.

Ella tuvo la fuerza de voluntad necesaria para apartarle la mano, y afirmó con firmeza:

—Pero no ha estado bien.

—¿Qué ha tenido de malo?

—No puede significar nada.

—Puede significar que quiero abrazarte, que quiero acariciarte y besarte.

—Su esposa acaba de fallecer.

—¿Y qué se supone que debo hacer?, ¿pasar el resto de mi vida pensando en una mujer que me abandonó? —le preguntó con amargura.

—Quizás debería pensar en ella un par de días antes de agarrar a la primera mujer disponible que le pase por delante.

—No eres la primera que pasa, cielo, y está claro que no estás disponible. No suelo tener que esforzarme tanto para lograr que una mujer me bese, te lo aseguro.

Leah sabía que él estaba intentando mostrarse indiferente, incluso insensible, porque eso era más fácil que sufrir el dolor de haber perdido a Carrie.

—En ese caso, ¿por qué lo ha hecho?

—¿El qué?

Ella maldijo para sus adentros al ver que iba a obligarla a decirlo.

—¿Por qué me ha besado? —«¿Por qué me ha obligado a encarar la verdad que he estado ocultando desde que le conocí?».

—Porque quería hacerlo, y tú querías que lo hiciera. La diferencia entre nosotros es que yo no acostumbro a negarme a mí mismo los placeres básicos, y tú sí.

—¿Qué le hace pensar eso?

—Tus ojos, cielo —le dijo, sonriente. Le puso dos dedos bajo la barbilla, y le sostuvo la mirada al añadir—: Son preciosos, y dicen muchas cosas.

Las lágrimas volvieron a brotar y empezaron a caerle por las mejillas.

—¿Quién fue, Leah? ¿Quién te rompió el corazón?, ¿un hombre?

—Mi padre —susurró. Agarró el borde del delantal con una mano temblorosa, y se secó la cara.

—¿Tanto le echas de menos?

Aquella pregunta consiguió arrancarle una pequeña sonrisa.

—Se equivoca, señor Un...

—Tutéame, llámame Jackson.

Ella asintió, pero no dijo su nombre.

—Lloré su pérdida, lamento que muriera. Me dejó... incompleta. Me dio una educación, pero eso le sirvió a mi mente, no a mi corazón.

—¿Qué demonios quiere decir eso?

—No sé cómo... sentir, ni comportarme como las demás mujeres. Nadie me enseñó a hacerlo.

—Te criaste con un padre, eso es más de lo que han tenido otras personas.

—Yo creo que sería preferible criarse solo —cerró los ojos y pensó en todas las veces que su padre la había reprendido. Él la había convencido de que solo tenía valor como doctora, de que como mujer no valía nada—. Le quería con todas mis fuerzas, con toda mi alma, pero no había forma de llegarle al corazón. Me esforzaba al máximo, pero nunca le parecía bastante —tragó saliva y abrió los ojos de nuevo—. Jamás aprendí a amar, ni a ser amada.

—Eso es algo que ya sabes hacer, Leah.

—No, no es verdad.

—Si cuidas de Bowie Dawson día tras día, si enseñas a Iona a leer los labios, es porque les quieres. El amor es lo que te lleva a permanecer sentada junto a la cama de un paciente toda la noche a pesar de estar agotada.

—Eso es distinto, se trata de mi profesión.

Él soltó un pequeño silbido.

—Está claro que tu padre hizo un muy buen trabajo contigo, debía de ser un charlatán de primera si logró que te tragaras todos esos cuentos. Tú no tienes ninguna carencia, Leah Mundy. No hay ni una sola mujer en este mundo capaz de amar mejor que tú.

—¿Cómo lo sabe?, ni siquiera me conoce.

—Cielo, te conozco mejor que tú misma —deslizó un dedo por el peto de su delantal y trazó con naturalidad el contorno de sus senos—. Ese beso te hacía falta. Demonios, te hace falta otro, igual que a mí. Tendrías que dejar de intentar complacer a tu padre y prestar atención a lo que quieres tú.

Aquellas palabras la enfurecieron.

—Ah, ya entiendo... La doctora solterona se siente sola, y usted ha decidido entretenerla. Y después, cuando se vaya, pasaré el resto de mi vida soñando con usted, ¿no? ¿He acertado?

—Leah...

—Déjelo, ya sé cuál es la respuesta —le espetó, antes de ponerse en pie con rigidez—. No vuelva a interponerse en mi camino, señor Underhill.

—Jamás se me ocurriría siquiera intentarlo —le indicó con una reverencia burlona la plancha de desembarco.

Ella sabía que no estaba rindiéndose, que solo estaba dándole un respiro. Pasó junto a él a toda prisa y desembarcó, pero mientras regresaba a la pensión no pudo quitarse de la cabeza lo que él le había dicho: «Ese beso te hacía falta».

14 de junio de 1894

Mi querida Penelope:
Te envidio en días como hoy, porque tienes por delante la experiencia de ver por primera vez el estrecho de Puget. Nunca había visto un cielo tan raso, un agua tan azul, unos árboles tan verdes como estos en verano. El corazón se desboca ante semejante paisaje...

Leah miró ceñuda lo que acababa de escribir. No, no podía dejar que Jackson Underhill y lo que había pasado entre ellos se colara en su mente. Tenía que olvidarlo de una vez por todas. Metió la pluma en el tintero con decisión renovada, y cambió de tema.

La vida no está exenta de preocupaciones, por supuesto. La señora U--, la paciente para la que tuviste la amabilidad de mandarme la información sobre las adicciones, falleció en un accidente de navegación. También he perdido a uno de mis huéspedes, y mi economía se ha resentido. Mi yegua de tiro se ha lastimado una pata, así que no puedo usar la calesa. No sé cómo voy a arreglármelas para ir a visitar a mis pacientes.

El aire del mar y el perfume de las flores silvestres entraron a lomos de una suave brisa por la ventana abierta, y el agradable aroma la hizo reaccionar y darse cuenta de que debería dejar de escribir sus penas y hacer algo de provecho.

La cuestión era que no sabía qué hacer. No hacía visitas de cortesía, no cuidaba del jardín, no jugaba al tenis ni nada parecido. Ella se limitaba a trabajar... bueno, la verdad era que en los últimos tiempos trabajaba y también fantaseaba. No podía evitarlo.

El objeto de sus fantasías apareció en ese momento en el camino, llevando de las riendas a un caballo que le seguía a paso sosegado. Al ver que conducía al animal hacia el establo, que también hacía las veces de cochera, dejó a un lado la pluma y sacó la cabeza por la ventana.

—¡Señor Underhill! ¿Qué está haciendo? —le preguntó, desconcertada.

Él se detuvo y alzó su sombrero en un breve gesto de saludo.

—Traer el nuevo caballo.

—¿Se ha comprado un caballo?

—No.

—Entonces, ¿qué...?

—Es tu caballo, porque la yegua está coja y necesitas uno para visitar a tus pacientes.

Ella se mordió el labio mientras contemplaba al hermoso animal, que era un elegante Morgan, pero prevaleció el sentido común.

—Lo siento, pero no puedo pagar...

—Ya está pagado —le dio unas palmaditas en el cuello, y el animal sacudió la cabeza con brío—. El capitán Hathaway te lo ha regalado, Leah. Como te aseguró que no tenía dinero y que no podía pagarte por haberle extirpado el apéndice, le he dicho que este Morgan bastaría para saldar la deuda.

—Ah. Bueno, en ese caso... gracias.

No supo qué más decir, y volvió a meter la cabeza antes de que él pudiera ver la sonrisa que no podía contener. El capitán Hathaway era tan avaro como próspero, así que no habría pagado por sus servicios médicos hasta Navidad como mínimo. Se preguntó qué era lo que le había dicho Jackson para conseguir el Morgan.

Se sentó de nuevo tras el escritorio, y siguió con la carta: *Penny, hay veces en que la Divina Providencia aparece en el lugar más insospechado...*

Jackson pasaba las noches paseando de un lado a otro de la cubierta. No podía dejar de pensar en Leah Mundy, y no alcanzaba a entenderlo. La deseaba, la deseaba de una forma muy, pero que muy rara. Desear acostarse con una mujer era algo normal, algo tan familiar como la necesidad de estornudar. Pero querer tenerla a su lado, querer reír con ella, dejarla llorar contra su pecho, escuchar sus ideas y contarle sus más hondos anhelos... eso era muy distinto. Se trataba de un territorio totalmente inexplorado para él, y no sabía qué hacer.

Lo más sensato sería abandonar allí la goleta, subir a bordo del próximo barco que zarpara rumbo a Canadá, y desaparecer.

La idea fue tomando forma, tituló en su mente como una estrella lejana. Era una sensación que le resultaba conocida, ya que la experimentaba cada vez que permanecía demasiado tiempo en un mismo lugar, cada vez que empezaba a darse cuenta de que un sitio era bonito, agradable y acogedor. Era un mensaje de la naturaleza diciéndole que había llegado la hora de largarse.

Tenía sentido, porque Carrie era lo único que le había mantenido ligado a aquellas hermosas islas. La había buscado durante años, y ya no tenía nada a lo que aferrarse.

En su vida había un agujero enorme y no le bastaba con navegar sin rumbo fijo, quería algo más que eso. Deseaba tener una vida, en vez de limitarse a existir.

Se apoyó en la borda y suspiró. Las drizas crujieron, y dio la impresión de que la goleta suspiraba a su vez mientras se mecía con suavidad en las aguas del puerto. No había nada que le atara a aquel lugar... pero sintió una extraña punzada en el pecho al pensar en marcharse, en abandonarlo todo, en irse sin más equipaje que su pistolera y la ropa que llevaba puesta.

Deslizó la mano por la borda, que relucía con una nueva capa de barniz... Él mismo la había aplicado con sus propias manos, había trabajado duro hasta que la madera había quedado reluciente. Se dijo que no era más que un barco, un pontón de madera vieja y velas mohosas. Bombas de agua rotas, un timón torcido, una sentina agujereada, materiales que costarían las ganancias de todo un mes... Además del tiempo que ya había invertido, aún le quedaban por delante semanas de trabajo si quería conseguir que la embarcación estuviera en condiciones de navegar.

—Mierda.

Se sacó su petaca de peltre del bolsillo de la camisa, tomó un buen trago de whisky de maíz, y no pudo evitar hacer una mueca al notar cómo le ardía la garganta. Aunque el ron era más dulce, su sabor le recordaba a Leah, y pensar en la tersura aterciopelada de su boca solo servía para enloquecerlo.

En ese momento apareció un brillante puntito rojo en el muelle... era el puro de Davy, el aprendiz del capitán de puerto, que le saludó al acercarse.

—Buenas noches, Jackson.

—Hola, Davy.

Le ofreció la petaca, pero Davy negó con la cabeza.

—No, gracias. El *Sea Fox* leva anclas a primera hora de la mañana, así que tengo que tener la cabeza despejada —señaló con la cabeza hacia la entrada del puerto, donde estaba anclada la embarcación de cuatro palos en cuestión—. Parte rumbo a Java.

—Sí, ya lo sé.

No solo había estado pensando en Leah Mundy, el *Sea Fox* también había ocupado sus pensamientos. La enorme embarcación zarpaba rumbo al vasto Pacífico para visitar tierras que él solo conocía a través de relatos y canciones, y estaba convencido de que, si lo intentaba, lograría que le contrataran como marinero. Podía marcharse sin más, desaparecer para siempre, partir rumbo al amanecer.

—Yo también podré levar anclas dentro de poco —al ver que Davy soltaba una carcajada, le preguntó—: ¿Qué?

—Eres un optimista, Jackson. Eso hay que reconocerlo.

—¿Por qué lo dices?

—Aunque consigas que las bombas funcionen, aún tienes que reparar la sentina, y el timón, y el sistema de poleas, y te hace falta una vela mayor nueva, y también una botavara, y...

—Vaya, gracias por darme ánimos. Conseguí venir hasta aquí desde Seattle, ¿no?

—Exacto, desde Seattle. Por una ruta segura y protegida que cualquier tipo podría hacer a nado en un día tranquilo. Si sigues adelante, te adentrarás en aguas muy complicadas. El estrecho de Juan de Fuca hay que tomárselo muy en serio, he visto barcos hechos trizas —el joven le dio una calada al puro antes de continuar—. Yo me crie en la costa, cerca del banco de arena que hay en la desembocadura del río Columbia, y te aseguro que varias horas de mala mar podían comerse viva una goleta. He visto a gente muriendo ahogada, y no sabes la impotencia que se siente.

Al ver que se quedaba callado, Jackson supuso que estaba pensando en el *La Tache*; según Rapsilver, el yate estaba completamente reparado, pero era obvio que algo había salido mal... muy mal.

—Los barcos que vi hechos trizas estaban mucho mejor que el *Eat Me* —comentó Davy.

—Se llama *Teatime*.

—Aún no has repintado el nombre, aunque la verdad es que aún te quedan muchas reparaciones por delante antes de poder salir de este puerto con un barco en el que sea seguro navegar.

—¿Y si no hace falta que sea seguro?

—Bueno, entonces podrías zarpar mañana mismo, aunque acabarías volviendo a nado.

—Eres un sabelotodo bastante irritante, Davy.

—Me han llamado cosas peores, y seguro que a ti también.

Jackson sintió que le recorría un escalofrío que no tenía nada que ver con la fresca brisa de junio, y se limitó a contestar:

—Sí.

Estaba en una encrucijada con Davy. El joven le ofrecía su amistad y estaba en su mano aceptarla, pero no podía hacerlo. La vida no le había enseñado cómo ser el amigo de nadie, ni de un hombre ni de una mujer.

Davy debió de notar que estaba cerrándose en banda, porque se apresuró a preguntar:

—¿Qué tienes planeado para mañana?, ¿vas a probar la bomba de popa?

Él no le contestó; aunque no se había movido, se sentía como si estuviera al borde de un enorme precipicio. Por un lado, podía retroceder, escabullirse, enrolarse en el *Sea Fox* y desaparecer; por el otro, podía dar un paso hacia delante, lanzarse al precipicio... y rezar como un loco para que al fondo hubiera una red.

Quería quedarse, lo deseaba con todas sus fuerzas. Nunca había echado raíces en ningún sitio, pero en aquel barco había encontrado un lugar donde encajaba. Era la primera cosa que era suya, realmente suya. No era una habitación de hotel infestada de pulgas, ni una manta en el duro suelo. Era un barco, un barco de verdad que había ganado con todas las de la ley.

Texas estaba muy lejos de allí, el viaje hasta el estrecho de Puget había sido lento y enrevesado. Seguro que allí no le encontraba nadie... bueno, casi seguro.

—Eh, Jackson, ¿estás escuchándome?

—Sí. Me lo pensaré —a pesar de sus palabras, ya sabía cuál era la respuesta.

Al cabo de una hora escasa, Jackson estaba hablando con el proveedor del *Sea Fox*.

—¿Hacen escala en Sumatra?

—Sí, y también en Java —le dijo el tipo, antes de bostezar—. A veces también pasamos por Bali, y por Fiyi. Es toda una aventura.

Aquellos nombres tan exóticos eran una reluciente tentación.

—De acuerdo, voy a enrolarme.

—No puedo darle una participación igual a la de los demás.

—Aceptaré lo que pueda ofrecerme.

—De acuerdo.

Jackson se sorprendió al verle acceder tan rápidamente.

E proveedor tomó un trago de la botella que tenía en la mano y añadió:

—No voy a hacerle ninguna pregunta, no solemos hacerlas.

Tiene que subir a bordo antes de la primera marea; si no está aquí, no le esperaremos.

—No espero que lo hagan —le contestó, antes de regresar al *Teatime*.

En honor a su última noche a bordo de su propio barco, pensaba emborracharse y dejar de pensar en Leah.

En cuanto se acostó en su litera, Jackson se dio cuenta de que era imposible. No podía beber hasta emborracharse, y no podía dejar de pensar en Leah Mundy. Antes se preocupaba por Carrie, pero ella ya no estaba con vida y no podía seguir ocupando sus pensamientos. Su misión había terminado, y la verdad era que hasta ese momento nunca se había parado a pensar más allá. Se había limitado a sobrevivir sin pensar.

Se preguntó qué habría hecho si el barco de Armstrong no hubiera explotado. Leah Mundy le hacía pensar, los sentimientos que aquella mujer despertaba en su interior le hacían sentir un extraño anhelo.

La goleta era un lugar muy solitario, pero le pertenecía por completo. Era su hogar... aunque, si se enrolaba en el *Sea Fox*, iba a dejar de serlo en breve.

Permaneció despierto durante mucho rato mientras oía el murmullo del agua contra el casco de la embarcación, mientras oía el sonido de una gotera y el ulular de un búho que había salido de caza.

Leah, no podía dejar de pensar en Leah. Tenía unos labios tan condenadamente suaves, y el resto de su cuerpo... gimió y se movió con incomodidad. La goleta estaba construida pensando en dar cabida a la esposa del capitán, así que la litera del camarote principal era amplia y cómoda.

Lo más sensato sería hacer el amor con Leah y quitársela de la cabeza de una vez, pero en el fondo sabía que con ella no podía tener una aventura de una noche. Era una mujer de las de para toda la vida, y eso quería decir que no estaba hecha para él.

Le despertó el sonido de un caballo galopando en la distancia, ya que sus sentidos se habían agudizado durante los meses que había pasado huyendo de la justicia. Se incorporó con tanta rapidez que se golpeó la frente contra la viga que había sobre la litera, y masculló una imprecación mientras abría una escotilla y miraba hacia el camino.

Un jinete oscuro galopaba hacia la pensión con un candil, y había algo en él... la gabardina al viento, lo inclinado que estaba sobre el cuello del animal... que transmitía una sensación de peligro.

Sin pensárselo dos veces, se vistió a toda prisa y, con un revólver al cinto, echó a correr hacia la pensión. Llegó justo cuando Leah y el jinete estaban saliendo del consultorio.

—¿Qué pasa?

Se calmó un poco al ver que el desconocido era un joven con una barba poco poblada y ojos llenos de terror. Era obvio que se trataba de un granjero que no había ido en busca de problemas, sino de ayuda.

«A diferencia de mí», pensó para sus adentros al recordar la noche en que él mismo había llegado a medianoche a aquel lugar.

—La esposa del señor Amity está enferma, tengo que ir a verla —le contestó Leah.

Él se sorprendió al verla tan impecable a aquellas horas, llevaba puesto un pulcro delantal blanco con peto y tenía el pelo recogido en un moño. ¿Qué hacía?, ¿almidonarse el pelo junto con el delantal?

—Elija, señor Underhill: o ayuda al señor Douglas a alistar la calesa, o se quita de en medio. Tengo mucha prisa.

—¿Ah, sí? Pues te sugiero que dejes de perder el tiempo tratándome de usted —le contestó él, antes de echar a correr hacia la cochera.

CAPÍTULO 7

Iona sostuvo en alto el candil que tenía en la mano, y abrió los ojos como platos mientras Battle Douglas luchaba por controlar al nuevo caballo de Leah. El joven, que estaba sentado de forma muy precaria en el borde del asiento de la calesa, tiró con todas sus fuerzas de las riendas y gritó:

—¡Sooo!

El caballo hizo que el vehículo retrocediera y chocara contra el seto de boj que había junto al lateral de la cochera.

—¡Sujételo, señor Douglas! ¡Sujételo, por favor! —le gritó Leah.

—¡No puedo! ¡Que Dios me ampare, es tan incontrolable como el viento!

El caballo se lanzó a la carrera, la calesa dio una fuerte sacudida, y Battle cayó hacia atrás y fue a parar al seto. El animal bajó la cabeza, aplastó las orejas, y, con la calesa traqueteando a su espalda, se alejó a toda velocidad hacia el oscuro campo que había más allá del camino.

—Así que ese es su nuevo caballo, ¿no? Dudo que nos sirva de mucho —refunfuñó Battle.

Leah sintió que se le caía el alma a los pies. Ella apenas sabía montar a caballo, y ni siquiera le gustaba conducir la calesa cuando ya había anochecido. Daba la impresión de que Battle no estaba acostumbrado a lidiar con caballos briosos, y sin la calesa no tenían forma de llegar con rapidez a casa de los Amity.

La señora Amity había tenido un embarazo bastante problemático, y tan solo estaba de ocho meses.

Mientras le ayudaba a ponerse en pie, no pudo evitar pensar que, en momentos como aquel, le encantaría saber unas cuantas imprecaciones más.

—Ese animal es un demonio medio salvaje —murmuró él.

Leah retrocedió sobresaltada cuando, de buenas a primeras, emergió de entre las sombras cercanas a la casa una enorme silueta negra, espectral y tan veloz como un ave nocturna, que fue tras el caballo desbocado.

—¿Qué diantre ha sido eso? —dijo Battle, mientras se sacudía la ropa.

Hume Amity, el granjero, llegó corriendo en ese momento.

—¡Es Underhill! ¡Me ha quitado de las manos las riendas de mi caballo, y se ha largado con él! —estaba pálido, aturdido, y tenía el rostro sudoroso.

La idea de que Jackson saltara a lomos de un caballo para ayudarla hizo que Leah sintiera una extraña emoción. Le apretó la mano a Amity, que en ese momento parecía muy joven y perdido, y se preguntó si, en algún momento de su vida, Jackson había tenido un aspecto similar.

—El señor Underhill va a traer de vuelta la calesa, y estaremos junto a su esposa dentro de nada.

No tenía ni idea de por qué estaba hablando con tanta certeza. No había visto a Jackson montando a caballo ni conduciendo una calesa, pero, por alguna extraña razón, estaba convencida de que lo haría con la misma enérgica habilidad con la que parecía hacerlo todo. Aquel hombre no tenía rival a la hora de moverse con rapidez y decisión.

Poco después, se oyó el sonido de los cascos de varios caballos. Jackson estaba a lomos del caballo de Hume, y llevaba de la rienda al Morgan.

—Sube a la calesa, Doc. Indícame el camino —le dijo, antes de desmontar y de devolverle a Hume su caballo.

Ella estaba un poco desconcertada al ver la rapidez con la que había logrado controlar la situación, pero obedeció sin pensárselo dos veces. Subió al vehículo, y le indicó a Iona que le diera el candil.

—¿Va a conducir usted, señor Underhill? —le preguntó Battle, lleno de alivio.

Al ver que Jackson miraba hacia el oscuro puerto, Leah se preguntó en qué estaría pensando.

—¿Regresaremos antes de la primera marea? —le preguntó él.

—La gente no se recupera a unas horas preestablecidas —le contestó con exasperación—. ¿Viene, o no viene?

Él vaciló antes de contestar:

—Sí, sí que voy.

—Tenga cuidado, este caballo es un demonio. Es como intentar controlar el viento —comentó Battle Douglas, mientras procuraba mantenerse a una distancia prudencial del animal.

—Tengo práctica en eso —le contestó Jackson con una pequeña sonrisa, antes de chasquear las riendas para que el caballo se pusiera en marcha.

Leah sabía que debería bajar el candil y mirar hacia otro lado, pero apenas podía apartar la mirada de él. Era obvio que se había vestido a toda prisa, porque tenía la camisa desabrochada. Su musculoso pecho estaba cubierto por una capa de sudor, y la recorrió una extraña calidez al ver su piel desnuda. Bajó la mirada, y bajo la tenue luz del candil alcanzó a ver que también tenía desabrochado el primer botón de los vaqueros.

La calidez que la recorría se intensificó, y se alegró de que el manto de la noche ocultara el rubor que seguro que le teñía las mejillas. A pesar de que era del todo inapropiado y una verdadera falta de profesionalidad, estaba teniendo pensamientos lujuriosos en medio de una emergencia médica.

—¿Crees que la paciente va a salvarse, Doc?

A juzgar por su tono de voz ligeramente burlón, era obvio que él se había dado cuenta de lo que le pasaba. Se sintió mortificada, y se apresuró a volver la vista al frente.

Él sujetó las riendas con los dientes, se echó un poco hacia atrás, y se abrochó los pantalones y la camisa. Cuando terminó, miró a Hume, que iba a caballo por delante de la calesa, y le preguntó:

—¿Su esposa está mal?

—Sí, creo que sí —le contestó el granjero, con voz trémula.

—¿Muy mal?

—Sí.

—En ese caso, ¿por qué demonios mantiene a ese animal al trote?

—Para que pueda seguirme el paso con la calesa.

—No se preocupe, yo le sigo.

Hume tan solo vaciló un instante antes de espolear al caballo con todas sus fuerzas.

—Doc... —dijo Jackson, como si acabara de recordar que ella estaba allí.

—¿Qué?

—Agárrate.

—¿Qué?

—Agárrate fuerte.

Leah sujetó su maletín entre los pies y se aferró a la barra del asiento con ambas manos. Jackson chasqueó las riendas, y el Morgan se lanzó al galope. La calesa brincó y se sacudió al pasar por encima de raíces y baches, la luz del candil se deslizaba sobre los campos de grama salada que había a ambos lados del camino, la corriente de aire que dejaban a su paso hacía que los juncos se mecieran y se doblegaran.

Leah notó cómo el aire iba deshaciéndole el moño. Aquella velocidad vertiginosa la dejaba sin aliento y la sensación de internarse de cabeza en la oscuridad resultaba abrumadora, pero no sintió miedo en ningún momento. Jackson tenía algo especial, proyectaba una férrea seguridad en sí mismo y una valentía que la hacían sentir completamente a salvo a pesar de que iban al galope como locos en medio de la noche.

Llegaron a la granja de los Amity en cuestión de minutos. La vivienda era una cabaña de troncos situada en la ladera de una colina, y tras ella alcanzaban a verse las oscuras siluetas de varias edificaciones anexas. Había un fuerte olor a estiércol y a forraje.

Jackson tiró de las riendas, y el Morgan se detuvo de inmediato; cuando bajó y lo ató a la baranda que había frente a la cabaña, el animal no protestó y permaneció con la cabeza gacha en actitud sumisa.

—Me encargaré de los caballos en cuanto entres en la casa, Doc —la agarró de la cintura con toda naturalidad, la bajó de la calesa como si no pesara nada, y le alargó el maletín.

Mientras entraba a toda prisa en la casa, Leah no pudo evitar pensar que, con un conductor como él, tardaría mucho menos en llegar a las casas de los pacientes cuando se presentaran emergencias.

La cabaña consistía en un único espacio. Leah fue sin vacilar hacia la cortina divisoria que separaba la vivienda en sí del dormitorio, y la apartó a un lado. La zona estaba iluminada por un candil que colgaba de un clavo por encima de la cama, una cama construida con cuerdas y tablones. Marjorie Amity estaba tumbada allí con el estómago distendido, la espalda arqueada y el cuello rígido. A pesar de que tenía los ojos en blanco, debió notar de algún modo su presencia, porque alargó una mano suplicante hacia ella.

Leah se quedó helada al darse cuenta de que la joven tenía convulsiones, y deseó que Sophie estuviera allí. Su asistente había tenido que partir con urgencia rumbo a la isla Camano, donde aún vivían algunos miembros de su tribu; a juzgar por lo seria que estaba cuando había subido a la canoa del guerrero skagit que había ido a buscarla, estaba claro que había pasado algo malo.

—Voy a necesitar mucha agua caliente, Hume —le dijo, por encima del hombro—. Póngase a ello de inmediato —se arrodilló junto a la cama, le agarró un brazo a Marjorie, y luchó por sujetárselo—. Tranquila, voy a darle algo para calmarle los nervios.

Abrió el maletín y midió dieciséis miligramos de morfina, pero al cabo de unos segundos decidió doblar la dosis. Las convulsiones eran fuertes, tenía que controlarlas lo antes posible.

El narcótico hizo efecto con suma rapidez. Resultaba irónico que la sustancia que había destruido a Carrie tuviera propiedades beneficiosas.

Para cuando Hume entró cargado con un montón de troncos, su esposa yacía tranquila en la cama. Se detuvo al verla y exclamó, maravillado:

—¡La ha curado, doctora Mundy!

Mientras él avivaba el fuego que ardía bajo una enorme tetera de cobre, Leah se puso en pie, se sacudió el delantal, y se acercó a una palangana; después de llenarla de agua, empezó a lavarse hasta los codos con ácido carbólico.

—No está curada, la he sedado —dar malas noticias era la parte que no soportaba de su profesión.

Se concentró en lavarse como si fuera la tarea más importante del mundo... y, en cierto modo, sí que lo era. Las técnicas antisépticas habían salvado una gran cantidad de vidas.

—¿Qué quiere decir?

—Que no la he curado —oyó a Jackson afuera, atareado con los caballos, y supuso que estaba paseándolos a la espera de que se les secara el sudor—. Le he administrado algo para controlar las convulsiones, pero me temo que el procedimiento que se sigue en un caso como el de su mujer es vaciar el útero.

—Vaciar el...

Era obvio que no entendía lo que estaba diciéndole.

—La matriz, señor Amity.

—¿Está diciendo que tiene que sacarle el bebé de dentro?

—Sí —se mordió el labio y luchó por permanecer inexpresiva, por reflejar objetividad y profesionalidad.

—Pero... pero si es demasiado pronto, aún le falta un mes.

—Sí, ya lo sé.

Se dio cuenta de que el pobre estaba temblando de pies a cabeza. Debía de tener unos veinte años como mucho, y su esposa ni siquiera dieciocho. En ese momento recordó lo que Jackson le había dicho acerca de lo seca que era a veces a la hora de expresarse; según él, a veces utilizaba las palabras como si fueran un martillo.

—Señor Amity, salgamos a hablar al porche para no despertar a Marjorie.

Salieron justo cuando Jackson regresaba de la cuadra. Se acercó a ellos como una larga sombra bajo la luz de las estrellas, y le dijo a Hume:

—He encontrado el agua. Me he encargado de los caballos, el suyo lo he dejado en la cuadra.

—Gracias —era obvio que lo único que le importaba en ese momento era lo que Leah pudiera decirle.

Ella sabía que iba a necesitar la ayuda de Jackson en lo que se avecinaba, así que le indicó que se acercara.

—Aunque aún es pronto para que nazca el bebé, tengo que sacarlo cuanto antes. Las convulsiones significan que Marjorie está sufriendo un fuerte estrés renal, y sus órganos podrían dejar de funcionar por completo si el embarazo siguiera su curso.

—¿Eso es grave? —a pesar de la pregunta, el tono de voz de Hume indicaba que sabía la respuesta.

—Es extremadamente peligroso. Su esposa podría morir.

El joven soltó un gemido gutural, se dio la vuelta a toda prisa, y permaneció de espaldas a ellos mientras abría y cerraba los puños a ambos lados del cuerpo.

Leah sintió el impulso de acercarse a él, de tocarle, pero no sabía qué hacer ni qué decir; antes de que pudiera llegar a alguna decisión, Jackson se acercó a Hume y le puso una mano en el hombro.

—La doctora sabe lo que hace, vamos a escuchar sus explicaciones.

El joven asintió, y se volvió a mirarlos mientras se pasaba la manga de la camisa por su rostro empapado de lágrimas.

—Maggie no está de parto, doctora Mundy.

—Sí, lo sé, pero hay una forma de dilatar el útero... la matriz... y sacar al bebé. Es un procedimiento complicado y sería aconsejable realizarlo en un hospital, pero tendremos que apañárnoslas como podamos.

—¿Ahora?, ¿esta misma noche?

—Sí.

Jackson le dio un apretón a Hume en el hombro y comentó, en tono alentador:

—¡Va a ser papá en breve!

—Tengo miedo.

—Es normal. Traer un bebé al mundo antes de tiempo es algo que asusta, pero la doctora Mundy dice que sería mucho peor esperar.

Leah le miró con curiosidad, le parecía admirable la forma en que estaba tratando al joven granjero; en vez de mostrarse condescendiente o autoritario, estaba tranquilizándole al asegurarle que ella había tomado la mejor decisión posible. Actuar con ese tacto era algo que a ella no le habían enseñado mientras se formaba como médico, y era extraño que estuviera aprendiéndolo de un hombre como Jackson.

Entró en la cabaña, y se preparó en silencio mientras rezaba para que su destreza y sus conocimientos estuvieran a la altura de las circunstancias. Lo ideal sería que el bebé fuera extraído en un hospital, con un batallón de enfermeras listas para entrar en acción, pero realizar intervenciones sobre la mesa de una cocina era algo que estaba a la orden del día en aquella isla.

Cuando Jackson y Hume entraron en la cabaña, se volvió hacia ellos y los miró con expresión serena.

—Necesitaré su ayuda, señor Amity.

—Lo que usted diga —estaba temblando con tanta fuerza, que estuvieron a punto de caérsele al suelo los troncos con los que había entrado. Era obvio que no iba a ser de gran ayuda.

—Mantenga vivo el fuego, y caliente mucha agua. Señor Underhill, también le necesito a usted.

—¿A mí?

—Sí.

—Pero... —se interrumpió de golpe, y miró hacia Marjorie antes de asentir—. Estoy a sus órdenes.

Después de dejar sábanas limpias junto a la cama y de comprobar de cuánta agua caliente disponía, Leah volvió a lavarse las manos, insistió en que tanto Jackson como Hume se lavaran también, y entonces hizo acopio de valor y se esforzó por despejar su mente.

Vaciló a los pies de la cama, y observó a la paciente. Lo único que se interponía entre aquella muchacha sedada y la muerte eran su competencia como doctora y la suerte que pasara por allí aquella noche.

No parecía bastante ni mucho menos.

No se dio cuenta de que Jackson se le había acercado hasta que oyó su voz al oído. Notó que olía ligeramente al aire nocturno y a ácido carbólico.

—¿Ahora qué, Doc?

Ella respiró hondo antes de contestar.

—Ahora... empieza la intervención.

Él fue siguiendo todas sus instrucciones sin rechistar. Leah optó por el cloroformo en vez del éter a la hora de anestesiar a la paciente, ya que el segundo solía explotar cuando estaba cerca del fuego, y Jackson sostuvo la mascarilla mientras ella se centraba en sacar al bebé.

Hume, mientras tanto, se encargaba de avivar el fuego y de que hubiera disponible en todo momento una buena cantidad de agua caliente. Cada vez que se le veía nervioso, Jackson le encargaba alguna pequeña tarea para mantenerlo ocupado, cosas sencillas que no requerían pensar mucho.

Leah cubrió a Marjorie con una sábana y llevó a cabo una exploración tentativa. Notó que el útero se contraía alrededor de su mano, el fuerte apretón de la poderosa musculatura... y los temores que tenía desde el principio se confirmaron cuando tocó un piececito.

—El bebé está de nalgas.

Al ver que Jackson se limitaba a asentir sin hacer comentario alguno, tuvo la impresión de que él sabía tan bien como ella misma que la posición era peligrosa tanto para la madre como para el bebé.

Fue bajando al pequeño poco a poco, milímetro a milímetro... los pies, las piernecitas... mientras sentía la mano cada vez más entumecida por la presión del útero. Tardó más de dos horas en completar el proceso, dos horas en las que Hume no dejó de pasearse de un lado a otro con ansiedad. Jackson permaneció en silencio y siguió al pie de la letra las instrucciones que iba recibiendo respecto al cloroformo, pero alzó la mirada cuando un pequeño reloj de pared dio las cinco de la mañana.

—La primera marea —murmuró.

—¿Qué? —le preguntó ella, desconcertada.

—Nada, Doc. Tú sigue con lo tuyo —apartó la mirada del reloj, y se centró en mantener en su sitio la mascarilla.

Cuando llegó al fin el momento de sacar la cabecita, Leah metió un dedo con sumo cuidado en la boca del bebé. Era una técnica de la que había oído hablar, pero que nunca antes había utilizado, y el bebé (mejor dicho, la niñita), respondió de inmediato: bajó la barbilla hacia su pecho, y eso sirvió para que acabara de salir del todo.

Leah soltó una exclamación triunfal llena de alivio mientras la sostenía con cuidado, y al cabo de un segundo la pequeña tragó aire y soltó un sonoro berrido.

—¡Señor Amity, venga a por su hija! —le dijo, con la voz rota por la emoción y el júbilo que la embargaban.

Miró sonriente a Jackson, y se quedó desconcertada al verle. Él seguía sujetando la mascarilla, y una lágrima le caía por la mejilla mientras observaba como petrificado a la pequeña.

—Ha sido una larga noche, ¿verdad? —comentó Jackson, mientras Leah y él regresaban a la pensión al amanecer en la calesa.

Aún se sentía emocionado y aturdido después de la nueva y extraña experiencia de asistir en un parto. Todos sus sentidos estaban agudizados. Saboreó con una claridad cristalina el aroma del mar y el sonido del viento entre los árboles, la calidez de la mujer que tenía a su lado, y una sensación de triunfo tan enorme que le dio hasta un poco de miedo.

—Las he tenido peores —le contestó ella, con un tono de voz que revelaba lo satisfecha que se sentía.

Él le pasó el brazo por los hombros y sonrió al ver que, aunque se tensaba un poco, no se apartaba. Le encantaba abrazarla, le resultaba gratificante abrazar a una mujer sin pensar en nada más allá del hecho de tenerla entre sus brazos. Le daba igual no haber zarpado a bordo del *Sea Fox*, Leah le había dado una razón para que se quedara allí.

—¿Puedo preguntarte algo, Doc?

—Sí.

—¿Cómo puedes hacer algo como lo que has hecho sin desmayarte?

—¿El qué?, ¿ayudar a traer al mundo un bebé?

—Sí.

—A mi paciente no le ayudaría en nada que yo me desmayara, y sería peligroso para el bebé. No me permito a mí misma darme ese lujo.

—¡Qué disciplinada eres!

—Es un requisito para ser médico. Practicar la Medicina exige que uno lo dé todo de sí.

Después de ver el duro trance por el que había pasado la señora Amity, Jackson no tuvo más remedio que darle la razón en eso.

—¿Y qué es lo que te queda para ti misma después de darlo todo?

Ella bostezó antes de contestar. Un búho ululó desde los árboles, y el sonido habría podido pasar por humano.

—Un calambre en el cuello por haber pasado toda la noche sentada, con la mano metida en un útero —soltó una pequeña carcajada al oírle hacer un pequeño sonido de incredulidad—. No esperará que cuide mis palabras a estas horas de la mañana, ¿verdad?

—No, supongo que no. Y aún no me has respondido.

—¿Que qué es lo que me queda para mí? —empezó a juguetear con el fleco de su chal de croché mientras pensaba en ello—. Acabo de salvarle la vida a una mujer, su vida y la de su hija. Acabo de evitar que el mundo entero de Hume Amity se derrumbe. ¿Qué más quiero?

—No les has cobrado por tus servicios.

—Me pagarán lo que puedan, cuando puedan. La pensión va a estar nadando en crema de mantequilla durante todo un año.

Él la miró con incredulidad. Le parecía inconcebible que ella no quisiera nada más, que no tuviera otras expectativas, que sus sueños no fueran más allá. Quería que sintiera el mismo anhelo que él, que saliera de aquella existencia tan cerrada, que se diera cuenta de que tenía al alcance de su mano una vida mucho más plena.

Al este, el horizonte había adquirido un pálido tono gris; al norte, las sombras se oscurecían y parecían moverse amenazantes.

—Dime una cosa, Doc. Todas esas vidas que salvas... ¿hacen que sientas alguna vez el deseo de tener una propia?

Ella se apartó de golpe.

—¡Jackson Underhill! ¿Cómo se atreve a...?

Él intuyó el peligro antes de entender lo que pasaba. Tenía un sexto sentido que le alertaba, lo notaba como uno nota el súbito cambio en el aire justo antes de que caiga un rayo. Sin pararse a pensar en lo que estaba haciendo, obligó a Leah a agacharse en el suelo de la calesa y condujo al caballo hacia una arboleda que había a un lado del camino.

—¿Se puede saber qué está haciendo? —le preguntó ella, desconcertada.

—Cállate —masculló, mientras escudriñaba el horizonte.

—Pero...

—¡Cierra el pico, Leah!

Se sintió aliviado al ver que obedecía y se quedaba muy quieta y callada. Mientras permanecía alerta, sintió la caricia de su pelo en la barbilla y saboreó su dulce aroma. Aunque había poca visibilidad debido a la neblina matinal, de repente alcanzó a ver una sombra que avanzaba por la costa, una costa rocosa y salpicada de acantilados. La oscura sombra se tambaleó un poco, y entonces bajó por una pendiente y desapareció en la distancia.

—¿Qué pasa? ¿Qué es lo que ha visto? —le preguntó ella en voz baja.

—No lo sé, pero no me ha gustado.

Se sentía atrapado, asediado. Era poco probable que alguien

estuviera acechándole, pero no podía desprenderse de la sensación de sentirse amenazado. Tomó a Leah del brazo y la ayudó a incorporarse y a sentarse de nuevo junto a él.

—¿Hay mucho contrabando por esta zona?

—Tengo entendido que sí —su voz se llenó de sarcasmo al añadir—: Pero, como no tengo vida más allá de la Medicina, no estoy muy al tanto de lo que pasa a mi alrededor.

—Lo siento, dulzura.

—¡No me llame así!

—¡Vaya!, ¡perdóname por decirte algo bonito!

Se sintió impotente al verla mantener la mirara al frente con obstinación. Quería verla sonreír otra vez, seguir disfrutando de la agradable camaradería que les había unido tras una noche de duro trabajo, pero sabía que él tenía la culpa de que estuviera enfurruñada.

—No tenía derecho a decirte esas cosas —«aunque sean ciertas», añadió para sus adentros.

—¿Y por qué lo ha hecho?

—Porque quiero entenderte.

—¿Por qué?

—Porque me importas.

Al ver que enmudecía al escuchar su respuesta y le miraba con incredulidad, Jackson tuvo ganas de darse cabezazos contra una pared por los dos errores que había cometido: el primero, sentir algo por una mujer; el segundo, admitirlo.

Se apresuró a cambiar de tema con la esperanza de que ella olvidara lo que acababa de oír.

—¿Con qué se trafica por aquí?, ¿con armas y whisky?

—¿Está pensando en hacerse contrabandista?

—Oye, Doc...

Ella le miró ceñuda, pero al final suspiró y contestó con sinceridad.

—Tengo entendido que también con lana. Como estamos tan cerca de Canadá, en estas aguas abundan los barcos que intentan dar esquinazo a las embarcaciones del Servicio de Impuestos. Así son las cosas.

—¿Qué es lo que hay detrás de aquella cala de allí? —le preguntó, mientras señalaba hacia el sur.

—Nada, es una zona deshabitada. Hay muchos acantilados, así que no sería seguro para los animales de una granja. Al sheriff St. Croix se le despeñó un buen caballo el año pasado; además, las pozas de marea son bastante profundas. Algunas de las cuevas se inundan con la pleamar, tengo entendido que es un buen lugar para ir a buscar mejillones.

A Jackson le habría encantado saber qué demonios le había alarmado. El cielo iba aclarándose, y en ese momento no habría sabido decir dónde había visto exactamente la sombra en movimiento; de hecho, ni siquiera sabía por qué le daba tanta importancia al tema, porque a esas alturas debería estar yendo rumbo a Canadá.

Leah Mundy y aquel pueblo tendrían que ser un mero recuerdo más para él, pero, en vez de eso, había pasado la noche ayudando a una doctora huraña... y había disfrutado como nunca.

Cuando estaban estabulando al caballo, Leah apoyó los codos en la puerta del box y le dijo:

—No le he dado las gracias, señor Underhill.

—¿Cuándo vas a empezar a tutearme?

—Gracias por la ayuda que me ha prestado esta noche, no sé lo que habría hecho sin usted.

—Conociéndote, te las habrías arreglado bien —le contestó, sonriente.

Ella ladeó un poco la cabeza. El único indicio que revelaba lo agotada que estaba eran los mechones de pelo que se le habían escapado del moño.

—¿Por qué lo dice?

Él colgó la brida en un gancho antes de contestar.

—Porque tú eres así, eres una persona que encuentras soluciones ante cualquier situación. Hay quien apenas puede atarse los zapatos por la mañana sin ayuda —se dio cuenta de que había hablado de más, así que cerró la boca y agarró un cepillo.

Ella se colocó al otro lado del caballo, y le observó por encima del poderoso lomo del animal.

—Se refiere a su espo... a Carrie.
—Sí, supongo que sí.
—Apenas la ha mencionado desde el accidente. Lo que sucedió fue...
—Estoy bien —le aseguró él con brusquedad—. Estoy... estoy bien.

A pesar de sus palabras, empezó a cepillar al caballo con un vigor casi violento, y soltó una imprecación al ver que el animal cabeceaba y empujaba a Leah contra la pared. Lo apartó de un tirón para acercarse a ayudarla, y el indignado animal estuvo a punto de arrancarle una oreja de un mordisco.

—¡Maldita sea! —sacó a Leah del box a toda prisa, y se volvió de nuevo hacia el caballo—. ¡Jamelgo del demonio...!

Ella le agarró del brazo, tiró de él, y cerró la puerta del box. Le dio un fuerte empujón para obligarlo a retroceder hasta una caja de madera que había en el suelo, y le ordenó sin miramientos:

—¡Siéntese! —bajó la cabeza hasta que sus rostros quedaron a escasos centímetros el uno del otro, y afirmó con firmeza—: No está bien.

—Sí que lo estoy.

—Que lo diga no significa que sea cierto.

—No sabes cuánto me alegra que seas una sabelotodo.

—No soy una sabelotodo, pero sé que la muerte de Carrie le dolió. Es normal, usted es humano.

—¿Y qué piensas hacer al respecto? ¿Administrarme cloroformo?, ¿drenarme para que salga el pus?

—¡Me gustaría drenar ese mal genio suyo! —se puso de cuclillas, y lo miró ceñuda—. Yo solo quiero ayudarle.

—No necesito ayuda. Ella se largó con un millonario, y murieron en un accidente de navegación. Sí, es un mazazo, pero es lo que hay. Y no va a servir de nada que me dedique a lloriquear por las esquinas —quiso apartar la mirada ante el intenso escrutinio de aquellos profundos ojos marrones, pero el orgullo se lo impidió.

—Es que... usted aceptó con tanta rapidez lo que sucedió, que parece...

—¿Qué? ¿Que soy cruel?, ¿que no tengo corazón? Se han dicho cosas peores de mí.

—De mí también —admitió ella, con una amarga sonrisa—. Es que no entiendo cómo puede esconder así su dolor. Ella era su esposa, iba a darle un hijo.

—El bebé no era mí...

Se calló de golpe, pero ya era demasiado tarde. Leah le había oído, y su rostro se suavizó al mirarlo sorprendida.

—¿Usted no era el padre del hijo de Carrie?

—Eso no es asunto tuyo, y tampoco es la razón por la que no estoy roto de dolor y llorando sin parar. Si el bebé no se hubiera... si hubiera nacido, lo habría criado como si fuera mío. Lo juro.

—En ese caso, está claro que la amaba. Pocos hombres habrían hecho gala de un corazón tan generoso en semejantes circunstancias.

Había pasado horas y horas sin poder dormir, preguntándose qué era lo que sentía en realidad por Carrie. ¿Era amor, o una caballerosidad a la que estaba empeñado en aferrarse? Tampoco habría sabido decir si ella había sido la pasión que había dominado su vida, o la cruz con la que había tenido que cargar. Daba la impresión de que Leah lo sabía mejor que él mismo, y eso le desconcertaba; por alguna extraña razón, aquella mujer le ayudaba a soportar lo insoportable.

Sopesó el riesgo, y se preguntó cuál era el precio que iba a tener que pagar por hablar de su vida con aquella mujer de ojos tiernos y corazón compasivo. Estaba tan acostumbrado a ocultar la verdad que le costó encontrar las palabras para explicarse, pero, una vez que empezó a hablar, la historia fluyó como un río.

—Carrie y yo vivimos de niños en un orfanato de Chicago, aunque a aquello no se le podía llamar vida. Era imposible que me adoptaran, porque llevaba demasiado tiempo allí y me había vuelto muy rebelde, pero Carrie era una niñita muy bonita, y cuando su belleza empezó a florecer... supongo que me entiendes... la adoptaron.

—Qué bien, me alegro por ella.

—¿Eres así de ingenua de nacimiento, o es algo que te enseñaron en la Escuela de Medicina?

—No le entiendo.

—Leah, a Carrie la adoptó un proxeneta... alguien que abastece de jovencitas los burdeles.

Ella palideció de golpe.

—¡Dios mío!

—Exacto. Yo escapé del orfanato en cuanto pude, pero ya era demasiado tarde. Los que están a ese lado de la ley suelen ir de un lado a otro y cambiar de identidad, y no dejan rastro. Tardé años en volver a encontrarla —miró hacia la puerta de la cochera. El sol naciente formaba un ardiente semicírculo sobre las aguas de Penn Cove.

—¿A eso se dedicó?, ¿a buscar a Carrie?

—Siempre que podía, también tenía que ganarme la vida. Jugaba a las cartas, y también a la ruleta alguna que otra vez. Me enrolé en un barco que navegaba por el lago Míchigan, y también en un ballenero —pensó en su revólver antes de añadir—: No me importaba ensuciarme las manos y acepté los trabajos que me fueron saliendo, pero siempre seguía con mi búsqueda. Nunca dejé de buscar a Carrie.

—Y la encontró, ¡debió de ser un reencuentro maravilloso para los dos!

«Maravilloso» no era el adjetivo que se le pasaba por la mente a Jackson cuando recordaba aquello. Pensó en cómo había encontrado a Carrie... la sonriente boca pintada de color carmín, la mirada perdida, su negativa a recordar el orfanato, cómo había fingido que no le reconocía hasta que le había mirado desde el otro lado de un cadáver y le había dicho «Ayúdame, Jackson».

—Supongo que lo que quise desde el principio fue que ella estuviera bien, que fuera feliz, que tuviera a alguien que la cuidara. Pero Carrie jamás encajó en una vida normal. La llevara adonde la llevase, por muchas cosas que le diera, ella nunca se sentía satisfecha por mucho tiempo, nunca se sentía a salvo. Era como una vela... luminosa, pero que se apaga con rapidez —se puso de pie, y agarró un puñado de avena para el caballo—. ¿Estás satisfecha ya, o quieres abrirme el pecho para echarle un vistazo a mi corazón? Seguro que es tan negro como el as de picas.

Ella se levantó también, y le espetó ceñuda:

—No hace falta que se ponga sarcástico.

La verdad era que Jackson sí que sentía dolor, pero era como el que se sentía cuando a uno le sacaban una bala... aunque dolía mucho, sabía que la herida iba a empezar a sanar, y eso era algo que le daba miedo. Mucho miedo.

Le había entregado demasiado de sí mismo a Leah Mundy; si no lo recuperaba, estaba perdido.

—Es que sacas lo mejor de mí —le contestó, con más sarcasmo.

—Los dos estamos cansados, deberíamos descansar un poco.

—Vaya, otra sabia prescripción de la doctora.

Sabía que estaba perdiendo el control, la ira iba creciendo en su interior y buscaba una vía de escape. Leah Mundy le proporcionaba esa vía... Leah, con sus ojos tiernos, sus labios suaves y vulnerables, su mente brillante, su compasivo corazón.

—Apuesto a que te sentiste muy orgullosa de ti misma, por lograr que Carrie se curara.

—Ah, claro, ya entiendo lo que pasa. Cree que yo soy la culpable de que ella se fuera. Por eso está tan enfadado, por eso...

—Sí, claro, tú lo sabes todo, ¿no? A ver, dime una cosa: Si tan bien se te da curar a los demás, ¿por qué eres incapaz de curarte a ti misma?

Ella reaccionó como si acabara de golpearla, y Jackson se enfureció aún más al ver el dolor que se reflejaba en su rostro.

—¡No tengo que curarme de nada!

—Así que es normal ser una solterona solitaria que trae al mundo a los hijos de otras mujeres, mete las narices en los asuntos de todo el mundo, y finge que no se entera cuando los demás hablan a sus espaldas, ¿no? —sabía que estaba hiriéndola con sus palabras, pero la furia era demasiado intensa, se había descontrolado, y estaba descargándola toda en Leah, que era como un pararrayos que estaba a mano—. Puedes curar a los demás, pero no a ti misma. Ni siquiera sabes cuál es tu problema.

Ella palideció de golpe, y la furia tensó sus labios.

—Supongo que usted sí que lo sabe, señor Underhill.

—Claro, porque es obvio. No sabes cómo relacionarte con los demás, a menos que tengan alguna dolencia —siguió machacándola sin piedad, porque sabía que era su única defensa contra el deseo que sentía por ella—. Te quedas en el exterior de la cerca y te limitas a observar. Le dices a la gente cómo tiene que vivir, pero no te aplicas a ti misma tus propios consejos.

—¡Desempeño un trabajo valioso, eso es todo lo que necesito! —protestó ella, con cierto matiz de desesperación en la voz.

—Ya, pues llévatelo a tu solitaria cama por las noches para ver si puede mantenerte calentita.

Jackson vio el momento en que no pudo aguantarlo más. Dio la impresión de que sus palabras caían sobre ella como un cubo de agua helada.

—Y supongo que usted ha encontrado la forma de vivir perfecta, ¿no? —cerró los puños, y le dio un empujón en el pecho—. Va a la deriva sin preocuparse por el mañana, huye de sus problemas. Dígame, don sabelotodo, ¿alguna vez ha llevado a cabo algo hasta el final?

El cubo de agua cayó sobre él en esa ocasión, porque aquellas palabras reflejaban una verdad que le dejó helado. Nunca se quedaba en un mismo lugar, nunca se encargaba de algo hasta el final. Ni siquiera de Carrie, ya que había dado por hecho que había cumplido con su deber al llevársela de Texas.

Pero Leah estaba poniendo un espejo frente a él, y no le gustaba lo que veía: Un hombre que jamás se quedaba en un sitio el tiempo suficiente para considerarlo su hogar, un hombre que se había pasado la vida huyendo y que seguramente jamás dejaría de hacerlo.

Echar raíces y asumir compromisos eran dos conceptos que le resultaban ajenos. Sí, eran cosas que deseaba... quería nadar con Bowie Dawson y aprender los secretos del mar de mano de Davy Morgan, quería ver nacer a otro bebé, quería mirar un lugar y decir «Esta es mi casa, por fin estoy en mi hogar»... pero jamás lo haría, porque le faltaban agallas.

La noche anterior, mientras acababa de reparar el timón, ya estaba planeando enrolarse en un barco mercante, dejar atrás el *Teatime* tal y como había hecho a lo largo de su vida con todo lo que valía la pena. No había zarpado en el *Sea Fox* por Leah, y no sabía si lo lamentaba o no.

—Me alegra que seas tan condenadamente inteligente, Doc. Espero que ese cerebro tan brillante te haga compañía cuando seas una viejita —dio media vuelta, y salió hecho una furia de la cochera.

Ella se apresuró a ir tras él.

—¡No me hacen falta sus sermones, señor Underhill!

—¿Ah, no? Entonces, ¿por qué me sigues?

La pregunta la tomó por sorpresa y, mientras ella aminoraba el paso, él lo aceleró. Estaba ansioso por llegar cuanto antes al *Teatime*. Quería alejarse de aquella mujer de ojos tiernos y palabras duras; quería alejarse de la verdad a la que ella le obligaba a enfrentarse; y, por encima de todo, quería alejarse del dolor imperdonable que sabía que le había infligido.

CAPÍTULO 8

Jackson pasó una semana entera centrado en reparar su barco, aunque ni él mismo estaba seguro del porqué de su actitud. Días antes, estaba decidido a largarse de aquel lugar; de hecho, en un día claro podía ir andando hasta la zona oeste de la isla y ver Canadá desde allí... ver la libertad. Tan solo tenía que subir a bordo de un buque correo o de algún barco de pasajeros, y en cuestión de horas habría salido del país.

Pero empezaba a darse cuenta de que marcharse no era nada fácil. La atracción que el mar ejercía sobre él ya no era tan fuerte. Le gustara o no (y la verdad era que no le gustaba lo más mínimo), Leah le había retado, y él se había sorprendido a sí mismo al aceptar ese reto.

Mientras atornillaba, anudaba, remendaba y barnizaba, no podía quitarse de la cabeza lo que ella le había preguntado: «¿Alguna vez ha llevado a cabo algo hasta el final?».

Aquella voz sonaba en su cabeza como una melodía que quería olvidar sin lograrlo. Maldita mujer... ella era la culpable de que, por una vez en su vida, quisiera hacer algo bien. ¡Maldita, maldita mujer!

El *Teatime* se había convertido en un desafío para él, estaba decidido a reparar aquel balde viejo. Iba a zarpar en aquel barco que era suyo, todo suyo. Sí, claro que sí. Le daba igual el tiempo que tardara en conseguirlo, iba a ponerlo a punto para navegar.

Estaba subido a un mástil, sujeto mediante un cinturón de

cuero mientras colocaba un cuadernal y un motón en una argolla situada en lo más alto, cuando oyó que alguien le llamaba. Miró hacia abajo, y vio que se trataba de Sophie Whitebear.

—¡Aquí arriba! ¿Ha pasado algo?, ¿necesita algo Le... la doctora? —fue bajando por el mástil mientras hablaba—. ¿Va todo bien con el caballo?

Desde el incidente que había estado a punto de terminar en desastre la noche en que habían ido a la granja de los Amity, todas las tardes adiestraba durante una hora al caballo para acostumbrarlo a llevar el arnés.

—¿Y bien? —le preguntó a Sophie, en cuanto sus pies descalzos tocaron la cubierta. Notó que la goleta escoraba un poco bajo su peso.

—He venido a preguntarle algo —le dijo ella. Su rostro ancho y de tez olivácea reflejaba preocupación, y jugueteaba con nerviosismo con el extremo de su trenza.

—Pregunte lo que quiera —le contestó, sonriente, con una cortés reverencia.

—La noche en que usted acompañó a la doctora Mundy, yo estaba fuera.

Parecía distraída, lanzaba miradas furtivas a los lados, y aquella actitud hizo que él se pusiera alerta.

—Sí, ella me comentó que usted había ido a visitar a su gente, que había habido algún problema.

—Un asesinato.

Aquella palabra le heló la sangre. Un asesinato, le habían arrebatado la vida a alguien. En los ojos de Sophie vio un reflejo de lo que él mismo estaba sintiendo. Un asesinato producía un impacto que cambiaba por completo la vida de una persona, y, por mucho que se esforzara, uno nunca podía lograr que las cosas fueran como antes.

—¿Qué pasó? —le preguntó a Sophie en voz baja.

—Hubo un tiroteo en la isla Camano, donde vive mucha de mi gente. Fue por una estupidez... y la culpa es del whisky, claro. Desde que los tramperos Français y los bostonianos llegaron del este, ha habido problemas con el alcohol. Ese veneno hace que mi gente se vuelva estúpida, violenta y temeraria. Un hombre disparó a otro por algún motivo del que nadie se acuerda.

—Se lo han contado a alguien, ¿no? ¿Han informado a las autoridades?

—El agente indio de Port Townsend ha sido informado.

—En ese caso, supongo que estará investigando el asunto.

—Cuando un indio mata a otro, al hombre blanco le trae sin cuidado.

Lo dijo sin malicia, pero Jackson se sintió mal al ver que hablaba de ello como si, para ella, fuera un hecho de la vida que no había más remedio que aceptar.

—Un hombre está muerto, y su asesino escapó —siguió diciendo ella—. No volveremos a verlo. Lo más probable es que se emborrache, y se despeñe o se ahogue. Puede que ya esté muerto.

—¿Qué es lo que quiere preguntarme?

Cada vez estaba más interesado en el tema, y eso no le hizo ninguna gracia. No le gustaba estar enterado de los asuntos ajenos, no le gustaba interesarse por ellos.

Ella miró a su alrededor antes de darle algo que tenía en la mano.

—Este es el proyectil que lo mató, quiero saber qué es exactamente.

Jackson observó la bala de punta de cobre y fuego anular; al ver que estaba un poco torcida, se preguntó por qué parte vital del cuerpo había entrado y qué hueso había abollado el metal.

—Pertenece a una pistola.

—¿De qué clase?

Él observó el proyectil durante unos segundos, y al final masculló una imprecación y se la metió en el bolsillo.

—¿A quién más se la ha enseñado?

—Al capitán Faye, el agente indio. Y al sheriff St. Croix. Por eso sé que a los hombres blancos les trae sin cuidado lo que nos pase a nosotros, el sheriff me ha dicho que el asunto está fuera de su jurisdicción y que yo no tendría que molestar a la gente por el mero hecho de que haya muerto un indio.

No era la primera vez que Jackson sentía desprecio hacia Lemuel St. Croix. A aquel tipo le importaban más los chalecos de seda que hacer cumplir la ley, pero eso no quería decir que fuera estúpido ni mucho menos; de hecho, a veces dejaba entrever una fría astucia, pero parecía traerle sin cuidado su trabajo... y daba la impresión de que no sentía demasiada simpatía hacia los indios.

Teniendo en cuenta la cicatriz que siempre procuraba ocultar bajo su elegante sombrero, el porqué de esa animadversión era fácil de adivinar.

—Veo que no está dispuesta a olvidar este tema.

—No puedo hacerlo, la víctima es mi hermanastro.

Él le acarició la mejilla antes de decir:

—Lo lamento. ¿Por qué ha decidido acudir a mí?

—Porque he pensado que estaría dispuesto a ayudarme.

—¿Qué le hace pensar eso?

—Usted se comporta como un padre con Bowie, ha adiestrado al nuevo caballo de Leah, y le vi cortando leña para Perpetua. Es un hombre que ayuda a la gente.

—Cielo, no es lo mismo cortar leña que involucrarse en un asesinato. Pero usted misma ha dicho que no hay ni rastro del asesino, y que seguro que acaba matándose por culpa del alcohol. ¿Por qué necesita mi ayuda?

—Quiero saber quién está dándole a mi gente las armas.

—Lo más probable es que fuera un arma robada, y que a estas alturas esté en el fondo del estrecho. Siento mucho lo de su hermano, pero la vida se acabó para él y es mejor seguir adelante, mirar hacia el futuro —le pareció un buen consejo, y se dijo que él mismo debería seguirlo en lo relativo a Carrie—. Estaré alerta, es lo único que puedo hacer.

—Entiendo —ella dio media vuelta y se alejó por el muelle.

Jackson la siguió con la mirada durante un largo momento y notó el cansancio y la dignidad que se reflejaba en sus movimientos, la forma en que arrastraba los pies. Le habría gustado ayudarla, pero sabía que la mejor forma de hacerlo sería evitar que ella hiciera más preguntas de la cuenta.

La bala que tenía en el bolsillo parecía presagiar un golpe de mala suerte. En cuanto la había visto, se había dado cuenta de que pertenecía a un arma del ejército.

Por tercera vez en otras tantas semanas, fueron a buscar a Leah para que fuera a atender a la esposa del predicador. En ese momento iba hacia allí, conduciendo la calesa con firmeza y seguridad, con Sophie sentada a su lado. El Morgan se portaba de maravilla, respondía al más mínimo tirón de las riendas. Jackson T. Underhill no le había dirigido la palabra desde la discusión que habían tenido dos semanas atrás, pero, por alguna extraña razón, había decidido encargarse del caballo y acostumbrarlo a tirar de la calesa.

Mientras pasaba ante las fachadas de madera de las tiendas que se alineaban a lo largo de la costa, pensó para sus adentros que iba a tener que darle las gracias; en teoría, parecía algo de lo más fácil.

—Gracias por adiestrar al caballo, señor Underhill —murmuró. Una frasecita, solo tenía que decirle una simple frasecita... pero sabía que iban a atragantársele las palabras.

—¿Me has dicho algo? —le preguntó Sophie.

—No, estaba pensando en voz alta.

Su ayudante llevaba una preciosa falda de percal adornada con cuentas de colores y conchas marinas, y unos niños que estaban jugando en la calle se llevaron la mano a la boca y empezaron a soltar gritos de guerra al verla.

—No les hagas caso, Sophie —le aconsejó.

—No te preocupes.

—¡Claro que me preocupo!

Sophie asintió con serenidad antes de contestar.

—Sí, ya lo sé. Desde tu discusión con Jackson Underhill te preocupas por cualquier nimiedad.

—Eso no es cierto.

—Lo que tú digas. Ese hombre trabaja como un loco en su barco, está decidido a ponerlo a punto para navegar.

En un primer momento, Leah apenas le prestó atención al grupo de hombres que había delante de la oficina del sheriff, pero de repente vio al más alto de todos... pelo rubio, hombros anchos, y un rostro que le habría encantado poder olvidar.

—Hablando del rey de Roma... —comentó Sophie.

—¿Qué estará haciendo con el sheriff? —sintió que le daba un vuelco al corazón. Quizás estaba metido en algún problema, a lo mejor se trataba de algo relacionado con su pasado.

—Le conté lo del asesinato en la isla Camano.

—¿Por qué?, ¿qué tiene que ver eso con él?

—El sheriff no quiso darme información acerca del arma con el que mataron a mi hermanastro, y pensé que Jackson Underhill podría darme algunas respuestas.

Leah se sintió más aliviada de lo que le habría gustado admitir, y se relajó en el asiento. No pudo evitar la tentación de lanzar una mirada por encima del hombro antes de tomar la calle principal. Jackson llevaba un chaleco de cuero, iba sin camisa, y la actitud relajada con la que se apoyaba en la baranda de pino de los escalones de entrada acentuaba su atractivo.

Se quedó mirándole más tiempo de la cuenta, y él la pilló. Se subió un poco el sombrero, y la saludó con la mano; a pesar de la distancia, ella alcanzó a ver la sonrisa traviesa que apareció en su rostro, y se apresuró a girarse mientras sentía que se ponía roja como un tomate.

La casa del reverendo Cranney era un elegante edificio blanco adyacente a la iglesia. Él era un hombre adinerado, y su esposa una esnob redomada que se consideraba la abanderada del buen gusto y el refinamiento. Había sido una de las pacientes predilectas de su padre y seguía solicitando atenciones médicas con frecuencia, pero sus dolencias nunca eran graves. Lo que pasaba era que tenía la necesidad de ser el centro de atención.

A Leah no le hacía ninguna gracia su actitud, pero había hecho un juramento que la obligaba a responder incluso a las llamadas más frívolas.

—Espero que hayamos traído una buena provisión de sales

aromáticas —murmuró, mientras bajaba de la calesa y agarraba el maletín—. Seguro que es otro ataque de histeria.

—La señora está en el saloncito trasero —les dijo la doncella que les abrió la puerta—. Ha empezado a sentirse indispuesta cuando yo estaba haciendo la colada en el patio. Está muy mal.

Leah la siguió a través de aquella casa de gruesas alfombras de lana, cuadros donde aparecían paisajes de Europa que ella nunca iba a ver en persona, macetas, y helechos en vasijas de porcelana. La mesa del comedor estaba cubierta con un fino mantel de lino irlandés.

La belleza y la opulencia de aquel lugar la hicieron pensar en algunos de los mejores años que había vivido junto a su padre, y sintió una inesperada punzada de dolor en el corazón. Cuando las cosas les iban bien, vivían en casas como aquella con criados y tutores. El problema radicaba en que eso nunca duraba demasiado.

Cuando entró en el soleado saloncito repleto de plantas y vio a su paciente, los recuerdos del pasado se esfumaron de su mente y se acercó a la dueña de la casa, que estaba reclinada en un diván de mimbre.

—¿Qué la aqueja, señora Cranney? —le preguntó, mientras hacía una primera valoración de la situación.

La esposa del reverendo era una mujer recia, rubicunda y llena de vitalidad, pero en ese momento estaba tumbada sin fuerzas en el diván. Se la veía muy pálida, tenía la frente y el labio superior perlados de sudor, y sus ojos carecían de brillo pero se llenaron de desdén al mirarla a ella.

—Por fin llega, jovencita. Ya era hora —le espetó, antes de estornudar.

Leah no se consideraba joven y no estaba de humor para aguantar la descortesía de aquella mujer, pero mantuvo la calma.

—¿Desde cuándo se encuentra mal?, ¿ha comido o bebido algo inusual?

—Me siento mal desde que la mandé a llamar, ¡desde hace horas!

Leah no consideró necesario explicarle que había estado en

una casa donde había cinco niños con sarampión. Se trataba de una familia pobre y era poco probable que le pagaran por sus servicios, pero la necesitaban más que aquella mujer.

Mientras la señora Cranney detallaba todo, absolutamente todo lo que había comido en los últimos días, ella miró por la ventana y vio a una criada hirviendo ropa en una cuba mientras otra se encargaba de tender las prendas. En el tendedero había una hilera tras otra de enaguas, polisones, y corsés que parecían armaduras hechas de bocací y de varillas.

—Apenas puedo respirar. Cuando me levanto, me desplomo desmayada.

—Ya veo. Tengo que auscultar su corazón y sus pulmones —le dijo, mientras sacaba el estetoscopio del maletín.

—La última vez que vino no hizo eso.

—Usted no me lo permitió.

—Y tampoco voy a permitírselo ahora, es una indecencia.

Leah apretó los labios en un gesto de frustración.

—Su estado me preocupa, señora Cranney. La última vez no insistí, pero veo que ha empeorado.

—¡Su padre jamás me habría sometido a semejante indecencia!

«No, él te habría dado una botella de algún mejunje inútil junto con sus honorarios», pensó Leah para sus adentros. Se mordió la lengua, y se quitó el estetoscopio con movimientos deliberadamente lentos.

—En ese caso, me temo que no puedo...

—¡Espere! —exclamó la mujer, mientras su macilento rostro se llenaba de preocupación—. De acuerdo, pero que conste que me parece indignante.

—Échese hacia delante, señora. Sophie la ayudará con el vestido.

Quince minutos después, Leah estaba sudando y aguantando a duras penas las ganas de soltar una retahíla de imprecaciones que habrían enorgullecido al señor Underhill. La señora Cranney parecía un pavo relleno de Acción de Gracias. Llevaba puesto un corsé pesadísimo y tan apretado que le había hecho magulladuras e incluso algunos cortes en la piel, y la fina camisola de batista que había debajo estaba pegada a su torturado cuerpo. Cuando Sophie y ella consiguieron liberarla al fin de la prenda que la aprisionaba, la dama inhaló una enorme bocanada de aire y la soltó poco a poco.

—Vaya, qué alivio —comentó, mientras Sophie le acercaba una taza de agua y Leah sostenía unas sales aromáticas cerca de su rostro, que ya había recobrado algo de color—. Me siento mucho mejor gracias a usted, jovencita. Quizás, con el tiempo, llegue a ser tan buen médico como su padre.

—Espero que no —murmuró ella. Le auscultó el corazón y los pulmones, y no oyó nada raro.

—¿Y bien?

Leah la miró con expresión solemne, y le dijo con pulcra profesionalidad:

—Disfruta usted de muy buena salud, señora. Tan solo hay un problema, pero puede remediarse con suma facilidad.

—¿De qué se trata? ¿Va a administrarme calomel?, su padre solía hacerlo.

—No, me refiero a algo incluso más fácil —ella no administraba jamás aquel purgativo que hacía más mal que bien—. El hecho de llevar corsé durante tantos años ha dañado sus órganos internos. La presión le dificulta la respiración, y el corazón se ve obligado a hacer más esfuerzo de la cuenta.

—¡Cielos! —exclamó, mientras se llevaba las manos al corazón.

—Pero el remedio es sencillo, solo tiene que renunciar al corsé.

—¿Está diciendo que tengo que dejar de usarlo?

—Exacto. Se sentirá mucho mejor, yo no me he puesto uno en toda mi vida.

—¡Eso es una inmoralidad! Además, es perjudicial para la salud. Todo el mundo sabe que las mujeres debemos usar corsés para que nos sujeten la espalda.

—Las mujeres, al igual que los hombres, nacemos con un esqueleto perfectamente funcional. El cuerpo humano es una máquina maravillosa en la que todas las piezas cumplen con su función tal y como debe ser. No hay necesidad de ningún soporte artificial.

—¡Eso es una ridiculez!, ¡no quiero ni oír hablar del tema! Me niego a salir de mi casa sin corsé; de hecho, me los pongo hasta para dormir —contempló el artilugio en cuestión con expresión reverencial—. Me los traen importados de Inglaterra, están hechos según mis especificaciones personales. Tardan meses en llegar.

—Están destruyendo su salud, señora Cranney. No puedo ser más clara.

—¡Está mintiendo!

—No, y me niego a administrarle un purgativo para que se sienta más cómoda al embutirse en esa cosa. Si valora su salud y su calidad de vida, va a tener que empezar a ajustar su ropa para poder ponérsela sin corsé.

—¡Eso nunca! Bueno, jovencita, o me ayuda a volver a ponérmelo, o le sugiero que avise a mi doncella para que se encargue ella.

Al ver que agarraba la dichosa prenda, Leah se la quitó de las manos y le preguntó, enfurecida:

—¿Quiere mi ayuda? ¿Sí, o no?

—¿Usted qué cree? La he hecho llamar, ¿no?

—En ese caso, voy a ayudarla.

Salió sin más al jardín trasero con el corsé en la mano, y oyó la exclamación de sorpresa de Sophie. Se acercó con paso decidido al tendedero ante la atónita mirada de las criadas, descolgó uno a uno los corsés húmedos que había allí, y entonces se dirigió hacia el fuego donde estaba la cuba de la colada.

—Disculpe —le dijo con voz imperiosa a la boquiabierta criada.

La señora Cranney se dio cuenta de cuáles eran sus intenciones, y se apresuró a gritar:

—¡No se atreva a hacerlo!

Ella la ignoró. Ignoró también a los vecinos que curioseaban desde la cerca blanca de madera, ignoró a los hombres que se acercaron desde la oficina del sheriff para ver a qué se debía aquel griterío. Lanzó los corsés al fuego con una expresión en el rostro que reflejaba cuánto los detestaba, y retrocedió un poco.

Las prendas humearon por un momento antes de empezar a arder, y un humo negro que apestaba a tela engomada emergió de aquel infierno.

La señora Cranney, ataviada con una bata que se había puesto a toda prisa, salió corriendo de la casa.

—¡Mis corsés! ¡Mis corsés!

Era demasiado tarde. Nadie podía (ni quería) acercarse a ellos.

Jackson había viajado mucho a lo largo de su vida, pero nunca había visto algo tan extraño. Leah Mundy, cual desafiante Juana de Arco, estaba quemando un montón de ropa íntima femenina mientras la mujer del párroco corría hacia ella y le gritaba como una demente, y daba la impresión de que ninguno de los curiosos congregados alrededor de la cerca sabía cómo reaccionar ante semejante espectáculo.

El párroco había salido de la rectoría, que estaba situada en un edificio adyacente a la iglesia, y estaba abanicándose el rostro con su sombrero de ala plana. Ni siquiera parecía darse cuenta de que tenía las gafas empañadas.

Uno de los ayudantes del sheriff le dio un codazo a Gillespie, el carnicero, mientras intentaba contener la risa, y Jackson se volvió hacia el propio sheriff. Debido a Sophie, había quebrantando su propia norma de mantenerse alejado de la ley.

—Oiga, St. Croix, ¿no debería imponer un poco de ley y orden?

La señora Cranney intentó rescatar uno de los corsés entre alaridos de furia, pero Leah se lo impidió.

—Va a quemarse, y entonces sí que tendré que curarla de algo.

—¡Esto es inadmisible, imperdonable!

—Eh... sheriff... —insistió Jackson, mientras contenía a duras penas la risa. Hacía demasiado tiempo que no se reía a mandíbula batiente, pero no le parecía prudente hacerlo estando Leah de por medio. Le dio un codazo al ayudante MacPhail—. Caspar...

—Yo no intervengo en esto ni loco —retrocedió un paso, y renunció a sus esfuerzos por mantenerse serio y circunspecto. Dio media vuelta, cometió el error de establecer contacto visual con el carnicero, y los dos se echaron a reír a carcajadas.

—¡Está acabada, Leah Mundy! —gritó la señora Cranney—. ¿Me oye?, ¡acabada! Nunca más volverá a practicar sus negras artes, ¡yo me encargaré de ello!

El párroco volvió a entrar a toda prisa en la rectoría, seguro que para rezar pidiendo un milagro.

La diversión de Jackson se esfumó de golpe y, al ver que ni el marido de aquella demente ni el sheriff iban a ayudarle, apoyó una mano en la cerca y entró de un salto en el jardín.

Mientras se aproximaba a la hoguera sin prisa aparente, las dos criadas empezaron a darse pequeños codazos y a murmurar, y la señora Cranney se calló y se apresuró a atarse mejor la bata.

—Buenas, señora —la saludó, antes de quitarse el sombrero y hacer una cortés reverencia—. Me he acercado a ver si se había desatado un incendio, esa humareda negra impresiona mucho desde la calle. ¿Va todo bien?

Ella aferró con fuerza la parte delantera de la bata, y contestó aturullada:

—Eh... sí, gracias, caballero... eh... no, no se trata de un incendio, señor...

—Underhill, Jackson T. Underhill. Llegué hace poco a este lugar.

—Sí, creo haberle visto por el pueblo.

Jackson sabía que Leah estaba fulminándole con la mirada, pero se limitó a ignorarla. Aquella mujer tenía una lengua mordaz que solía meterla en problemas y, aunque no sabría decir por qué, él sentía la necesidad de ayudarla.

—Todo va bien, pero gracias por su interés —siguió diciendo la esposa del párroco—. ¿Piensa quedarse mucho tiempo por aquí, señor Underhill?

Se quedó atónito al ver que ladeaba un poco la cabeza con coquetería, ¡aquella señora estaba flirteando con él! No le hizo falta mirar a Leah para adivinar la cara de incredulidad que debía de estar poniendo.

—Aún no lo sé, señora. Hice escala aquí para poder reparar mi barco —la miró con su sonrisa más pícara al añadir—: Aunque, después de conocerla a usted, desearía poder quedarme en este lugar y unirme a la iglesia.

Tal y como él esperaba, la mujer se ruborizó. Leah soltó un bufido de enfurruñamiento, se volvió de nuevo hacia el fuego y usó un palo para meter bien entre las llamas los restos de uno de los corsés, pero la señora Cranney parecía haberse olvidado por completo de sus adoradas prendas.

—Qué cosas dice, señor Underhill. Y yo aquí, en bata, sin un atuendo apropiado...

—Al contrario, así está perfecta —la miró con una expresión de lo más inocente al decir—: Siempre me he preguntado por qué tiene que cubrirse una mujer hermosa con una dura coraza que oculta la bella obra del Señor. Sé que estoy cometiendo un gran atrevimiento al mencionarlo, pero debo decirle que me siento muy complacido al ver que ha decidido no seguir como un borreguito esa convención.

Ella se sonrojó aún más.

—Pues la verdad es que...

—Debo marcharme ya, señora —hizo otra reverencia, y volvió a ponerse el sombrero—. Usted siga tan bella como está ahora, por favor —lanzó una mirada hacia los carbonizados corsés antes de afirmar—: Apuesto a que da pie a una nueva moda.

Mientras se dirigía hacia la puerta trasera, la oyó comentar:

—¡Qué hombre tan encantador!

—¿Verdad que sí?

Había sido Leah quien había contestado, y Jackson frunció el ceño al notar la ácida ironía que se reflejaba en su voz. Maldita mujer, ¿acaso no se daba cuenta de que él acababa de salvarle el trasero una vez más?

14 de julio de 1894

Mi querida Penelope:
Me dediqué con ahínco a mis estudios de Medicina, pero, a pesar de que tengo mi propio consultorio, ahora me doy cuenta de que aún me queda mucho por aprender. A veces, para curar a alguien no basta con hallar y tratar la dolencia física que le aqueja.

Hay veces en que hay que buscar en el corazón y el alma del paciente para ver si alberga en su interior alguna necesidad oculta.

Hoy he tratado a una mujer que sufría indigestión y angustia por culpa de un corsé demasiado apretado. Ese era el problema primario que había que solucionar de forma inmediata, pero el verdadero problema es que se trata de una mujer que se siente sola, una esposa desatendida por su marido a la que lo único que le queda es la vanidad a la que se aferra. Yo creía que ella estaba desperdiciando mi valioso tiempo, pero en realidad estaba pidiendo a gritos mi ayuda.

Me gustaría poder decirte que supe ver lo que le pasaba y la ayudé, pero no fue así. Fue un forastero lleno de encanto el que consiguió que la dama se diera cuenta de que, con corsé o sin él, es una mujer atractiva y llena de virtudes.

Es algo muy sencillo, ¿verdad?

¿Por qué no me di cuenta? Supongo que por mi mal genio. Tendría que aprender a controlarlo, pero la verdad es que me siento muy frustrada cuando hago lo correcto y lo único que recibo es una patada en los dientes. Y resulta que un tipo llega de buenas a primeras, un tipo tan encantador que consigue que a la gente se le olvide todo lo que...

Leah suspiró y se masajeó la sien para intentar aliviar el dolor de cabeza que tenía. Sabía cuál era la causa de ese dolor, al igual que sabía lo que tenía que hacer para lograr que se esfumara.

Su orgullo le había impedido agradecerle a Jackson Underhill lo que había hecho, le había impedido admitir que el método que él había empleado para tratar con la paciente era mejor que el suyo, le había impedido admitir la perspicacia y la inteligencia de un hombre al que consideraba un trotamundos.

Pero había sido él quien se había dado cuenta de que la esposa del párroco era una mujer que necesitaba una pequeña dosis de atención y cumplidos. Jackson tenía la capacidad de ver más allá de la superficie de la gente, y eso era algo de lo que ella carecía.

Se preguntó qué era lo que veía al mirarla a ella.

Decidió dejar la carta de Penelope para después, y la guardó en un cajón.

—Me resulta muy fácil contarte lo que hay en mi corazón y en mi mente, Penny. ¿Por qué me resulta imposible contárselo a él?

Porque era un desconocido que tenía un pasado oscuro; porque iba a marcharse para siempre; porque, si le contaba la verdad, tendría que admitir que se sentía sola, que la atormentaba un doloroso anhelo, que le daba miedo no tener a nadie en su vida y no estar en la vida de nadie.

Respiró hondo, parpadeó hasta que se le secaron las lágrimas que habían asomado a sus ojos, y fue entonces cuando decidió ir a darle las gracias a Jackson Underhill; al fin y al cabo, no parecía una tarea demasiado complicada, ¿no?

CAPÍTULO 9

Imposible, mirar a Jackson T. Underhill a los ojos y decirle «Gracias por ayudarme, usted tenía razón y yo estaba equivocada» era una tarea imposible. Leah se quedó parada como un pasmarote en el muelle sin saber qué hacer y, al verle emerger por una escotilla de las profundidades del viejo barco, sin camisa e increíblemente apuesto bajo el intenso sol de verano, lo que salió de su boca fue:

—Creí que tendría hambre, le he traído algo de comer.

—Gracias, Doc. Qué detalle por tu parte —le contestó él, con una sonrisa de oreja a oreja.

Ella esperó con incomodidad mientras él acababa de salir por la pequeña escotilla. Estaba despeinado, y su bronceado rostro estaba manchado de grasa y de sudor; en teoría, no debería estar guapo, pero el muy canalla estaba impresionante.

Él se dobló un poco, y fue entonces cuando Leah empezó a temer que estuviera desnudo. Él salió como un genio emergiendo de su lámpara mágica, y ella fue incapaz de apartar la mirada. Vio un pecho ancho y desnudo que brillaba bajo el sol, una hilera de vello que bajaba desde el ombligo... sabía que debería apartar la mirada de aquella exhibición indecente, pero era incapaz de hacerlo.

Soltó un sonoro suspiro de alivio cuando vio que sí que llevaba puestos los vaqueros. Se le habían bajado un poco por el peso de las herramientas que llevaba en los bolsillos.

—Vas a tener que disculparme mientras me lavo un poco, Doc. Después, mientras comemos, podrás darme las gracias por salvarte el culo ayer.

—¡Usted no me salvó el culo! —se sintió mortificada al darse cuenta de lo que acababa de gritar, y se tapó la boca con la mano.

—Eres una monada cuando dices «culo» —comentó él, antes de entrar en el camarote.

Para cuando volvió a salir, Leah estaba que echaba chispas.

—¿Qué le hace pensar que he venido a darle las gracias?

—Que me lo merezco. La esposa del párroco estaba decidida a echarte del pueblo, y yo hice que creyera que le habías hecho un favor al quemar sus enaguas.

—Eran corsés, y sí que le hice un favor.

—Ella no lo veía así, fui yo el que logró que cambiara de opinión.

—Sí, eso es verdad. Se le da muy bien flirtear, señor Underhill.

—Suele funcionar con las damas.

—Conmigo no.

—¿Quién ha dicho que tú seas una dama?

—¡Usted no, desde luego!

Se acercó a ella con una gracia felina. Se había puesto una camisa azul limpia, pero aún no se la había abrochado. Tenía el pecho perlado de gotas de agua.

—Dime qué es lo que funciona contigo, Leah. ¿Con qué tipo de flirteos se te acelera el corazón?

—Con ninguno. Detesto los flirteos, me parecen inútiles y degradantes.

—A veces son divertidos.

—¿Ah, sí?

—Sí, pero tú no tienes ni idea de lo que es eso, ¿verdad?

—¿El qué?

—La diversión. No sabrías reconocerla ni aunque te la inoculara yo mismo con tu sofisticada aguja hipodérmica.

—¿Ah, no? Propongo que salgamos a dar un divertido paseo con la comida que he traído.

—¿Estamos divirtiéndonos ya? —le sostuvo la mirada mientras iba abrochándose poco a poco la camisa.

Ella no pudo contener una sonrisa al darse cuenta de lo absurda que era aquella conversación.

—Sí, yo creo que sí —no estaba acostumbrada a bromear así. Era una sensación extraña, pero nada desagradable. Miró a derecha e izquierda antes de preguntar—: ¿Adónde vamos a ir?

La galera no era una buena opción. La tablas del suelo estaban levantadas para dejar al descubierto las bombas y los compartimentos inferiores, del interior de la embarcación salía un tufillo a sentina, y, para acabar de rematar la situación, un pescador acababa de atracar en el muelle con el barco cargado de mejillones procedentes de Penn Cove y las gaviotas graznaban y sobrevolaban la zona.

—Voy a por las botas, y nos vamos —le dijo él.

—De acuerdo.

Mientras le oía trastear en el camarote, empezó a sentirse un poco ridícula. Allí estaba ella, la doctora solterona del pueblo, visitando con atrevimiento a un apuesto viudo... y el mundo no se había acabado por ello. Eso sí que era una sorpresa. En una época de su vida, su padre había logrado convencerla de que el mundo que la rodeaba llegaría a su fin si se apartaba lo más mínimo de la senda del estudio y la sobriedad.

¿Cómo había podido estar tan ciega?, ¿cómo era posible que no se hubiera dado cuenta de lo equivocado que estaba su padre? Recordó lo duro que había trabajado durante toda su vida para complacerlo. Desde que se levantaba hasta que se acostaba, todo lo que hacía estaba encaminado a intentar ganarse su amor, y huelga decir que no lo había logrado. Lo máximo que había logrado de él era su estima, pero eso era un frío sustituto del cálido y necesario amor de un padre.

—¿A qué viene esa cara tan larga?

La voz de Jackson la arrancó de su abstracción.

—Vaya, ¿tengo la cara larga? No me había dado cuenta —le fulminó con la mirada al ver que se echaba a reír—. No entiendo el chiste, señor Underhill.

—Tutéame.

—No voy a hacerlo, me niego.

—Tutéame.

—No.

—Al final del día, estarás tuteándome.

—¿Se puede saber qué significa eso?

Él se encogió de hombros y se inclinó sobre la borda para desatar la vieja barca de remos.

—Dame la mano, yo te ayudo a subir.

—¿Espera que vaya a algún sitio en eso?

—Sí.

—Pero si...

—Sube de una vez, Doc.

Mientras Leah tomaba aire para seguir protestando, él apoyó una bota en el muelle y agarró el cesto con una mano y a ella con la otra; antes de que se diera cuenta de lo que estaba pasando, estaba sentada en la popa de la barca.

Después de sentarse a su vez en la proa, él agarró los remos y al cabo de un momento salieron del puerto y fueron en dirección norte, hacia los acantilados coronados de vegetación que se alineaban a lo largo de la costa.

—La casa se ve muy bonita desde aquí.

Leah estaba tan absorta viéndole remar, que el comentario la tomó por sorpresa.

—¿La mía?

—Sí.

Ella se aferró a la barca antes de volverse a mirar. El blanco del encalado contrastaba con el verde tapiz de las colinas; el porche parecía una boca sonriente, y sus postes unos dientes perfectamente alineados; bajo el hastial estaba el rosetón circular donde podía verse un barco navegando.

Su padre había hecho bien en elegir aquel lugar. En un principio, cuando él se había endeudado para poder comprarlo, estaba hecho un desastre, pero ella iba devolviéndole poco a poco su antiguo esplendor gracias a los huéspedes.

—Es la primera vez que la veo desde el mar.

—Debe de ser agradable ver un sitio así y saber que es tu hogar.

Leah se preguntó por qué la palabra «hogar», dicha por él, rebosaba calidez y esperanza.

—Fue mi padre quien lo eligió, siempre tuvo muy buen gusto.

—Lo dices con cierta desaprobación.

—Nuestros recursos casi nunca estaban a la altura de sus preferencias —se puso colorada en cuanto las palabras salieron de su boca—. Perdón, no es correcto que hable de cosas tan personales...

—Conmigo no hace falta que seas tan correcta y remilgada. Así que tu padre vivía por encima de sus posibilidades, ¿no?

Para ella fue un alivio poder admitirlo. Asintió y soltó un pesaroso suspiro antes de contestar.

—Él siempre quería lo mejor, esperaba lo mejor. Pero no podía costearlo.

—¿También esperaba lo mejor de ti?

—Por supuesto. Es lo que cualquier padre espera de un hijo, ¿no?

—No sé, es un tema del que no tengo ni idea.

Él condujo la barca hacia una playita medio escondida. El agua brillaba bajo la luz del sol, y un grupo de focas que ganduleaba sobre las rocas aprovechando la marea baja los miró sin ningún miedo.

Cuando alargó una mano hacia ella para ayudarla a bajar, Leah se preguntó si era un gesto de galantería o un paso hacia una intimidad prohibida, pero aceptó el ofrecimiento.

—¿Cómo está Sophie? —le preguntó él, mientras caminaban por la playa desierta.

—Sigue afectada por la muerte de su hermanastro. Ni el sheriff ni el agente indio parecen interesados en investigar el crimen.

—Investigarlo no le devolverá la vida a ese hombre.

—No, pero a lo mejor evita que se cometa otro asesinato.

Después de caminar en silencio un rato, Jackson decidió parar a la sombra de unos madroños del Pacífico cuyas gruesas ramas se extendían sobre una sección de la playa.

—¿Tienes hambre?

—Sí. No sé lo que haría sin Perpetua —le contestó ella, antes de abrir el cesto.

La cocinera de la pensión había preparado pollo frito, galletas de soda espolvoreadas de harina, un tarro de uvas, queso, y gruesas porciones de tarta de melocotón espolvoreada de canela. Para beber había dos botellas frías de cerveza casera.

Jackson suspiró con satisfacción y apoyó la espalda en una roca antes de comentar:

—Podría acostumbrarme a esto.

—¿A qué?

Él abarcó con un gesto de la mano el panorama y la comida.

—A todo esto. A vivir en un lugar donde hay buena comida todos los días, día sí y día también; donde uno sale por la puerta de su casa y ya está a la orilla del mar; donde puede ganarse la vida de forma honesta. Tienes suerte de vivir aquí, Doc.

—Sí, supongo que sí.

—Entonces, ¿cuál es el problema?

—¿A qué viene eso?, no hay ningún problema.

—Casi siempre comes sola, te pasas las veladas leyendo en vez de relacionarte con los demás. Casi nunca sonríes, Leah. Jamás te ríes. Te limitas a trabajar.

—¿Se le ha ocurrido pensar que mi trabajo me hace feliz?

—Eso ya lo sé, he estado observándote. Te preocupas muchísimo por los demás. No te he oído quejarte ni una sola vez por tener que levantarte en medio de la noche, o por tratar a alguien que sabes que no te va a pagar.

—Cumplo con mi deber, hice un juramento.

—A ti no te hace falta ningún juramento, lograste un milagro con...

—Con Carrie —dijo ella, al ver que dejaba la frase inacabada—. Eso no fue ningún milagro. Todos trabajamos duro, sobre todo ella, y al final nada de lo que hicimos fue tan importante como su adicción a esa sustancia. Señor Underhill...

Él tomó un trago de cerveza antes de contestar.

—¿Qué?

—¿La echa mucho de menos?

—Diantre, claro que sí, pero...—se interrumpió de nuevo y frunció el ceño.

—¿Pero qué?

—Daba la impresión de que ella no podía aguantar la vida cotidiana, cada nuevo día le resultaba agotador. Puede que ahora esté en un lugar mejor.

—¿Y qué me dice de usted?, ¿de qué está huyendo ahora que Carrie ya no está?

Sus ojos grises se ensombrecieron, y la miró en silencio durante un largo momento.

—No tienes derecho a preguntarme eso.

—Yo creo que sí que lo tengo; de hecho, creo que ya es hora de que me cuente la verdad.

—No te conviene saberla —su rostro se había endurecido, parecía distante y extraño.

—¿Por qué no?

—Porque el que la sepas no cambiará en nada lo que pasó y, si alguien te pregunta alguna vez por mí, no quiero que sepas la respuesta. Si no te cuento nada, no tendrás que mentir.

Ella tomó un buen trago de cerveza.

—Cree que voy a escandalizarme, que no conozco el lado oscuro de la ley, pero me crie con un hombre que dormía con toda su fortuna y una pistola bajo la almohada. Mi padre se mantuvo un paso por delante de la ley toda su vida.

Se sintió aliviada tras admitir al fin que el padre al que había idolatrado desde la cuna no era más que un charlatán. Era una admisión dolorosa, pero liberadora.

—No va a escandalizarme, señor Underhill.

—Perfecto, porque no voy a decir nada más sobre el tema.

—¡Acabo de confesarle un secreto que guardaba en lo más

profundo de mi alma al hombre que me sacó a punta de pistola de mi cama!

La miró con ojos penetrantes, con una mirada acariciante que se deslizó por su cuerpo, y ella no pudo evitar estremecerse de deseo.

—Yo también me acuerdo de aquella noche, Doc.

La forma en que la llamaba «Doc», con voz profunda y suave, hacía que a Leah le sonara como una palabra cariñosa, pero sabía que estaba engañándose a sí misma; en cualquier caso, no había duda de que estaba cayendo presa del hechizo de aquel hombre, porque le encantaba que la llamara así.

—¿Me prometes que no vas a enfadarte si te cuento algo? —añadió él.

—Jamás haría una promesa tan absurda, pero dígame lo que sea de todos modos.

—Justo antes de que te despertara para preguntarte por el médico, te miré. Había tormenta, ¿te acuerdas? Pude verte con claridad a la luz de un relámpago.

Ella se estremeció a pesar del calor que hacía. Se lo imaginó de pie junto a la cama con el revólver en la mano, viéndola dormir mientras los relámpagos rasgaban el cielo.

—¿Y... y qué fue lo que vio?

—Lo que podrías ser si te relajaras un poco: alguien que podría pararse a disfrutar de la vida. Eres muy bonita cuando estás relajada y tienes el pelo suelto...

Ella se puso de pie a toda prisa.

—¡No tengo por qué escuchar estas cosas!

—No, no tienes por qué hacerlo, y ese es parte del problema. Quieres estar enterada de los asuntos de los demás, pero, cuando se trata de los tuyos, te niegas a escu...

Ella se alejó por la playa a toda velocidad. Caminaba sin darse cuenta de las conchas rotas que crujían bajo sus pies, sin ver por dónde iba y sin rumbo fijo; al notar vagamente que había una entrada entre los árboles, sus pasos la llevaron hacia allí. Oyó que Jackson la llamaba, pero le ignoró y se internó en la arboleda. Mientras subía entre alisos y cedros por una fuerte pendiente, se horrorizó al darse cuenta de que tenía un nudo en la garganta y le ardían los ojos.

Aquel hombre conseguía desnudarle el alma, le hacía ver cosas acerca de sí misma que no quería ver. Él hacía que deseara cosas que no debería desear, cosas que siempre iban a estar fuera de su alcance.

Oyó sus pasos siguiéndola, pero siguió avanzando sin detenerse. La arboleda creaba un oscuro manto de sombras, y la alivió un poco sentir el frescor en su acalorado rostro. A través de los árboles alcanzó a ver un soleado claro, y se dirigió hacia allí sabiendo que conducía a un camino que la llevaría de vuelta a Coupeville.

Jackson la agarró del brazo al llegar al claro. Podría haberlo hecho antes, ya que era mucho más alto y rápido que ella, pero había esperado hasta ese momento. La obligó a que se volviera a mirarlo, y le preguntó con voz ronca:

—Leah, ¿qué demonios estamos haciendo?

Ella se zafó de su mano de un tirón, y saboreó la caricia del sol al adentrarse en el claro.

—Creía que íbamos a comer, señor Underhill.

—Ya lo hemos hecho.

—En ese caso, deberíamos regresar.

—No me has contestado, ¿qué demonios estamos haciendo?

Ella se llevó las manos a las caderas y le fulminó con la mirada.

—Va a tener que explicarme esa pregunta… no, mejor aún: como parece ser que lo sabe todo, contéstela usted mismo.

—¡Yo no tengo ni jodida idea de nada! Pero entre nosotros está pasando algo, algo que ninguno de los dos quiere admitir.

—Y así deberíamos seguir. Es lo mejor, ¿no? —lo observó con atención para ver su reacción. Los ángulos y los planos de su rígido rostro estaban claramente marcados bajo la luz del sol, sus ojos entornados eran del color del hielo en el centro—. Yo voy a seguir viviendo aquí, señor Underhill, en este pueblo. Junto a todas estas personas que me necesitan. Usted, en cambio, parece decidido a zarpar rumbo a quién sabe dónde, así que no tiene sentido que avivemos nuestra… nuestra amistad, ¿no cree?

—¿Todo tiene que tener sentido?

—¿Ah, no?

Él miró a su alrededor y contempló el claro, las copas verde esmeralda de los árboles, el cielo azul en la distancia.

—¿Dónde estamos? —preguntó al fin.

—Al norte del pueblo.

—¿Qué es aquello de allí? —le preguntó, mientras señalaba hacia una masa de tierra de un difuso tono verde azulado que había hacia el noroeste.

—Canadá. En los días claros parece estar tan cerca que uno tiene la impresión de que puede tocarlo.

—Canadá, eso es Canadá...

—Sí.

—Supongo que podría llegar en la barca de remos si quisiera.

Ella se echó a reír.

—No está tan cerca como parece. Incluso suponiendo que sobreviviera al estrecho de Juan de Fuca, podría encontrarse con piratas.

—Sí, claro.

—¡Lo digo en serio! Algunas de las tripulaciones más temerarias han llegado a atacar pueblos costeros.

Él se puso la mano a modo de visera y contempló la distante masa de tierra.

—Canadá. La verdad es que hay cosas que parecen más sencillas de lo que son en realidad.

—Sí, como practicar la Medicina —comentó ella, con una pequeña sonrisa.

—Eres una mujer muy extraña, Leah Mundy.

Ella se relajó un poco, y decidió hacer algo que sabía que entrañaba cierto riesgo.

—Acompáñeme, me gustaría enseñarle algo.

Él alzó ligeramente un lado de la boca en aquella media sonrisa tan suya que hacía que a Leah le diera un brinco el corazón y se le acelerara el pulso.

Lo guio a través del claro hacia una arboleda de alisos, y le dijo por encima del hombro:

—Encontré este lugar mientras recolectaba plantas medicinales con Sophie.

Fueron internándose más y más en la arboleda, hasta que los alisos dieron paso a enormes abetos, cedros y píceas. En medio de aquella zona, había otro claro, uno pequeño, y en el centro había algo extraordinario.

La reacción de Jackson no la decepcionó.

—¡Que me aspen! —murmuró, mientras se adentraba en el claro.

Ella esperó en silencio mientras le veía caminar alrededor de la pequeña construcción. Años atrás (ella calculaba que unos cincuenta), algún colono había construido una cabaña sobre unos postes para salvaguardarla de la humedad, pero el bosque se había adueñado de nuevo del lugar. Los árboles se alzaban sobre las paredes y el techo, y en los aleros había helechos y musgo. La casa parecía un nido perfecto en medio de los frondosos árboles. El techo se había derrumbado en algunas zonas y la puerta estaba medio caída, pero el lugar tenía un encanto extraño y etéreo, parecía sacado de un cuento de hadas.

—Extraño, ¿verdad?

—Sí —contestó él, absorto.

Ella se le acercó y se unió al lento recorrido alrededor de la casa. Sobre aquel lugar oculto del bosque había un hechizo especial. Lo había notado el día en que lo había encontrado, y la sensación seguía estando allí cada vez que iba; de hecho, en ese momento era más fuerte que nunca. El sol se filtraba entre las ramas arqueadas de los árboles más altos, y sus rayos bañaban la hierba y el musgo que cubrían el suelo. La luz brillaba a través de las hojas y creaba una fresca neblina color esmeralda.

—Siento lo que te he dicho antes en la playa, Leah. No es asunto mío cómo vivas tu vida. No tengo derecho a decirle a la gente cómo tiene que vivir.

Él apoyó una bota en el primero de los escalones que conducían a la casa para comprobar el estado de la madera; al ver que aguantaba a pesar de crujir un poco, subió a la casa, y entonces se volvió y alargó la mano hacia ella.

Leah entró tras él. La cabaña era pequeña y sencilla, estaba tan intacta que parecía casi fantasmagórica. Daba la impresión de que por allí no había pasado el tiempo. En las esquinas había enormes telarañas y algunas tablas del suelo estaban podridas a causa de la lluvia, pero la chimenea de piedra estaba perfecta. Las herramientas de hierro estaban colgadas en sus respectivos ganchos, y había hasta un montón de vieja leña cortada que parecía lista para calentar el lugar. La zona de la cocina estaba equipada con viejos utensilios de hojalata, y en un rincón había una cama medio hundida.

—Por lo que parece, quien vivía aquí se fue de buenas a primeras. Me pregunto por qué —comentó él.

—Cada cual tienes sus propias razones —sabía que no debería volver a mencionar a Carrie, pero tenía que hacerlo. Quería entender la influencia que aquella mujer ejercía sobre él—. Carrie era la tuya.

Su postura cambió de forma muy sutil... se tensó, se puso alerta. Era una reacción que ella misma había visto en algunos pacientes, cuando pensaban que algo les iba a hacer daño.

—Perdón, no tendría que haber dicho eso...

—No, supongo que no tendrías que haberlo hecho, pero, desde el momento en que hui del orfanato hasta el día en que Carrie se largó con Armstrong, encontrarla y protegerla era lo que me daba un propósito en la vida.

Leah sintió una extraña sensación en el pecho... era el surgimiento de una emoción que la aterró.

—¿Y ahora qué?

Él se apoyó en la repisa de la chimenea y le sostuvo la mirada al contestar:

—Ahora no lo sé. Ahora tengo que hacerme a mí mismo algunas preguntas muy duras, y ver si puedo vivir con las respuestas.

—¿Qué clase de preguntas?

—Si puedo tener un trabajo normal en vez de dedicarme a jugar a las cartas, por ejemplo.

—¿Por qué no va a poder?, usted es un hombre con... habilidades variadas.

—Sé jugar a las cartas y disparar un arma.
—En ese caso, podría ser sheriff o marshal.
Él soltó un bufido burlón.
—¿Un hombre de la ley?, ¿crees que la gente se sentiría a salvo conmigo?
—Yo sí —admitió ella, con voz suave.
Tras un largo silencio, él respiró hondo y admitió:
—Hay algo dentro de mí, Leah, algo oscuro y frío. Es como una pesada piedra que llevo siempre en mis entrañas. Yo creo que, si llevara al fin mi vida por el camino recto, la oscuridad se desvanecería.

A ella le sorprendió sobremanera que fuera tan sincero. Ella también tenía una oscuridad en su interior y, aunque siempre procuraba ir por el camino recto, las sombras seguían estando allí, frías e inmutables.

—Si es así, ¿por qué huye de un lado a otro? ¿Por qué no se queda donde está, o en algún lugar al que considere su hogar?
—Nunca conocí el significado de la palabra «hogar». Nunca me importó... hasta ahora.
—¿Hasta ahora?
—Hasta que llegaste tú.

Aquella confesión la dejó aturdida. La recorrió una poderosa emoción, algo enorme y nuevo, algo que no había sentido nunca pero que a la vez le resultaba dolorosamente familiar. Era algo inesperado, embriagador, aterrador.

—Señor Underhill...
—Tutéame.
—Señor Underhill, no debería hablarme de ese tipo de cosas.
—¿Por qué no? Estamos solos, nadie puede vernos ni oírnos.

Ella se sintió como si se hubiera zambullido en unas aguas oscuras sin saber lo profundas que eran, sin conocer los peligros que podían acecharla allí. Era como si se estuviera ahogando, le pesaban las extremidades y le costaba respirar.

—No... no tiene sentido —alcanzó a decir.

—¿El qué?

—Nosotros como pareja, que se cree un... vínculo, que surja cierto afecto. Eso solo puede acabar en sufrimiento. Usted tiene que marcharse, y yo tengo que quedarme.

Cuando él se apartó de la chimenea y se acercó a ella, Leah supo de forma instintiva que lo más sensato sería salir de allí, huir, pero aquellos hermosos ojos grises y la sensual promesa que vio en ellos la mantuvieron cautiva. Sintió que una extraña calidez se encendía en su interior y recorría su cuerpo.

—¿Cómo lo sabes? —le preguntó él.

—¿El qué?

—Que entre nosotros no puede haber nada.

—Porque no tenemos futuro.

—Tenemos el presente.

—Pero...

—Es posible que el presente sea lo único que lleguemos a tener.

Leah se quedó allí parada, esperando... esperando algo, aunque ni ella misma sabía lo que era. Se dio cuenta de que lo que él acababa de decir tenía cierto sentido. «No me toques», pensó para sus adentros. «Si me tocas, voy a estallar en mil pedazos». Era una sensación seductora, evocadora, y, cuando él alargó las manos hacia ella, aceptó la invitación.

Aunque la abrazó y la atrajo contra su cuerpo con dulzura, se adueñó de su boca con una violencia apenas contenida que debería haberla ofendido, pero que la excitó. El calor del deseo fue acrecentándose en su interior hasta llenarla por completo. Quería saborearle, quería sentir su cuerpo masculino apretado contra el suyo, y, aunque solo fuera por ese efímero momento, quería mandar al diablo las posibles consecuencias.

Sus emociones estaban descontroladas, pero le daba igual. Sabía que debería resistirse, que él estaba acercándose demasiado a su corazón, pero no lo hizo. Se arqueó anhelante hacia él. Quería tocarle por todas partes, quería que él la tocara.

Su pasión por Jackson Underhill la tomó por sorpresa. Estaba acostumbrada a una vida de rígido control, y había encontrado al fin algo que no podía controlar. Tan solo podía sentir la sensación de su boca besándola, la firmeza de sus labios, la presión de sus brazos rodeándola.

Sus besos la embriagaban, pero también la asustaban. Sabía que cada vez estaba más cerca de amarle y que eso suponía un riesgo terrible, pero en ese momento le daba igual.

—Leah... te deseo, Leah. Quiero hacerte el amor —murmuró él contra sus labios.

Ella no contestó, se limitó a ponerse de puntillas y a aferrarse con más fuerza a su cuello.

—Dime algo, dime que tú también lo deseas —insistió él.

No podía hacerlo; si hablaba demasiado, si pensaba demasiado, se acobardaría y se echaría para atrás.

—No quiero tomar una decisión —admitió.

Era consciente de que acababa de rendirse por completo ante un hombre que era más alto, fuerte y poderoso que ella. Jamás se había creído capaz de entregarse así, por completo, ni de tener una confianza ciega en alguien.

—No llevas corsé —susurró él mientras le desabrochaba el vestido—. Es una de las primeras cosas que me gustaron de ti.

Deslizó las manos sobre sus senos, y Leah se quedó sin aliento ante el fuego desatado que la recorrió ante aquella caricia tan íntima. Echó la cabeza hacia atrás en un gesto de entrega que dejó expuesto su cuello, y mientras lo hacía apenas podía creer que ella, Leah Mundy, estuviera entregándose por completo a aquel hombre.

Había dado por hecho que, gracias a sus estudios de Medicina y a su experiencia como médico, entendía el acto sexual de los humanos; de hecho, había leído y estudiado toda la información que había encontrado acerca del tema, y había llegado al convencimiento de que lo entendía.

Estaba claro que se había equivocado de pleno, que en realidad no tenía ni la más mínima idea. Cabía preguntarse qué otras cosas estaba ocultándole la vida.

Cuando él deslizó los labios por su rígido cuello, ella hundió los dedos en su pelo. Hacía mucho que ansiaba acariciarlo y saboreó la sensación de su tacto sedoso, la forma en que las puntas se enroscaban alrededor de sus nudillos.

Se olvidó de todo al sentir que su boca bajaba aún más. Tan solo era consciente de la suave caricia de aquellos labios deslizándose entre sus senos. «Acaríciame», pensó para sus adentros, cuando él metió la mano bajo su falda y le rozó las enaguas. «Acaríciame ahí, por favor...» sabía que jamás sería capaz de pedírselo en voz alta.

—Dilo, Leah —susurró él, con voz ronca—. Di que deseas que hagamos esto, que me deseas.

—Te...

El miedo gélido que la recorrió le heló las palabras en la garganta. Se preguntó de repente qué estaba haciendo allí, comportándose como una ramera con aquel forajido. Llevaba años luchando por forjar su reputación como médico, pero todo podía quedar hecho añicos a sus pies en un abrir y cerrar de ojos. Daba igual que nadie se enterara, ella habría sido deshonrada; además, existía el riesgo de quedarse embarazada.

«No me des tiempo a decidir a mí», le rogó en silencio, mientras se aferraba con fuerza a él. «Quiero que esto sea culpa tuya».

Dio la impresión de que él le leía el pensamiento, porque masculló una imprecación y se apartó un poco de ella.

—No pienso hacerlo a menos que me digas que lo deseas, que estás segura al cien por cien.

Y ella no podía hacerlo a menos que lo que había entre ellos fuera para siempre.

—Pero si... ¿No va a seguir con lo que estaba haciendo?

—Nada me gustaría más que eso, cielo. Pero, si eres incapaz de admitir que me deseas, que quieres hacer el amor conmigo, no pienso seguir.

Lo dijo con voz ronca, como si estuviera costándole un gran esfuerzo pronunciar aquellas palabras. Sacó poco a poco la mano que tenía debajo de su falda y apartó la otra, la que había estado sujetándola por la cintura. Las dos temblaban cuando las bajó hasta dejarlas a ambos lados del cuerpo, junto a sus tensos muslos.

Leah sintió que el cuerpo entero le dolía cuando él dejó de tocarla, anheló con todas sus fuerzas volver a sentir sus caricias… y él debió de adivinar a qué se debía la expresión de angustia de su rostro, porque esbozó una débil sonrisa y le dijo:

—Solo tienes que pedírmelo.

Ella entrelazó las manos y bajó la mirada.

—Usted no entiende lo duro que es esto para mí.

—No puedo ofrecerte gran cosa, Leah. Tan solo la oportunidad de relajarte un rato y saborear lo dulce que tiene la vida.

—Me parece algo innecesario —le contestó, ruborizada.

Permaneció callada mientras la observaba con ojos penetrantes, era consciente de que él alcanzaba a ver partes de su ser que nadie más había descubierto hasta entonces.

—Dios, Leah, ¿qué demonios te enseñó tu padre?, ¿que todo tiene que tener una finalidad?

Aquellas palabras despertaron su ira, y para ella fue poco menos que un alivio sentir aquella emoción con la que estaba tan familiarizada y que era como una vieja amiga.

—¡Yo al menos tuve un padre!

Aquel proyectil impactó de lleno en él, y el efecto fue instantáneo. La mezcla de deseo y compasión con la que estaba mirándola se convirtió en una gélida mirada llena de cinismo y desprecio.

Tendría que haberse sentido triunfal, pero no fue así. Se sentía empequeñecida, mezquina y avergonzada de sí misma, pero no supo cómo decírselo. Deseó con todas sus fuerzas poder borrar lo que acababa de decir.

—Gracias por recordármelo, Doc —se metió las manos en los bolsillos, y salió a toda prisa de la pequeña cabaña.

Mientras él se alejaba por el claro, intentó llamarle, pero solo alcanzó a susurrar su nombre con voz quebrada.

CAPÍTULO 10

Jackson regresó a la playa sin volverse a mirar si Leah estaba siguiéndole. Gracias a ella, acababa de aprender una lección muy importante, aunque era algo de lo que tendría que haberse dado cuenta mucho antes.

No podía correr el riesgo de dejar entrar a alguien en su vida, sus cicatrices eran demasiado profundas. Las heridas infligidas por el abandono de su madre, por el hecho de no haber tenido nunca un padre, no iban a desaparecer jamás; si era tan necio como para encontrar a una mujer como Leah, alguien que sabía elegir el instrumento afilado que iba a infligir el máximo daño posible, se merecía el dolor brutal que estaba sintiendo en ese momento.

Su madre le había abandonado cuando tenía cinco años. Una mañana, antes del amanecer, le había levantado del colchón apestoso donde estaba durmiendo, le había llevado al orfanato San Ignacio de Chicago, y le había ordenado que se quedara sentado en los escalones de entrada del edificio y que esperara a que amaneciera.

Ella no había querido quedarse esperando con él, seguro que porque no quería verse obligada a responder preguntas ni arriesgarse a que la arrestaran.

Recordaba haberse quedado allí, en aquel lugar frío y gris, mientras oía los pasos de su madre alejándose por el húmedo suelo pavimentado. Ella se había marchado rumbo a la estación a toda prisa, no había vuelto la vista atrás en ningún momento mientras él la seguía con la mirada, temblando de frío y miedo y sin entender lo que estaba pasando, aunque esto último no era nada nuevo para él. Casi nunca entendía lo que ella hacía, pero había aprendido desde muy pequeño a quedarse calladito y esfumarse cuando ella estaba atareada con sus asuntos.

Dichos asuntos siempre tenían algo que ver con entretener a hombres en la cama. La oía reír y hablar entre susurros y, al cabo de un rato, de detrás de la cortina que ocultaba la cama empezaban a salir extraños gemidos. En una ocasión había intentado asomarse porque pensaba que a la pobre estaban haciéndole algo malo, pero lo único que había conseguido era que le dieran un sopapo.

En aquella mañana que quedaba tan atrás en el tiempo, se había quedado sentado en los escalones del orfanato mientras la veía alejarse, mientras veía la deshilachada y descolorida pluma que colgaba con flacidez de su sombrero, mientras la veía trastabillar ligeramente por culpa de los zapatos. Temía ganarse una zurra si la llamaba, pero lo hizo de todas formas: «¡Mamá! ¡Mamá, vuelve! ¡Quiero volver a casa, mamá!».

Ella vaciló por un instante, pero no se volvió a mirarlo. Seguro que, en el fondo, él supo en ese momento que era la última vez que la veía, pero aún tenía esa capacidad infantil de negarse a ver la realidad de las cosas.

Era una capacidad que en más de una ocasión había evitado que se desmoronara, pero sabía que Leah no estaría de acuerdo con esa actitud. Ella lo quería todo expuesto con claridad y pulcritud, como los instrumentos quirúrgicos organizados sobre una bandeja... instrumentos de metal diseñados para cortar y diseccionar.

«¿Verías mi negro corazón si me abrieras el pecho con tu bisturí, Leah Mundy?». Estaba tan sumido en sus pensamientos que al principio no asimiló lo que estaba viendo. Estaba en lo alto de un acantilado, justo encima de la playa donde habían dejado la barca de remos, y se detuvo de golpe al darse cuenta de lo que había pasado.

—¡Mierda!

—¿Qué pasa? —le preguntó ella, antes de detenerse a su lado. Su voz sonaba tensa, como si le costara trabajo hablarle—. Vaya —añadió, al seguir la dirección de su mirada.

—Ha subido la marea.

—Sí, suele pasar.

Él no pudo evitar esbozar una pequeña sonrisa.

—¿Adónde crees que puede haber ido a parar la barca?

Mientras la veía contemplar pensativa la zona, pensó para sus adentros que aquella mujer no tenía ni idea de lo preciosa que era. Él soñaba por las noches con aquellos ojos de un tono marrón aterciopelado, con aquellos labios carnosos y suaves…

Había estado a punto de demostrarle lo poderosa que era la atracción que ejercía sobre él, pero se había echado para atrás. No alcanzaba a entenderlo, era la primera vez en toda su vida que no aprovechaba la oportunidad de seducir a una mujer.

En ese momento, ella señaló hacia un punto de la costa y exclamó:

—¡Allí está!

Jackson aguzó la mirada, y vio que la barca estaba peligrosamente cerca de la pared de un escarpado acantilado. La bolina parecía haberse quedado enganchada en alguna roca.

—¿Cómo vamos a llegar hasta ella? —le preguntó Leah.

—¿Sabes nadar?

—Claro que sí, pero el agua está helada. Se me ocurre una idea mejor.

—Tú hazlo a tu manera, yo voy a ir nadando.

Se quitó la camisa y las botas, y ella soltó un bufido y se apresuró a marcharse al ver que hacía ademán de desabrocharse los pantalones.

De no ser por ese bufido, quizás habría ido tras ella, pero aquel pequeño sonido hizo que se mantuviera en sus trece. Fue descendiendo hacia el saliente rocoso alfombrado de aulaga y retama desde el que pensaba zambullirse, y al llegar maldijo al darse cuenta de que el agua estaba más lejos de lo que había creído en un principio.

Lanzó una mirada por encima del hombro, y vio que Leah seguía caminando con paso airado hacia el rocoso acantilado. Qué mujer tan testaruda, tan necia... si se perdía el momento en que él moría al estrellarse contra el agua, pues peor para ella.

Sin pararse a analizar si lo que estaba pensando tenía lógica o no, tomó aire y se zambulló. Su cuerpo se entumeció ante el impacto con las gélidas aguas, rozó con los dedos el rocoso fondo, y entonces nadó hacia arriba y salió a la superficie. Lo primero que hizo fue buscar a Leah con la mirada, y se indignó al ver que seguía caminando con actitud decidida hacia el acantilado como si nada. ¡Aquella cabezota ni siquiera se había parado a ver si se había matado!

Echó a nadar hacia la barca con brazadas largas y enérgicas; aunque las corrientes intentaban arrastrarle hacia las rocas, la furia que sentía le dio la fuerza que necesitaba. Tendría que dejar que ella se fuera caminando, le estaría bien empleado.

Cuando llegó a la barca y se subió a ella, se cortó el pie al apoyarlo en una roca incrustada de percebes, y el escozor del agua salada avivó aún más su enfado. Agarró los remos, fue a por su ropa, y fue entonces cuando buscó a Leah con la mirada de nuevo.

Ella estaba en lo alto del acantilado; a sus pies, el mar se adentraba en las grutas marinas y penetraba espumeante en las grietas de las rocas.

Él se quedó boquiabierto al verla alzar la mano con toda naturalidad, como si estuviera llamando a un taxi en medio de una ciudad, y refunfuñó sin parar mientras iba remando a buscarla.

—Si hubiera venido andando conmigo, podría haber bajado por aquí —le dijo ella, indicando con un gesto la suave pendiente rocosa que bajaba hasta el agua, antes de alzarse un poco la falda e iniciar el descenso.

Llegó abajo sin contratiempos, pero, justo cuando tenía un pie en el suelo y el otro en la barca, pasó algo. Jackson juraría por el resto de su vida que él no movió la embarcación demasiado pronto, que no sonrió al verla agitar los brazos en el aire, que no se rio a carcajadas al verla caer de culo en las frías y azules aguas del estrecho de Puget.

Ni que decir tiene que ella aseguraría todo lo contrario.

Emergió de golpe, chapoteando frenética y luchando por respirar, y se apresuró a aferrarse a la barca; al ver que Jackson alargaba un remo hacia ella, lo agarró y exclamó:

—¡Lo ha hecho a propósito!

—¿El qué?

—¡Lo sabe muy bien! Ha... ¡Ah!

Tuvo el tiempo justo para tomar aire antes de volver a sumergirse; a diferencia de él, no estaba preparada para luchar contra las fuertes corrientes, y su voluminosa falda la arrastró hacia el fondo como la campana de una medusa.

—¡Leah!

Al ver que la corriente se la llevaba hacia una oscura abertura que había en la rocosa pared del acantilado, remó como un loco hacia allí. Metió la mano en el agua, logró agarrarla de la falda, y tiró con todas sus fuerzas mientras luchaba contra la corriente; en cuanto la metió en la barca, se la puso sobre las rodillas y le dio palmadas en la espalda mientras ella vomitaba agua y luchaba por respirar.

Todo ocurrió en cuestión de segundos, pero a Jackson le pareció una eternidad; cuando el peligro pasó, la abrazó con fuerza contra su pecho mientras repetía su nombre sin parar. Aquel pánico era una sensación completamente nueva para él, algo muy diferente a la tensa preocupación que solía sentir por Carrie. Lo que estaba sintiendo en ese momento le consumía y le horrorizaba, su intensidad le tomó por sorpresa.

Al cabo de un largo momento, ella se apartó y afirmó:

—No me habría caído al agua si usted no hubiera movido la barca.

—Vaya, de nada —le espetó, ceñudo.

—Gracias por salvarme.

—Te mandaré la factura.

Ella apretó las rodillas contra su pecho, estaba temblando y le castañeteaban los dientes.

—¿Podemos regresar ya?, corremos el riesgo de sufrir hipotermia.

Jackson agarró los remos, pero no se puso a remar de inmediato. La corriente que había arrastrado a Leah había atrapado también a la barca y estaba llevándoles hacia las rocas, así que iba a tener que luchar contra ella, pero sentía curiosidad. Miró por encima del hombro de Leah hacia las misteriosas grutas que asomaban entre las rocas del acantilado, consciente de que aquella era la zona donde había visto las sombras cuando volvía con Leah de la granja de los Amity.

—¿Qué pasa? —le preguntó ella, con los labios azulados por el frío.

—¿Eso de ahí son cuevas?

Ella se volvió a mirar antes de contestar:

—Sí, creo que sí. ¿Por qué?

—Pura curiosidad.

Dejó que la marea arrastrara la barca durante unos segundos, y entonces utilizó uno de los remos a modo de timón para dirigirla hacia la entrada de una de las cuevas.

—¿Qué está haciendo? —le preguntó ella, desconcertada.

—Explorar. Hace calor, no vamos a pillar esa hipo-no-sé-qué que has mencionado.

—Seguro que ahí dentro hay murciélagos, murciélagos y... —soltó un chillido cuando algo le pasó volando junto a la cabeza.

—Sí, eso era un murciélago.

—Dios santo —murmuró, antes de agacharse y de cubrirse la cabeza con los brazos.

A Jackson le habría encantado tener a mano una cerilla, porque, aunque la luz vespertina entraba en la cueva, no llegaba demasiado lejos; aun así, habría jurado que había visto algo... Le bastaron un par de brazadas con los remos para obtener una respuesta; sin hacer comentario alguno, agarró una voluminosa caja rectangular de madera que había sobre un saliente al que no llegaba el agua.

—¿Qué ha encontrado? —le preguntó Leah.

Él luchó por subir la caja a la barca, que se hundió un poco bajo su peso.

—¿Qué es? —al ver que seguía callado y se limitaba a remar hacia la entrada de la cueva, observó con atención el hallazgo y comentó—: A lo mejor es un cofre del tesoro.

—No te hagas ilusiones, seguro que son armas. En el lateral pone que es propiedad del Ejército.

—¿Por qué va a dejar armas el Ejército en una cueva perdida en medio de la nada?

Era tan ingenua que Jackson no supo por dónde empezar a explicárselo. En la cueva había más cajas, pero la barca no podía con todas; en todo caso, sacarlas de allí no era problema suyo, así que siguió remando rumbo a casa…

Frunció el ceño, desconcertado. ¿Por qué insistía en pensar en la pensión de Leah como si fuera su propia casa?

—¿Y bien? —insistió ella.

—No ha sido el Ejército el que las ha dejado ahí.

—Entonces, ¿quién?

—Quienquiera que las haya robado.

—¿Está diciendo que son armas robadas?

—Sí, y ahora robadas por segunda vez.

—¿Por eso es un fugitivo?, ¿trafica con armas?

Él se echó a reír.

—No, claro que no, aunque nunca es demasiado tarde para empezar…

—¡Ni se le ocurra! —lo dijo sonriente, pero se puso seria al darse cuenta de algo—. ¡Dios mío!, es posible que el arma con la que mataron al hermanastro de Sophie en la isla Camano fuera como estas.

—Sí, es muy probable.

—¡Dios mío! —repitió ella—. ¿Qué vamos a hacer?

Joel Santana supo que estaba muriéndose al ver a su madre en el desierto. Su aspecto no era el de la última vez que la había visto antes de que falleciera, sino el de muchos años atrás, cuando estaban en San Antonio y el padre de Joel la llamaba «mi Rosita» y le regalaba rollos de seda roja y cestas repletas de limas. Ella le miraba desde el resplandeciente horizonte, le regaló aquella hermosa sonrisa que le hacía sentir una profunda paz interior, pero su rostro empezó a cambiar, a transformarse, fue desvaneciéndose... y se convirtió de repente en el de Caroline Willis, un rostro hermoso pero sin alma. Una chillona risa femenina quebrantó el silencio que reinaba en aquel desierto sin fin y, de repente, el rostro de la mujer empezó a arder en llamas.

El espejismo se evaporó en el ondulante horizonte, pero Joel no pudo quitárselo de la cabeza. Aquella mujer era como una quimera rápida y hermosa que no se dejaba atrapar, y estaba convencido de que él era el único consciente del páramo yermo y desolador que ella había dejado tras de sí.

Según tenía entendido, el tal Jack Tower había llegado a Rising Star el mismo día del asesinato, así que no estaba enterado de lo que ella había hecho en el pasado. El tipo no tenía ni idea de lo que él había averiguado al interrogar a las personas que estaban en la taberna aquella noche.

Tal y como estaban las cosas en ese momento, era posible que no pudiera compartir esa información con nadie más.

—No quiero morir así —susurró con labios agrietados.

No había duda de que uno podía cometer errores funestos en un abrir y cerrar de ojos. Había conocido en un abrir y cerrar de ojos a un indio pima que aseguraba haber visto al «hombre de pelo amarillo» y a la mujer del ferrotipo; cuando el indio se había ofrecido a llevarle al lugar donde les había visto, pero había sugerido que era mejor hacer el trayecto de noche para aprovechar que no hacía tanto calor, él había accedido en un abrir y cerrar de ojos; y en un abrir y cerrar de ojos le habían dejado abandonado con su caballo en el desierto sin su dinero, su pistola y su comida.

Siempre se había preciado de ser un rastreador avezado, pero se había dejado engañar por el taimado pima. No se acordaba del día en el que estaba, pero, mientras avanzaba a duras penas con la mirada puesta en el horizonte, recordó de repente que su vida no podía tener un final así. Había algo que tenía que hacer, ¿no?

Dios del cielo, se suponía que tenía que vivir por fin su condenada vida. No estaba dispuesto a morir hasta haberlo logrado. Su mente era un caos, pero no podía quitarse de la cabeza la imagen de un lugar fresco y verde, de una mujer sonriente y muy mandona... un lugar y una mujer que solo había visto en sueños.

Jackson había procurado tener el menor contacto posible con los agentes de la ley de la zona. A esas alturas, ya tendría que estar lejos de allí, perdido en algún lugar recóndito de Canadá, así que no alcanzaba a entender cómo era posible que en ese momento estuviera en la oficina del sheriff, con la caja de armas abierta a sus pies.

Estaba haciendo lo que haría cualquier ciudadano normal y corriente, alguien respetuoso de la ley, porque un comportamiento distinto podría levantar sospechas. Pero él no era lo primero y mucho menos lo segundo, así que solo cabía esperar que su interpretación fuera convincente.

—Vaya, Underhill, es todo un héroe. Se le agradece —le dijo el sheriff St. Croix, antes de apoyar el pie en la caja. Llevaba puestas unas relucientes botas de cuero de primera calidad.

—Va a necesitar un barco de carga bastante grande para transportar las otras cajas, debe de haber unas doce más.

—Ya veo.

—¿Cuándo piensa ir?

Jackson no intentó disimular la irritación que sentía. St. Croix era deplorable como agente de la ley, estaba más interesado en el corte de su ropa que en proteger a la gente.

—No sé, cuando me vaya bien. Es una operación bastante grande...

—Alguien podría ir a por esas armas con la siguiente marea, así que le recomiendo que lo haga cuanto antes. En la siguiente pleamar.

Se dio cuenta de que estaba siendo tan mandón como Leah Mundy, pero no podía dejar de pensar en Sophie, que había perdido a su hermanastro por culpa de un arma robada.

—Sí, tiene razón. Me pondré a ello de inmediato —accedió el sheriff, tras una pequeña vacilación.

—Le acompañaré.

—No es necesario.

—Yo puedo mostrarle dónde están —lo miró con suspicacia, y añadió—: a menos que, por alguna razón, usted ya lo sepa.

St. Croix vaciló de nuevo.

—Conozco mi territorio, Underhill. Pero usted tiene razón, será más rápido si usted viene también. Muy bien, iremos esta misma tarde. Cuando suba la marea.

—De acuerdo.

Jackson sintió una extraña sensación mientras salía de la oficina. Se dijo que era porque tenía los pantalones rígidos por culpa de la sal seca, pero, aun así, la actitud del sheriff siguió dándole mala espina.

A eso de la medianoche, Leah renunció a sus intentos de conciliar el sueño. Llevaba mucho rato tumbada en la cama, recordando lo que había vivido aquel día junto a Jackson Underhill. No podía quitarse de la mente la imagen de los dos paseando por la playa y por el bosque, y el doloroso anhelo que la embargaba se intensificaba aún más cuando le veía esbozar aquella media sonrisa tan enloquecedoramente familiar; cuando recordaba sus caricias, el anhelo se convertía en una conflagración irresistible y prohibida que la consumía.

Desear a un hombre, anhelar sus caricias, saborear su sabor y su olor, eran experiencias nuevas para ella, y se preguntó si él era consciente de cómo la afectaba. No tenía ni idea de qué hacer ante aquella situación.

Después de servirse un vaso de agua, salió descalza al porche y contempló las estrellas sentada en la mecedora. Desvió la mirada hacia el puerto. Allí estaba el barco de Jackson, que debía de estar dormido... o quizás no.

Él había zarpado a bordo del barco de vapor del práctico a última hora de la tarde, junto con el sheriff y varios hombres más, para ir en busca de las armas robadas, y al volver no había ido a verla. Quizás, al igual que ella, él también se sentía confundido por los sentimientos que crepitaban entre los dos.

Soltó un suave suspiro, y cerró los ojos mientras recordaba el claro oculto en medio del bosque, la cabaña acurrucada entre los árboles como un nido. Era un lugar al margen del tiempo, un santuario donde, por unos instantes, ella había sido otra persona. Allí había sido una mujer atrevida que había despertado el deseo de un hombre muy seductor... él quería hacerle el amor y ella también lo deseaba, así que ¿por qué había sido incapaz de entregarse a él?, ¿por qué les había negado a ambos esa experiencia?

Jackson era distinto a los estirados pretendientes que su padre había hecho desfilar ante ella años atrás, no se sentía intimidado por sus conocimientos ni por su ambición de tener éxito en su profesión; cuando él la miraba, veía a una mujer y la trataba como tal.

¿Por qué le aterraba tanto dejarle entrar en su corazón?

La semilla del miedo había sido plantada años atrás, y había arraigado dentro de ella como una mala hierba que no había forma de arrancar. Sabía de forma instintiva que acabaría decepcionando a cualquier hombre que se atreviera a acercársele, porque, cuando ese hombre mirara en el interior de su alma, descubriría que carecía de las virtudes que se esperaban de una mujer.

Se secó las lágrimas con un borde de la bata de chenilla que llevaba puesta. Últimamente lloraba bastante, eso era muy inusual en ella. Antes de que Jackson llegara a su vida, estaba congelada, y el proceso de deshielo estaba doliéndole mucho.

Maldito Jackson Underhill... era un hombre que no le convenía, al igual que no le convenía aquel deseo que la atormentaba.

«¿Por qué?, ¿por qué no te convienen?», protestó una vocecita desafiante en su interior. Le había dedicado su vida entera a los demás... primero a su padre, después a sus pacientes. ¿Qué tenía de malo querer algo para sí misma?

La respuesta estaba clara: Lo malo era que estaba albergando un perverso deseo por un hombre poco apropiado. Él acabaría por marcharse, solo era cuestión de tiempo, y ella se quedaría con el corazón roto encima de todo lo demás. Era más sensato mantener las distancias.

Alzó el rostro hacia el cielo, y sintió la caricia de la brisa mientras rogaba por alguna señal divina que le dijera que estaba haciendo bien al proteger su corazón. Era mejor tenerlo vacío que roto. Siguió allí sentada durante largo rato, meciéndose mientras seguía sumida en sus pensamientos, oyendo los sonidos de aquella noche de verano y sintiéndose como si fuera la única persona viva del mundo.

De repente, en medio de la profunda quietud de la noche, una súbita explosión quebró el silencio.

Antes de darse cuenta de lo que pasaba, estaba en el suelo del porche, luchando por ponerse en pie mientras astillas de madera se le clavaban en las rodillas. Por el rabillo del ojo, vio que algo estaba ardiendo en la entrada del puerto. La campana del capitán de puerto, que se utilizaba en caso de niebla o de algún peligro, empezó a repicar. Oyó gritos y pasos apresurados procedentes del interior de la casa, y al entrar vio a Zeke Pomfrit intentando encender una lámpara.

—¿Qué pasa? —preguntó Perpetua, que sostenía a Bowie entre sus brazos con una actitud de implacable protección maternal.

—No estoy segura. Ha habido una explosión en el puerto, quizás se trate de algún ataque.

Se oían gritos en la distancia, y el relincho de algún que otro caballo aterrado.

—¡Todo el mundo al sótano! —les ordenó, con una calma férrea que logró sacar de lo más hondo de su ser—. Hay que despertar a Iona, ella no puede oír todo este barullo.

—¡Mi canario!, ¡no pienso ir a ninguna parte sin él! —exclamó la tía Leafy.

Al ver que no iba a haber forma de hacerla cambiar de opinión, Battle Douglas fue a regañadientes a por la jaula.

—¿Y usted qué? —le preguntó Pomfrit a Leah.

—Voy a ir a echar un vistazo, puede que haya heridos. Será mejor que todos ustedes esperen en el sótano.

—Pero...

—Por favor, señor Pomfrit, hágame caso. Puede colaborar haciendo un recuento para asegurarse de que no falta nadie. Por favor.

Mientras se vestía a toda prisa, Leah no podía dejar de pensar en Jackson. No quería ni imaginarse que él pudiera tener algo que ver con lo que estaba pasando en el puerto, pero él guardaba con tanto celo los secretos de su pasado que esa duda era inevitable.

Salió de la casa a la carrera, con el pelo recogido en una trenza y el corazón martilleándole en el pecho.

La tienda de Brunn estaba envuelta en llamas, el tejado de la oficina de correos estaba ardiendo, la calle era un hervidero de gente y de animales.

Ella hizo un rodeo alrededor del gentío, y fue directa al puerto. Una barca de pesca estaba ardiendo, al igual que el muelle que quedaba justo delante de la oficina del capitán de puerto. Oyó un chisporroteo, un sonido como de maleza ardiendo, algo pasó volando por su lado de repente, y a varios metros por detrás de ella un pequeño edificio empezó a arder.

Dios santo, alguien estaba atacando Coupeville. ¿Por qué?, ¡aquello no tenía sentido!

Las armas, las armas que Jackson y ella habían encontrado... a lo mejor pertenecían a alguna banda de forajidos o a unos piratas que se habían enfurecido al ver que se las habían robado, y el pueblo entero estaba pagando el precio.

Mientras corría por el muelle, vio a varios hombres trabajando febrilmente, silueteados por las llamas; en el agua, una canoa se dirigía a toda velocidad hacia la entrada del puerto.

Bajo la amenazante luz anaranjada del fuego, alcanzó a ver un barco en la distancia. Se trataba de un barco de vapor con velas, y estaba alejándose de allí.

—¿Qué demonios está pasando? —le preguntó a Davy Morgan, que estaba bombeando agua como un loco mientras el capitán de puerto intentaba sofocar las llamas con la manguera.

—¡Nos han atacado!

—¿Hay algún herido?

—Underhill —le contestó él, antes de secarse la sudorosa frente con la manga—. Lo siento, doctora Mundy.

Ella sintió horror, incredulidad y, al final, una angustia desgarradora. Se llevó las manos a la cara y se sorprendió al encontrar allí viejas lágrimas, las que había derramado mientras estaba sentada en el porche; por increíble que pareciera, de eso hacía escasos momentos, aunque daba la impresión de que había pasado toda una eternidad.

Le encontró tumbado en la cubierta de proa de su goleta, sin camisa y completamente inmóvil.

—Jackson... Oh, Dios mío... —susurró, con voz rota, mientras se acercaba a él; en cuanto le tocó, un alivio abrumador la recorrió—. ¡No estás muerto! Gracias, Dios mío, gracias...

No, no estaba muerto, pero estaba inconsciente. Le examinó a la luz de las llamas que estaban devorando embarcaciones y edificios, y vio que tenía una ominosa quemadura por explosión en la sien y un abultado chichón en un lado de la cabeza.

—Jackson... —sin andarse con miramientos, le dio una bofetada y le sacudió los hombros—. Despiértate, tienes que despertarte.

Al inclinarse hacia él notó el olor a pólvora y algo más, un aroma sutil que le recordó a sus besos... Se sintió exasperada consigo misma por estar pensando en semejantes cosas en un momento así. Estaba claro que perder la cabeza por un hombre iba a hacer estragos en su capacidad de seguir siendo una eficiente doctora entregada a su profesión.

—¡Maldita sea!, ¡despierta de una vez! —le sacudió de nuevo, y él la recompensó con un gemido seguido de un insulto de lo más grosero—. Lo mismo te digo —le espetó, antes de apoyarle la cabeza sobre un trozo de lona que encontró a mano—. ¡Me has dado un susto de muerte!

—¿Qué he hecho?

—No lo sé, pero por poco consigues que te maten.

Él parpadeó aturdido, y frunció el ceño al ver las llamas que ardían tras ella.

—Ah, sí, los piratas. Diantre, no los soporto.

—¿Te acuerdas de lo que ha pasado?

—Entraron en el puerto... el barco no estaba nada mal, y hay que tener valor para navegar en medio de la noche... y abrieron fuego sin más. Vi un par de canoas yendo de acá para allá, pero, con todas esas balas silbando en el aire, no tuve tiempo de averiguar lo que pasaba —alzó una mano y la posó en su mejilla—. Diantre, Leah, parece que hayas visto a un fantasma.

Ella se desconcertó al darse cuenta de que, a pesar de la situación, aquella sencilla caricia lograba afectarla en lo más hondo.

—Sería una idiota si un ataque pirata no me asustara —después de contemplarle unos segundos en silencio... de contemplar aquel pelo alborotado, aquella media sonrisa tan suya que iluminaba su rostro a pesar del dolor... añadió—: Y supongo que verte tirado sin sentido en el suelo tampoco ha sido demasiado agradable.

—A ver si puedo levantarme —apoyó las manos en la cubierta y luchó por incorporarse—. Maldición, estoy viendo chiribitas.

—¡Jackson, túmbate! —exclamó, alarmada. Él no tenía ni idea de lo peligroso que podía ser un golpe en la cabeza.

Él obedeció, y no pudo evitar hacer una mueca de dolor cuando posó la cabeza sobre la lona.

—Cuando por fin consigo que me tutees, resulta que estoy demasiado débil para hacer algo al respecto.

—Oh, por el amor de...

La voz de Davy Morgan la interrumpió.

—¡Doctora Mundy! ¿Puede venir? ¡El señor Rapsilver se ha quemado!

Ella se puso en pie de inmediato.

—Quédese quieto, señor Underhill. Volveré en cuanto pueda —se marchó corriendo, sin esperar a oír lo que decía al ver que volvía a hablarle de usted.

Encontró a Rapsilver envuelto en varias mantas viejas que tenían los bordes ennegrecidos y humeantes. Estaba tumbado de lado, le castañeteaban los dientes y de sus labios escapaban débiles gemidos guturales.

—Hay que llevarle al consultorio para limpiarle y vendarle las quemaduras —dijo con calma.

Sophie Whitebear llegó en ese momento a la carrera, y exclamó:

—¡Leah, tienes que venir al consultorio! Hay mucha gente esperando.

Leah sintió que se le formaba un gélido nudo en el estómago ante el horror que estaba viviendo. Aquello no era una entretenida novela de piratas, era violencia real que generaba heridos.

—¡Doctora Mundy! ¡Doctora, necesito su ayuda! —gritó una voz desesperada.

Ella vaciló por un instante, no sabía por dónde empezar. Bajó la mirada hacia Rapsilver, que seguía temblando en el suelo, y al cabo de un momento se volvió hacia Davy.

—Construye una camilla y llévalo a mi casa. Ten mucho cuidado, muévelo lo menos posible.

—No sé si podré yo solo con él —admitió el joven mientras extendía una manta en el suelo.

Leah contuvo su impaciencia y se dispuso a ayudarle, pero se detuvo al oír una voz a su espalda.

—Espera, yo me encargo.

Alzó la mirada y vio a Jackson... estaba un poco tambaleante, sin camisa y descalzo; con el fuego y el humo iluminándole desde atrás, estaba imponente. Ella sabía que debería protestar, que tendría que decirle que estaba demasiado débil a causa de sus propias heridas y que debería seguir tumbado, pero sabía que sería inútil discutir con él.

—Hay que tener cuidado con él, nada de movimientos bruscos —le advirtió.

—No te preocupes, Doc —señaló hacia la pensión con un gesto de la cabeza, y añadió—: Tú vete a lo tuyo.

El pueblo entero pasó la noche en vela, los que estaban en condiciones se encargaron de luchar contra las llamas y de subir a los heridos a la pensión. Leah atendió primero los casos más graves y, después, mientras la luz del alba teñía el cielo sobre la Cordillera de las Cascadas, se puso a limpiar y vendar las heridas más leves.

A esas alturas tendría que haber estado agotada, pero el estrés de trabajar durante toda la noche le dio fuerzas.

Zeke Pomfrit y Battle Douglas habían sido los encargados de intentar mantener la situación controlada en el porche y el patio.

—Es la primera vez que presencio un ataque pirata —comentó el segundo, antes de encender su pipa.

Leah salió en ese momento al porche, masajeándose la espalda y estirándose. Llevaba horas inclinada sobre la mesa de exploración limpiando y suturando heridas, vendando quemaduras. Le escocían los ojos y le dolía el cuello.

—¿Por qué nos habrán atacado? —preguntó Zeke.

Battle señaló hacia el puerto con la cabeza y comentó:

—Supongo que eso es lo que están discutiendo allí abajo.

Jackson y el sheriff St. Croix estaban discutiendo acaloradamente delante de la oficina de este último; al cabo de un momento, Jackson hizo un gesto de frustración con la mano y se alejó con paso airado rumbo a la pensión.

Leah se apoyó en una columna mientras le veía acercarse. Battle estaba diciendo algo, pero la imagen de Jackson Underhill caminando bajo la luz matinal la tenía completamente fascinada. Él tenía un desgarrón manchado de sangre en el pantalón y, aunque se había puesto una camisa, no se había parado a abrochársela y los bordes dejaban su pecho al descubierto mientras caminaba. A ella le pareció tan deslumbrante en ese momento como la luz del alba.

Horas antes, estando sentada en aquel mismo porche, se había prometido a sí misma que no iba a caer presa del hechizo de aquel hombre, pero no podía evitar sentirse atraída por su picardía, por su seguridad en sí mismo, por los oscuros misterios que aportaban profundidad y textura a su encanto externo. No podía evitar sentir aquel doloroso deseo físico por él, un deseo para el que no tenía pócima ni cura alguna.

Se esforzó por salir de aquella ensoñación absurda en la que estaba sumida. Cruzó los brazos en un gesto defensivo mientras luchaba por aparentar calma, mientras intentaba comportarse como si verle llegar le resultara tan indiferente como ver a Iona yendo al pozo a por agua.

—Ha sido por las armas —dijo él, nada más llegar, ajeno a los pensamientos que la atormentaban.

—¿El ataque? —le preguntó ella, antes de bajar la escalera del porche a toda prisa.

—Cuando se dieron cuenta de que no estaban donde tenían que estar, decidieron atacar.

—No tiene sentido, ¿cómo adivinaron que las armas estaban en el pueblo?

—Dudo mucho que lo adivinaran.

—¿Cree que alguien les pasó esa información? —le preguntó, horrorizada.

—Exacto. Este pueblo tiene el sheriff más inepto que he visto en mi vida.

—Hasta esta noche, la verdad es que no daba la impresión de que necesitáramos a nadie más eficiente.

—Sí, cla...

Leah se alarmó al ver que se tambaleaba un poco, y se sintió culpable por haber olvidado la herida que tenía en la cabeza.

—Venga, entre. No ha parado en toda la noche, hay que atenderle —le pasó el brazo por la cintura, y le ordenó con firmeza—: Apóyese en mí.

—Pensé que nunca ibas a pedírmelo.

Se apoyó un poco en ella, pero empezó a apoyarse más y más hasta que la derribó. Battle Douglas, que seguía con la pipa en la boca, bajó corriendo del porche y exclamó:

—¡Que me aspen!, ¡se ha desmayado!

—Sí —contestó Leah, mientras luchaba por salir de debajo de aquel peso muerto—. Ayúdenme a llevarle dentro.

—¿Adónde le llevamos?, ¿a la habitación de huéspedes principal? —preguntó Zeke.

Al oír aquellas palabras, un sinfín de recuerdos desagradables se agolparon en su mente... la enfermedad y el tratamiento de Carrie, las duras palabras que había intercambiado con Jackson en aquel lugar... pero, aun así, contestó:

—Sí.

Cuando lograron acostarle, ella se quedó de pie junto a la cama durante un largo momento mientras el alivio, el miedo y el deseo la recorrían en dolorosas oleadas. Él podría haber muerto aquella noche, y ella también.

Se arrepentía de muchas cosas, pero en ese momento solo se acordaba de una de ellas: de no haber dejado que Jackson T. Underhill le hiciera el amor.

CAPÍTULO 11

Lo primero que Jackson vio al despertar fue a Leah Mundy inclinada sobre sus partes íntimas. Lo invadió una profunda satisfacción, pero la agradable sensación quedó aplastada bajo una oleada de dolor insoportable.

—Debo admitir que no es la primera vez que estoy en una situación así, pero sí es la primera en que estoy deseando que acabe cuanto antes. ¿Se puede saber qué demonios estás haciendo, Doc?

Ella no apartó la mirada de la parte alta de su muslo y sus manos, enfundadas en unos guantes ensangrentados, siguieron trabajando sin la más mínima vacilación.

—¿Por qué no me dijo que tenía una herida en el muslo?

Él apretó los dientes con tanta fuerza que tardó unos segundos en poder contestar.

—Tenía otras cosas en mente. ¿Por qué estás enfadada?, soy yo el que... ¡Ay! Soy yo el que tendría que estar de mal humor.

—Ha pasado la noche entera con una esquirla metálica incrustada en el muslo. Eso puede provocar gangrena, y un caso grave de gangrena puede hacer que pierda la pierna.

Aquellas palabras lograron enmudecerlo, y fijó la mirada en el techo. Se dio cuenta de que estaba en la habitación donde se había hospedado Carrie, aunque aquellos días parecían quedar muy atrás en el tiempo. Se preguntó qué pasaba cuando fallecía una persona como Carrie, si ascendía hacia las estrellas como un céfiro o...

—Diantre, Doc, estoy borracho como una cuba.

—Le he inyectado morfina.

Se sintió vulnerable allí tumbado, manchando de sangre, sudor, humo y ceniza la inmaculada sábana que tenía debajo. Leah le había colocado una gruesa almohada debajo de la pierna izquierda, y le había cubierto la cintura con una sábana. Tenía junto a ella una bandeja repleta de instrumentos de aspecto amenazante que relucían bajo la luz de media mañana.

—¿Cuándo se lo hizo? —le preguntó ella.

Jackson contempló ceñudo la moldura blanca del techo mientras intentaba recordar.

—Oí un disparo, y algo explotó en mi barco. Maldita sea... ¡Más reparaciones!, ¡como si no tuviera ya bastantes!

—Rece para que este metal no contenga plomo, he extraído unos treinta fragmentos.

Jackson no entendía por qué se había involucrado en todo aquello. Evitar meterse en asuntos ajenos era lo que mejor se le daba, involucrarse con la gente de aquel pueblecito que parecía sacado de un cuento de hadas solo le traía problemas.

Para intentar distraerse mientras Leah escarbaba en su muslo con sus afilados instrumentos, se centró en observarla. Se la veía más hermosa que nunca cuando estaba absorta en su trabajo. Si le mirara así a él (no solo a su herida, sino a él como hombre), estaría perdido para siempre de forma irremediable; de hecho, había estado a punto de ocurrirle el día anterior. Había habido un momento, mientras estaba acariciándola, en que la había visto poner aquella cara de éxtasis... pero ella se había cohibido de repente, y la expresión se había esfumado.

—¿Estoy desnudo bajo esta sábana?

—Sí.

—¿Quién me ha quitado la ropa?

—El señor Douglas ha hecho los honores —ella esbozó una pequeña sonrisa al añadir—: No se preocupe, señor Underhill. Su virtud está a salvo.

—Mi virtud no me preocupa, cielo.

—Estese quieto, no tense los músculos —le ordenó, con voz suave y firme.

—No estoy haciéndolo.

—Que sí.

—Que no.

—Soy médico, sé ver si un músculo está tenso.

—Pero yo soy el propietario de los músculos en cuestión, y digo que no lo están —apoyó los codos en la cama y se incorporó un poco—. ¿Por qué estamos discutiendo por semejante tontería?

—Túmbese.

La advertencia llegó demasiado tarde. Jackson contempló horrorizado la herida abierta que tenía en el muslo.

—¡Dios mío, Doc, qué carnicería!

Se sintió un poco mareado al ver aquellos afilados instrumentos y su propia sangre, su carne, sus tendones... hasta le pareció vislumbrar el hueso.

—Túmbese —le ordenó ella, con voz más enérgica.

Él obedeció sin rechistar, y al cabo de un momento comentó:

—Diantre, vaya herida.

—Tendría que haberme avisado antes.

—Estabas ocupada.

—Habría hecho un hueco para usted. Ahora tiene que quedarse muy quieto, no se mueva. Tiene un fragmento bastante grande de algo que... Dios santo.

—¿Cómo que «Dios santo»?, ¿tan grave es? ¡No dirías algo así si no fuera grave!

—La parte afilada de este fragmento está tocando el hueso —se volvió hacia él, y le colocó sobre la nariz y la boca una máscara negra de goma que tenía una especie de campana—. Inhale.

—¿Qué dian...?

—¡Maldita sea!, ¡inhale de una vez!

Se quedó boquiabierto al oír a la mismísima Leah Mundy soltar un taco. Supuso que la situación debía de ser incluso peor de lo que él imaginaba, y la obedeció de inmediato.

En cuestión de segundos, se sintió liviano como una pluma y sonrió. ¡Era como estar flotando!

—¿Qué me has dado?

—Óxido nitroso, también se lo conoce como «gas de la risa».

—Me gusta.

—No me extraña. Recuerde que tiene que quedarse muy quieto. ¿Está listo?

—¿Para qué?, ¿para ti? Cielo, estoy listo para ti desde el primer momento en que te vi —aquella embriagadora sensación de bienestar estaba soltándole la lengua.

—Usted era un hombre casado.

—¿En serio?, yo no recuerdo haberme casado —se sintió satisfecho al ver que con su admisión lograba arrancarle una reacción a la intratable Leah Mundy.

—No le entiendo.

—Estoy diciéndote que te deseé a pesar del hielo que tenías en las venas, y que cada vez que me paras los pies te deseo más y más. ¿Qué tengo que hacer para poder tenerte, Leah?

—Quedarse quieto para que pueda quitarle este último fragmento, ¡deje de moverse de una vez!

—No me he movido.

—Sí, sí que lo ha hecho. Estoy hablando en serio.

—¿Muy en serio?

—Antes de que los médicos aprendieran técnicas para controlar el dolor de los pacientes, era necesario actuar con toda celeridad. Por eso era tan peligrosa la cirugía. Leí un artículo sobre un médico que, cuando operaba, sujetaba un escalpelo entre los dientes. Era tan rápido que en una ocasión amputó una pierna en dos minutos y medio, pero con las prisas le cortó los testículos al paciente.

Jackson se quedó muy, pero que muy quieto.

—Tómate tu tiempo, Doc.

—No se preocupe, pienso hacerlo.

Mientras ella le extraía el dichoso fragmento, él siguió flotando como en sueños mientras seguía con la boca cubierta por la extraña máscara de goma. Esbozó una sonrisa beatífica... hasta que Leah empezó a limpiarle la herida con una solución de ácido carbólico y aceite de linaza.

Sus gritos de dolor hicieron que Sophie Whitebear irrumpiera corriendo en la habitación, y poco después llegó Bowie en su silla de ruedas.

—¡Madre mía, doctora Mundy! ¡Cuánta sangre!

—Va a ponerse bien, Bowie —le contestó ella, mientras los gritos iban calmándose y dando paso a pequeños gemidos—. Solo falta suturar.

—¡Que me aspen!, ¡qué aguja tan enorme! —exclamó el niño—. ¿Por qué está curvada?

Aquellas palabras no tranquilizaron a Jackson ni mucho menos.

—Sophie...

No hizo falta que Leah añadiera nada más. Su asistente sacó al niño de la habitación.

Después de suturar la herida, la cubrió con un trozo de tela que empapó con más ácido carbólico, y entonces la cubrió con papel de aluminio.

—¿Por qué pones eso? —le preguntó Jackson, con voz débil.

—Para evitar que se evapore el desinfectante —le contestó, antes de meter el instrumental en una palangana.

Se volvió de nuevo hacia él mientras se quitaba los guantes, y, al ver que lo observaba con aquella mirada analítica tan típica en ella, Jackson se preguntó si estaba viendo a Jackson T. Underhill, un caballero de deslustrada armadura que estaba empecinado en rescatar a una dama que no quería ser rescatada; quizás veía a Jack Tower, un tipo que jugaba a las cartas y luchaba por alcanzar una libertad que era probable que ni siquiera existiera; o a lo mejor (y que Dios la amparara si era así) estaba viendo al pequeño Jackie Hill, sentado en los escalones de entrada del orfanato mientras veía cómo se alejaba su madre.

Ella le puso la mano en la frente y comentó:

—No tiene fiebre, pero tengo que mantenerlo en observación por si se le infecta la herida.

—Gracias —deseó que ella no apartara la mano de su frente en todo el día.

Ella se apartó de la cama y empezó a meter en una cesta las sábanas y las vendas ensangrentadas. Se volvió a mirarle por encima del hombro, y se apartó con un soplo un mechón de pelo de la cara antes de decir:

—Debería descansar, señor Underhill.

—Tú también —la agarró de la mano, y le pidió—: Túmbate a mi lado.

—Tengo cosas que hacer —protestó, antes de soltarse.

—Yo podría hacer que te olvidaras de ellas.

—Ese es el problema. Si necesita algo, llame a Perpetua con la campanilla.

Aquella actitud fría y distante, casi displicente, le enfureció y borró de un plumazo la plácida sensación de aturdimiento provocada por el gas de la risa.

—Lo único que necesito es largarme de aquí. Lo único que he encontrado en este lugar del demonio son problemas.

Ella dejó sus guantes en un cazo esmaltado antes de contestar:

—Puede que eso se deba a que usted se los busca.

—Detuve el barco aquí para conseguir ayuda para Carrie.

—Y la consiguió.

—¡Y acabé por perderla a ella!

Leah empalideció de golpe y, sin decir palabra, dio media vuelta y salió de la habitación.

Jackson se quedó inmóvil, sintiendo en los pulmones y en la sangre la presencia de los poderosos narcóticos que le habían administrado e intentando justificar su propio comportamiento. La pura verdad era que Leah Mundy le aterraba. Ella hacía que anhelara tener un hogar, una familia, un futuro, pero era peligroso desear cosas que uno sabía que no podía tener.

Eso era algo que tendría que haber aprendido hacía mucho.

El agotamiento hizo que Leah durmiera toda la noche de un tirón, y no despertó hasta última hora de la mañana. Todos los habitantes de la casa habían procurado no hacer ruido para no despertarla.

Su primer pensamiento, incluso antes de despertar por completo, fue para Jackson, pero su boca apenas empezaba a curvarse en una sonrisa cuando recordó de repente las amargas palabras que él le había lanzado. Se sintió irritada cuando se enteró de que él había regresado a su barco para seguir con las reparaciones (seguro que iba a echar a perder los puntos de sutura que ella había aplicado con tanto esmero), pero no se sorprendió.

Miró hacia el reloj de pared que estaba colgado frente a la cama y decidió concederse un minuto, uno solo, para pensar en Jackson T. Underhill; después de ese minuto, no iba a volver a pensar en él en todo el día...

Fracasó estrepitosamente. Mientras jugueteaba desganada con el desayuno que le había servido Perpetua, recordó cómo habían comido en la playa, recordó cómo se había recostado él sobre la vieja manta mientras saboreaba la comida. Más tarde, mientras iba a casa de Rapsilver para ver cómo estaba de sus quemaduras, se dio cuenta de que se había quedado mirando absorta las orejas del caballo mientras pensaba en aquel día en que le había echado una mano con las reparaciones del barco. Recordó lo mucho que había disfrutado haciendo una tarea tan sencilla como lijar una tabla del suelo.

Detuvo la calesa junto a un estanque para que el caballo bebiese un poco. Mientras contemplaba las ondas que el viento dibujaba en el agua y oía el susurro de las hojas de los alisos, fue inevitable que recordara el momento en que habían estado a punto de hacer el amor en la cabaña del bosque.

El recuerdo bastó para ruborizarla. Le cosquillearon los senos al recordar la sensación de aquella mano grande y callosa acariciándolos, y sintió una dulce sensación en lo más profundo de su cuerpo.

«Tendrías que haberle permitido que te hiciera el amor», repitió una vocecilla en su interior una y otra vez, hasta que tuvo ganas de gritar de frustración.

Agarró un puñado de piedras, y al lanzarlas al agua rompió el hermoso reflejo de cielo azul y nubes que la había cautivado con su belleza.

Chasqueó las riendas con firmeza y regresó a casa, había terminado la ronda de visitas de la jornada y faltaba poco para la hora de la cena; al llegar, se dio cuenta de que le daba tiempo de darse un buen baño, pero, en cuanto sintió la caricia del agua en su cuerpo, volvió a romper la promesa que se había hecho de no pensar en Jackson.

Mientras se bañaba a toda prisa, se dio cuenta de que aquello estaba volviéndose absurdo. Estaba obsesionada, era una bobita enamoriscada. Casi todas las mujeres superaban aquella clase de comportamiento estúpido a los quince años.

Pero a los quince años ella no pensaba en cuestiones amorosas, sino en la filosofía de la naturaleza, y el único hombre que había en sus pensamientos en aquella época era su padre; volviendo la vista atrás, se daba cuenta de que él disfrutaba con la idolatría que ella le profesaba. Sí, su orgullo masculino necesitaba esa idolatría inquebrantable... lo que él no necesitaba era su amor, un amor que ella había mantenido oculto en su interior porque no tenía a quién regalárselo.

Mientras se secaba no pudo evitar pensar que, en ciertos aspectos, estaba tan tullida como Bowie Dawson.

Pasó por la cocina de camino al comedor, y se detuvo para saborear el aroma de la cena. Miró a Iona a los ojos y le preguntó:

—¿Salmón asado? —se le hizo la boca agua cuando la joven asintió con vigor y le mostró un cuenco repleto de fresas. Respiró hondo, y señaló hacia el cuarto de invitados principal al preguntar—: ¿El señor Underhill?

Al ver que negaba con la cabeza y señalaba hacia la ventana con vistas al puerto, se apresuró a volverse para ocultar la mueca de enfado que no pudo ocultar; al cabo de un momento, soltó un bufido de exasperación y llenó una fiambrera de hojalata con salmón, fresas, y media hogaza de pan.

—Voy a tener que llevarle esto a ese necio testarudo —masculló.

Al ver que Iona asentía y la miraba con una sonrisita traviesa, Leah se dio cuenta de quién era la necia, pero eso no impidió que bajara al puerto. Vio que había llegado un barco nuevo y le pareció por el aspecto que era un ballenero, aunque ese tipo de embarcaciones solían hacer paradas muy breves en Coupeville y seguían rumbo a Seattle o a Tacoma de inmediato.

Oyó los murmullos insolentes de dos marineros con los que se cruzó. No tenía ni idea de si los comentarios eran por la comida o por ella, y la verdad era que le traía sin cuidado. Recorrió el muelle con paso decidido, subió al barco de Jackson, y se agarró a un flechaste cuando la embarcación escoró un poco.

—¡Señor Underhill! —dijo en voz alta mientras bajaba por la escalerilla que conducía a la cocina—. ¡Señor Underhill, tiene que cenar un po...! ¡Cielos! —lo que vio hizo que se detuviera de golpe.

Jackson también había decidido lavarse, pero, como no disponía de bañera a bordo del barco, tenía un pie apoyado en un taburete mientras se secaba con una larga toalla amarilla. Estaba completamente desnudo.

Ella era médico, había estudiado anatomía y el cuerpo masculino no debería afectarla así. A lo mejor no era un hombre, sino un dios. Un ser mítico alejado del común de los mortales.

—Hola, Doc. ¿Qué pasa?, ¿me has traído la cena?

Aquellas palabras la hicieron cambiar de opinión de golpe. Era un hombre, de eso no había duda. Un hombre odioso e insoportable.

Soltó la cesta de comida, dio media vuelta, y se dispuso a subir a cubierta.

—¡Espera, Leah!

El bajo de la falda se le quedó enganchado en un escalón, pero ella se soltó sin miramientos con un tirón que desgarró un poco la tela.

—Como no me esperes, iré desnudo tras de ti. Te atraparé, te lo aseguro.

Ella sabía que era más que capaz de hacerlo. Se detuvo a medio camino de la cubierta a regañadientes, y le dijo por encima del hombro:

—Avíseme cuando esté decente.

—Esa sería una espera muy larga, cielo, pero te avisaré cuando esté vestido.

Mientras aguardaba en cubierta sin saber cómo comportarse en semejante situación, vio las luces del ballenero en la distancia, y frunció los labios en un gesto de desagrado al pensar en los insolentes marineros con los que se había cruzado de camino hacia allí. No le gustaban los balleneros ni los hombres que trabajaban en ellos, aquellas enormes embarcaciones estaban impregnadas de vileza y solían crear problemas a su paso.

Teniendo en cuenta la dirección que habían tomado sus pensamientos, para ella fue poco menos que un alivio oír la voz de Jackson.

—Me he puesto mi mejor traje, Doc. Ya puedes bajar.

Descendió con cuidado por una escalerilla, y entró en el camarote principal.

—He venido a advertirle que debería guardar reposo.

—Mi barco sufrió daños en la explosión, tengo que repararlo.

—Tendría que estar descansando con una compresa desinfectante en la pierna.

—Me la he lavado a conciencia, he usado ese ungüento tuyo que huele tan mal. ¿Quieres echarle un vistazo?

—No, no es necesario en este momento.

Se sintió gratificada al verle comer con mucho apetito, pero ella jugueteó desganada con la comida. No había forma de que estuviera relajada cuando le tenía cerca. Con él siempre estaba confundida, o desconcertada, o aturullada... nunca se sentía cómoda del todo. Estuvo a punto de confesárselo, pero sabía que lo único que iba a lograr era que él sonriera con socarronería, que se burlara de ella, que volviera a hacerla sentir como una jovencita desgarbada.

Miró a su alrededor para intentar distraerse. El camarote estaba limpio y acogedor, la madera relucía con una capa fresca de barniz, y no olía a sentina.

—¿Qué te parece? —le preguntó él, antes de darle un bocado al pan.

—Está... diferente.
—¿Eso es todo?
—Bueno, está mucho mejor que antes.
—Yo mismo he reparado y renovado hasta la última pieza de este barco. Está en mejores condiciones que cuando era nuevo.

Leah pensó que la embarcación debía de tener unos setenta años, pero no hizo ningún comentario.

—Está listo para navegar.

Aquellas palabras la golpearon con la fuerza de un puño, y tardó unos segundos en recobrar el habla.

—¿En serio?
—Sí. Fuiste tú quien me convenció de que me quedara mucho más tiempo del previsto.
—¿Yo?
—Pues sí. Estuve a punto de zarpar a bordo de un barco mercante y dejar que este se pudriese aquí, pero tú me convenciste de que me quedara y reparara lo que me pertenecía. Y eso es lo que he hecho.

Leah formó una palabra con los labios, pero, al ver que no salía sonido alguno, lo volvió a intentar.

—¿Cuándo?
—Pronto.
—Pero su pierna...
—La arreglaste de maravilla, me curaré sin problemas.
—Aún no ha repintado el nombre en el escudete.
—El nombre que hay ahora empieza a gustarme —la miró con ojos penetrantes antes de añadir—: Si no supiera que no puede ser, diría que quieres que me quede más tiempo.
—¿Por qué habría de querer yo eso?
—Porque te gusto.
—Eso no es ver...
—Mentirosa.
—De acuerdo, admito que usted me gusta, pero no tengo derecho a inmiscuirme en sus asuntos. Tan solo quiero asegurarme de que el barco está listo para zarpar.

—Yo creo que este barco está listo para lo que sea, solo faltan cortinas a cuadros en los ojos de buey.

—No hay duda de que ha trabajado duro.

—Este barco está barnizado con mi sudor, cielo —se echó a reír al ver la cara que puso—. Supongo que eso es algo que tú no puedes entender.

—¿El qué?

No podía dejar de pensar en que él se iba a marchar de allí. Era algo que no debería haberla tomado por sorpresa y que tendría que resultarle indiferente, pero se sentía como si él acabara de arrancarle el corazón.

—Este barco es lo único que me pertenece, y repararlo es el único trabajo que he hecho que no tiene nada que ver con jugar a las cartas y hacer trampas. Perdona si estoy un poco emocionado.

—No hay nada que perdonar, yo le entiendo. No tengo ni idea de por qué me cree incapaz de hacerlo.

—Porque has tenido una vida privilegiada, una educación...

—¿Privilegiada? —soltó una carcajada carente de humor; al ver una botella que contenía un líquido color ámbar, le preguntó—: ¿Puedo beber un poco?

—Es ron.

—Sí, ya lo sé.

Él se levantó, descorchó la botella, agarró dos tazas de porcelana, y echó un chorrito en cada una.

—A tu salud, Doc.

—¡Chinchín! —se lo bebió todo de un trago, hizo una mueca, y le alargó la taza para que le sirviera más. Se bebió la segunda ronda un poco más despacio y sintió que el licor la llenaba de calor, que inoculaba de una falsa valentía su corazón, sus extremidades y su lengua—. Bueno, retomemos el tema de mi privilegiada vida. Me crio un hombre que me odiaba, y no me di cuenta de ello hasta después de su muerte.

—Leah...

—No, no es que no me diera cuenta, es que no quise admitirlo. Era patética, pensaba que él llegaría a quererme algún día si me esforzaba al máximo y lograba complacerle. Sí, es cierto que soy una mujer instruida. No me atreví a ser de otra forma. No lamento haber recibido una educación, por supuesto, pero no es el resultado de una vida privilegiada ni de una vocación. Lo que me impulsaba era el miedo... miedo a que mi padre me abandonara o me ignorara si no estaba a la altura de sus expectativas.

—Él estaba resentido porque sabía que jamás podría ser tan buen médico como tú.

Ella tomó otro trago de ron, saboreó su calidez mientras le bajaba por el cuello, y se obligó a mirar a Jackson al admitir:

—La educación que recibí deja mucho que desear. Puedo describir la fisiología del corazón humano, puedo dibujarlo y diseccionarlo, a veces puedo hacer que uno que se ha parado vuelva a latir... pero no sé nada, absolutamente nada, sobre los corazones rotos —empezó a sentirse un poco avergonzada por su confesión al ver que se limitaba a mirarla en silencio.

—No hay que ser médico para diagnosticar un corazón roto, ni para sanar uno —le aseguró él, tras un largo momento.

Ella soltó una carcajada seca.

—Mírenos, emborrachándonos y fingiendo que filosofamos.

—Es lo que mejor se les da a los borrachos.

Ella le alargó de nuevo la taza y, mientras él le servía más ron, comentó:

—No tendríamos que estar haciendo esto.

—Beber no es malo si no se convierte en un vicio.

—¿Ha decidido ya adónde va a ir? —logró preguntárselo sin que se le quebrara la voz.

Él le puso el corcho a la botella y volvió a guardarla en su sitio antes de contestar.

—No, supongo que iré improvisando sobre la marcha cuando zarpe. A veces esa es la forma de aprender a hacer algo, Doc.

—¿Qué quiere decir?

—Que hay cosas que no se aprenden leyendo sobre ellas, sino llevándolas a la práctica. ¿Sabías cómo encajar un hueso hasta que lo hiciste en un paciente?

—*Touché*, señor Underhill —le dijo, mientras alzaba su taza en un brindis.

Él brindó con ella antes de preguntar:

—Dime, Leah, ¿estás lista ya?

—¿Para qué?

—Para hacer el amor —le dijo, como si fuera una obviedad.

—¿Qué? —estuvo a punto de atragantarse.

—Para eso has venido, ¿no?

—Pero qué... —dejó la taza sobre la mesa, y se dio cuenta de que le temblaba la mano—. He venido porque usted es mi paciente, estaba preocupada por su herida.

—Sí, claro, y da la casualidad de que has venido oliendo como un ramo de flores.

—Tengo por costumbre bañarme.

—Y da la casualidad de que tenías a mano una deliciosa cena.

—Perpetua quería asegurarse de que usted cenara.

—Lo tienes todo pensado, ¿verdad? Tienes a mano todas las excusas posibles —sonrió de oreja a oreja al añadir—: Pero ni todas las excusas del mundo pueden explicar la verdadera razón por la que has venido.

—¡Me voy de aquí!

Puso las manos sobre la mesa, dispuesta a marcharse, y se alarmó al ver que él la agarraba de las muñecas. ¿Acaso pensaba forzarla?

Él debió de darse cuenta de lo que estaba pensando, porque se echó a reír y le dijo, con una voz tan suave y melódica como una canción de amor:

—Cielo, sabes que no voy a obligarte a quedarte si lo que quieres es irte, pero quiero asegurarme de que sabes lo que quieres.

—Claro que... que sé lo que quiero —lo dijo con voz débil, vacilante, mientras sentía el calor de aquellas manos sobre las suyas.

Él estaba acariciándole las muñecas con los pulgares, justo

donde latía su pulso. Tan solo la tocaba allí, en las muñecas, con un lento movimiento circular, pero ella sintió que empezaban a cosquillearle otras zonas del cuerpo.

—¿Y qué es lo que quiere tu cuerpo?, ¿crees que lo conoces bien?

—Claro que sí —le aseguró, mientras una agradable lasitud se adueñaba de sus extremidades—. Soy mé...

—No me vengas con eso otra vez, dime lo que estás sintiendo.

—Un... cosquilleo.

—¿Dónde?, ¿aquí?

—Sí, pero... en otras zonas también, zonas que usted ni siquiera está tocando.

Él volvió a reír con suavidad antes de explicarle:

—Eso es porque yo estoy pensando en tocarte ahí, y tú estás pensando en que quieres que lo haga.

—Es usted un engreído, señor...

Él se inclinó hacia delante sobre la mesa y la silenció con un beso. Seguía tocándola tan solo en las muñecas... y en los labios. Los suyos eran suaves, agridulces por el ron, cálidos, y ella no pudo contener un gemido.

Él se echó hacia atrás de nuevo.

—Así está mejor, Doc. ¿Podemos hacer el amor ya?

—No, no podemos... No deberíamos... —estaba aturullada, le costaba hilar las palabras—. ¡No!

—¿Por qué no?

Él volvió a echarse hacia delante y posó los labios sobre su boca con mucha suavidad. Empezó a moverlos de un lado a otro una y otra vez, como el reloj de un péndulo, y ella se sintió hipnotizada.

—Hueles muy bien, Leah. Diantre, hasta yo huelo bien. No tiene sentido desperdiciar dos cuerpos limpitos que se desean el uno al otro.

Había alguna razón para ello, tenía que haberla, pero ella no lograba encontrarla. Lo único que sabía era que le deseaba, que le deseaba con tanta fuerza que estaba al borde de las lágrimas.

Necesitaba con desesperación que la besara, necesitaba ese beso como el aire que respiraba.

—De acuerdo —susurró contra su boca. El movimiento rítmico de sus labios la tenía embriagada.

—¿De acuerdo?

—Sí.

—Dilo, Leah. Quiero oírte decirlo.

—Quiero hacer el amor. ¿Cuándo vamos a hacerlo?

—¿Qué te parece ahora mismo?

—Me parece... perfecto.

La tomó de la mano para ayudarla a levantarse, y a ella le sorprendió darse cuenta de que estaba un poco tambaleante y realmente necesitaba esa ayuda.

—Leah, si estás diciendo que sí por culpa del ron...

—No, el ron solo me ha ayudado a hablar con sinceridad.

Él sonrió y la atrajo hacia sí.

—Dios, Leah... Cielo, no sabes cuánto tiempo llevo deseando esto.

—Dímelo.

—No, te lo diré después. Lo único que quiero ahora es abrazarte, tocarte —alargó la mano para apagar la lámpara, y abrió la puerta corredera que daba a la zona del dormitorio.

Ella vaciló por un instante y, mientras se debatía entre el miedo y la excitación, recordó la primera vez que había estado en aquel lugar. En aquel entonces, la goleta estaba hecha un desastre y Carrie estaba allí... apartó a un lado aquel recuerdo. No quería pensar en eso, no podía hacerlo; si lo hacía, se echaría atrás, y Jackson se marcharía, y ella pasaría el resto de su vida arrepintiéndose de haberse perdido aquella noche.

—Te ha quedado muy bien —comentó, mientras él encendía una lámpara.

Bajo los ojos de buey de popa había un pequeño escritorio, un cofre, y un banco. La litera del capitán estaba situada sobre una estructura con cajones, estaba rodeada de una fina mosquitera, y se percibía el olor de las sábanas limpias.

—Ven aquí, Leah —colgó la lámpara de un gancho, y entonces alargó las manos hacia ella con las palmas hacia arriba—. Ven a mis brazos.

Ella obedeció sin dudar y, cuando él hundió el rostro en su cuello, supo que estaba perdida... perdida en las sensaciones que la recorrían, perdida en el gozo y el asombro de estar entre los brazos de un hombre por primera vez en su vida. Era terrible pensar en ello, en cuánto tiempo había vivido sin aquello, sin el contacto humano más elemental.

De modo que dejó a un lado los pensamientos, y se entregó por entero a Jackson. Se entregó a sus caricias, a su calidez, al contacto con su cuerpo. Mientras él le besaba la boca y el cuello, recordó fugazmente haberle pedido en la cabaña del bosque que le arrebatara de las manos la capacidad de decidir. Él no lo había hecho. No, él había optado por esperar a que ella estuviera enloquecida por la espera, a que estuviera dispuesta a prometerle lo que fuera, a que estuviera dispuesta a dejar a un lado su orgullo y sus principios ante la fuerza de aquel deseo avasallador, de aquel fuego que ardía en su interior como un incendio forestal.

Él retrocedió un poco y empezó a desabrocharle la hilera de botones de la blusa. Lo hizo sin andarse por las ramas, sin recurrir a artificios, con una franqueza que a Leah le pareció deliciosamente seductora.

—El día en que me di cuenta de que no llevabas corsé.
—¿Qué?
—Me has preguntado cuándo empecé a desearte. Fue ese día. Empecé a pensar en esto, no podía quitármelo de la cabeza. Diantre, no podía dejar de pensar en ello.
—¿Cuándo fue?
—El día que me ayudaste con las reparaciones del barco. Yo te ayudé a bajar una escalerilla y te puse las manos aquí, justo así... —la agarró de la cintura a modo de demostración—. ¿Te acuerdas?
—Sí.

Recordaba que había sentido temor y también fascinación, que en aquel momento estaba llena de dudas y turbación; de hecho, seguía estándolo. Jackson Underhill era un hombre peligroso, aunque no en el sentido que ella creía en un principio. Era peligroso como el mar, seductor, fascinante.

Cuando acabó de desabrocharle todos los botones de la blusa, él abrió la prenda y fue echándola hacia atrás hasta quitársela del todo. Le quitó también la falda y las enaguas, y Leah se quedó ante él en camisola; estaba tan acalorada que no le habría extrañado que el ardor que le quemaba las mejillas brillara en la oscuridad.

—Eres una belleza, Leah.

—No hace falta que digas esas cosas.

—Ya lo sé —le dijo, antes de agarrarla de los brazos y atraerla hacia sí para besarla con ardor.

Ella deslizó las manos por su pecho, fue subiéndolas hasta abrazarse a su cuello. La forma en que estaba explorando aquella firme musculatura era especial, era una forma que la doctora que había en ella no habría sabido explicarle a la mujer, y viceversa.

Para cuando él se apartó un poco y se quitó la camisa, estaba enfebrecida. Al ver la luz de la lámpara iluminando su pecho y arrancando reflejos dorados de su húmedo pelo rubio, pensó para sus adentros que él sí que era una verdadera belleza, pero fue incapaz de admitirlo en voz alta.

—Vamos a la cama, Leah —le dijo, mientras alargaba una mano hacia ella.

Leah había estudiado la sexualidad humana, por eso resultaba irónico que, a efectos prácticos, no tuviera ni idea del tema. Nada en el mundo (ni libros, ni conferencias, ni siquiera una hipotética demostración práctica) habría podido prepararla para aquella sensación de vulnerabilidad, para el terror, para la expectación, para aquella embriagadora sensación de estar a punto de cederle todo el control a otra persona.

—No... no puedo hacer esto —alcanzó a decir, abrumada.

—No es que no puedas, es que no quieres —la corrigió él, mientras subía y bajaba una mano por su cuerpo en una rítmica caricia. Su voz no reflejaba impaciencia alguna—. ¿Por qué no?, ¿porque no estamos casados?

—No, no es eso.
—¿Porque puedes quedarte embarazada?
—Me he planteado esa posibilidad, te lo aseguro. Es un riesgo que estoy dispuesta a asumir, digamos que... a estas alturas del mes, las probabilidades están a mi favor.
—Entonces, ¿qué es lo que pasa? ¿Tienes miedo? Tienes que confiar en mí.

Mientras hablaba seguía acariciándola con suavidad, seguía deslizando las manos por su cuerpo anhelante.

—No... no puedo hacerlo.
—Inténtalo.
—¿Por qué?
—Porque vale la pena correr ese riesgo por mí, cielo. Si al final resulta que me equivoco, al menos habrás salido de dudas.
—Sí, saldré de dudas —alcanzó a decir, antes de dar un paso hacia él.

Leah veía lo de hacer el amor como una experiencia prohibida y aterradora, pero Jackson le facilitó mucho las cosas. Ella esperaba caricias torpes, besos tímidos, incomodidad, vergüenza... pero fue todo lo contrario, porque Jackson Underhill poseía habilidades que la tomaron por sorpresa. Él se movía con fluidez y delicadeza, fue besándola y acariciándola mientras iba quitándole la camisola y consiguió que ella fuera relajándose poco a poco, que fuera entregándose más y más con cada caricia; después, al desnudarse él, la hizo poner la mano en cada parte de su cuerpo que iba quedando al descubierto y esperaba a que ella se acostumbrara a tocarlo.

Aquello se alargó durante un largo rato. Para cuando estuvieron desnudos en la litera, tumbados de lado el uno frente al otro, Leah estaba temblando.

—¿Tienes frío? —le preguntó él.
—No.
—¿Estás asustada?
—Un poco.
—¿Eres virgen, Leah?
—Sí.

—A veces duele la primera vez.

«Jackson, estaría contigo aunque me doliera siempre», pensó ella para sus adentros.

—Sí, ya lo sé. Leí hace poco en un artículo una descripción de...

Él la calló con un beso y posó la mano en su cadera; al notar que poco a poco estaba más relajada, alzó la cabeza y le dijo:

—Puede que no duela, sería todo un descubrimiento médico.

—Desvirgada sin dolor, podría hacer un artículo sobre el tema para las publicaciones médicas.

Él se inclinó hacia delante y le dio un mordisquito juguetón en el pecho antes de preguntar:

—¿Vas a tomar notas?

—No sé cómo, tengo las manos muy ocupadas por tu culpa.

Él se echó a reír.

—En ese caso, tendré que asegurarme de que no se te olvide ni un solo segundo de esta experiencia.

Ella le devolvió la sonrisa, pero su corazón sabía que era imposible que olvidara aquella noche. Era imposible que olvidara la calidez de sus manos acariciándola por todas partes, invadiéndola y enloqueciéndola; era imposible que olvidara la húmeda calidez de su propio cuerpo, cómo se arqueó hacia él, cómo temblaba de deseo cuando la tocaba, cómo se intensificaba ese temblor cuando él interrumpía por un momento sus caricias; era imposible que olvidara la sensación de aquellos labios contra los suyos, de aquella boca saboreando su cuello, sus senos, sus corvas, las plantas de sus pies y, por último... ¡sus partes más íntimas!

Sintió que estaba a punto de estallar en mil pedazos, que estaba a punto, justo a punto de... pero él la dejó al borde del estallido, enfebrecida de deseo y a la espera de algo, algo que no habría sabido describir.

Jackson no permitió que se comportara con timidez. No dejó que se sintiera incómoda en ningún momento, ni siquiera cuando volvió a subir por su cuerpo y compartió con ella aquel sabor prohibido y excitante al besarla de lleno en la boca.

—¿Has visto lo que le pasa a tu cuerpo, Leah?
—Sí.
—Pues ahora voy a enseñarte lo que le pasa al mío —le dijo, antes de tomar su mano y llevarla hacia abajo.

Ella se estremeció, pero no de miedo ni de ansiedad. Lo hizo porque le deseaba con todas sus fuerzas, porque anhelaba la unión de sus cuerpos, anhelaba completar lo que Jackson había iniciado con sus besos y sus caricias.

Acarició su miembro, y sonrió en la penumbra al oírle gemir como si acabara de abrasarse.

—Estoy lista para avanzar, ¿y tú?
—¡Sí! Dios, sí...

Ella vaciló, indecisa y sin saber lo que tenía que hacer. Se había sentido poderosa al darse cuenta del efecto que sus caricias tenían en él, pero el momento de euforia se había disipado.

—Entonces, ahora...
—Ahora, esto —le dijo él con voz ronca, mientras la cubría con su cuerpo.

Leah se arqueó hacia arriba y sus cuerpos se tocaron, y entonces él volvió a moverse y fueron uniéndose poco a poco; al notar que él estaba temblando por el esfuerzo que estaba haciendo por contenerse, deseó poder decirle que no hacía falta ninguna contención, que ardía en deseos de sentirlo por completo en su interior, pero era incapaz de articular sonido alguno. La exquisita tensión que se había adueñado de ella le había agarrotado la garganta.

Él fue hundiéndose en su interior poco a poco, con envites cortos y rítmicos, sin penetrar demasiado hondo. Siguió moviéndose hacia delante y hacia atrás, hacia delante y hacia atrás, una y otra vez, hasta que ella creyó que iba a enloquecer de deseo. Se aferró a sus hombros y cerró los ojos mientras se arqueaba hacia él, mientras alzaba las caderas enfebrecida. Él iba hundiéndose más y más con cada envite, y la presión que Leah tenía en su interior iba intensificándose cada vez más. Sintió que subía y subía hacia una cima desconocida, y el temor a la caída la hizo contener el aliento.

Si sintió una punzada de dolor, fue tan inconsecuente que apenas la notó. En ese momento solo fue consciente de la sensación de llegar arriba del todo, de llegar a la cima de aquella montaña invisible por la que había estado subiendo. Sintió que permanecía allí... inmóvil, flotando... durante un momento eterno hasta que, de repente, explotó en mil pedazos y sintió que se derretía mientras su lánguido cuerpo volvía a descender a la tierra.

Se sorprendió al sentir el momento en que él llegaba también al éxtasis, ya que no sabía que iba a notarlo. La embargó una inesperada satisfacción al notar las suaves sacudidas que lo recorrían, las saboreó y se preguntó si lo que él sentía se acercaba un poquito al exquisito placer que había sentido ella.

Él cubrió su cuerpo con el suyo con cuidado al relajar los brazos, hundió el rostro en su desmelenado cabello mientras respiraba jadeante, y tardó un largo momento en preguntar:

—¿Estás bien?

—Sí —aunque aquella simple palabra parecía inadecuada, no estaba segura de si estaba bien o no, y no quería que la mentira fuera demasiado grande.

—¿Te he hecho daño?

Leah recordó la presión, la sensación de unión, el placer, y respondió con sinceridad:

—He descubierto que el dolor es algo relativo... ¡Dios mío, tu pierna!

Él se echó a reír.

—No te preocupes por ella, está bien. Diantre, Leah, eres muy divertida.

—Es la primera vez que me lo dicen.

—Pues es la pura verdad —se incorporó sobre los codos y le besó la frente, las mejillas y la nariz—. Eres muchas cosas, dulzura, pero no me creerías si las enumerara.

Empezó a salir poco a poco de su interior, pero el cuerpo de Leah parecía ser tan reacio como ella misma a dejarle ir, porque se contrajo como por voluntad propia alrededor de su miembro como intentando mantenerlo allí dentro.

Él abrió los ojos de golpe, y exclamó con una carcajada:
—¡Diantre, Leah!

Dio la impresión de que permanecían horas y horas tumbados el uno junto al otro, oyendo el sonido del agua bañando el casco de la embarcación, hasta que él empezó a hacerle el amor de nuevo sin decir ni una sola palabra. Leah sintió que el deseo volvía a avivarse en su interior y se amaron con ternura, poco a poco, pero con el mismo resultado explosivo. Después fue quedándose dormida arrullada por el murmullo de las olas, perdida en un mar de sensaciones. Sabía que, más allá de aquel refugio de madera, la vida cotidiana seguía igual que siempre, que no había sido alterada por aquella experiencia trascendental que había transformado a Leah Mundy. Todo era distinto, absolutamente todo. Se sentía como si su mundo hubiera dado un cambio total, y la razón de ese cambio se llamaba Jackson T. Underhill.

Se echó a llorar al amanecer, y Jackson la abrazó contra su pecho y le preguntó con voz llena de ternura:

—¿Es una reacción retardada? —al notar que asentía, la instó a que alzara la barbilla, y sonrió al verla cerrar los ojos—. Abre los ojos, Leah.

Ella obedeció, pero fue incapaz de dejar de llorar.

—¿Qué es lo que pasa, cielo?

—No tendríamos que haberlo hecho, no tendríamos que haber hecho el amor. Sabía que había una razón. Antes de empezar, sabía que había una razón, pero no he querido pensar en ella. Pero la hay, y acabo de descubrirla.

—Dime.

Ella vaciló por un momento. Había sido una estúpida al creer que iba a sobrevivir a aquello, ¿cómo era posible que no se hubiera dado cuenta de algo que tendría que haber tenido claro desde el principio?

Conocía a aquel hombre desde hacía unos meses escasos, pero llevaba toda una vida amándole.

—¿Cuál es esa razón, Leah?

—No me basta con hacer el amor una sola noche. Eso nunca será suficiente para mí.

—En ese caso, supongo que voy a tener que quedarme una temporada.

Ella sintió que le daba un brinco el corazón.

—¿Lo dices en serio?

—Sí, muy en serio.

Tuvo ganas de preguntarle cuánto tiempo pensaba quedarse, pero no lo hizo. No podía permitir que sus propias emociones fueran dictadas por lo que él hiciera. Ese era el error que había cometido con su padre, y no estaba dispuesta a repetirlo.

CAPÍTULO 12

—«No debe permitirse que las bajas pasiones mancillen las especiales cualidades morales de las mujeres».

Jackson miró a Leah por encima del libro de Medicina. Estaban reclinados el uno frente al otro en la litera del capitán... él leyendo en voz alta con teatralidad, y ella comiéndose una ciruela entre risas al oír las cosas absurdas que ponía en su propio libro de texto.

—Venga, sigue.

—«Es una realidad incontestable el hecho de que son escasas las mujeres virtuosas que experimentan la fuerza plena del deseo sexual».

El camarote del capitán se había convertido en el lugar preferido de Leah dentro del barco. Aquella pequeña estancia era algo más que el lugar al que escapaba, el lugar donde se convertía en la mujer de Jackson, donde podía desprenderse de su propia identidad y limitarse a ser la amante de aquel hombre, donde podía perderse en un mar de placer. En las maravillosas semanas que habían transcurrido desde que se habían hecho amantes, aquel lugar se había convertido en su refugio, su escondrijo.

Allí no era la doctora Leah Mundy, sino Leah sin más, una mujer que había despertado a la pasión. Sabía que las normas sociales dictaminaban que lo que estaba haciendo no era correcto, pero eso le traía sin cuidado. En ese momento estaba reclinada frente a su amante, viendo cómo brillaba su pelo rubio bajo el sol del atardecer, llena de una cálida satisfacción sexual.

—«El ardor del lecho matrimonial es una obsesión antinatural y hedonista» —Jackson cerró el libro y lo dejó a un lado antes de acariciarle la pierna con su pie desnudo—. Vaya manera de aprender lo que es el sexo, Doc.

—¿Preferirías que lo aprendiera de manos de un jugador profesional con mucha labia?

—Sí, siempre y cuando ese jugador profesional sea yo —la miró con una sonrisa de lo más inocente, fingiendo que no tenía ni idea de lo que su propio pie estaba haciendo bajo la sábana.

Ella frunció el ceño y fingió sentirse escandalizada.

—¡Cielos!, no recuerdo haber leído acerca de eso en ninguno de mis libros de texto.

—Es una técnica completamente nueva, aún está en fase experimental —hizo que el movimiento del pie fuera más profundo, más intenso—. ¿Qué opina, doctora Mundy?

—Que está... funcionando.

—Toma nota.

Ella bajó la mirada hacia la carta dirigida a Penny que tenía sobre su regazo, aún no había podido avanzar más allá de la fecha y el saludo... se echó a reír y cedió a la tentación. Dejó que tanto la hoja de papel como la pluma cayeran a un lado, y comentó con picardía:

—Vaya, qué torpe soy.

—Ya lo recogeremos después —le dijo él. Se inclinó hacia delante, y apartó la sábana mientras subía las manos por sus piernas.

Leah había aprendido a no sentirse avergonzada, ya que él no admitía pudor alguno por su parte. Había aprendido que era inútil intentar resistirse a él, y que las recompensas que obtenía cuando cooperaba eran increíblemente dulces.

Él posó las palmas de las manos en la parte interna de sus muslos, la contempló a placer durante unos segundos, y soltó un gemido gutural antes de admitir:

—Dios, es increíble, pero necesito poseerte otra vez —a veces pasaba mucho tiempo preparándola, pero en esa ocasión la penetró sin ningún preámbulo. Ella ya estaba húmeda, y echó la cabeza hacia atrás mientras se abrazaba a su torso—. Estás hecha para hacer el amor, Leah —le susurró al oído, mientras bajaba la cabeza hacia sus senos—. Es increíble que no lo supieras.

Ella alzó las caderas, enardecida de deseo. Aquello era lo que anhelaba... aquel éxtasis, aquel sentimiento poderoso que no dejaba espacio para algo tan mundano como la racionalidad. Hundió los dedos en su pelo e inhaló su aroma, convencida de que aquella era la sensación más dulce del mundo.

Él la llenó por completo, gritó su nombre mientras sus hombros se sacudían. A Leah le encantaba sentir cómo llegaba al éxtasis. Sabía que, en Jackson Underhill, eso era lo más parecido a una rendición.

La explosión de placer la golpeó de lleno instantes después. Flotó un instante, inmóvil y sin respirar, mientras se sentía por unos segundos como si acabara de sacudirla un terremoto... y en ese momento se dio cuenta de una verdad ineludible y terrible: aquellos momentos se habían vuelto vitales para ella; aunque perdiera todo lo demás, seguiría siendo feliz si aún tenía aquello.

—Dios santo, Jackson... esto no puede ser bueno para nosotros.

—¿Qué demonios quiere decir eso? —se incorporó un poco sin salir de su cuerpo, y enmarcó su rostro entre las manos.

—Pues que esto que hay entre nosotros... no sé cómo explicarlo, que tú llenas mi vida por completo. Cuando no estoy a tu lado, no puedo dejar de pensar en ti; cuando estoy contigo, quiero tocarte y tenerte dentro de mí.

—En ese caso, ahora estoy justo como tú quieres.

—Pero ¿qué pasa con el resto del mundo?, ¿con la vida cotidiana?

—Que seguirán estando ahí fuera cuando tú y yo decidamos salir de aquí.

Leah se dio cuenta de que seguía sin entenderla; no era de

extrañar, porque no era dado a mirar más allá del día a día. Jackson ocupaba su vida por completo, y eso hacía que ella les prestara menos atención a sus pacientes, a los huéspedes de la pensión y al consultorio. Esas cosas seguían siendo importantes para ella, pero la cuestión era si el hecho de amar a Jackson impedía que le quedara tiempo para dedicarse a ellas.

—Yo creo que no deberíamos volver a levantarnos jamás de esta cama —comentó, medio en broma.

—Buena idea —movió las caderas, su miembro empezó a endurecerse de nuevo, y se le escapó un gemido cuando el cuerpo de Leah respondió de inmediato contrayéndose a su alrededor—. Diantre, Leah...

Ella sonrió y abrió la boca para hacer un comentario, pero él la silenció con un beso profundo, la saboreó y la atormentó hasta lograr que olvidara lo que iba a decir. Cuando él empezó a moverse de nuevo en su interior, el placer la recorrió en una gran oleada que lo borró todo a su paso, y después sintió que flotaba en una nube de bienestar con la mente en blanco. Se dio cuenta de que aquello era peligrosamente placentero, que no debería gustarle tanto.

Más tarde, mientras yacía acurrucada contra su musculoso pecho desnudo y él leía en voz baja el libro de texto (riéndose de los consejos sobre sexo, pero mostrando interés por la información acerca de las enfermedades que solían aquejar a los marineros), Leah dejó vagar su mente. Pensó en las pacientes casadas que tenía, en los matrimonios que había conocido. Quizás se le había escapado algo, pero, que ella recordara, ninguna de aquellas mujeres parecía sufrir aquella abrumadora obsesión por un hombre.

A lo mejor ese era el gran secreto de un matrimonio: el éxtasis terrible de amar a alguien no solo con el corazón, sino también con el cuerpo, el alma, todo tu ser.

De repente, una pregunta inevitable se coló en su mente como la serpiente en el jardín del Edén... ¿Lo que Jackson había vivido con Carrie había sido igual a lo que tenía con ella?

Se movió un poco, y él notó de inmediato su inquietud.

—¿Qué pasa?, ¿quieres hacerlo otra vez?

Ella alzó la cabeza y contempló durante unos segundos aquel rostro tan cautivador, tan lleno de misterio.

—Sí, pero... así.

Fue deslizándose poco a poco hacia abajo, saboreando su cuerpo con besos atrevidos y fervientes. Necesitaba olvidarse de todo, que él volviera a llenarla por completo, porque esa era la única forma en que podía escapar. Le oyó jadear cuando llegó a su entrepierna. Era algo de lo que él le había hablado, pero que jamás le había pedido que hiciera; algo que había leído en un árido libro de texto; algo más que la letra escrita había reducido al absurdo.

Pero no le pareció nada absurdo cuando oyó que Jackson gemía su nombre, cuando le vio estremecerse de placer; después, cuando volvió de nuevo la calma, una profunda languidez se adueñó de ella y pudo refugiarse en el mundo de los sueños.

Al notar que Leah empezaba a despertar, Jackson la apretó con más fuerza contra su pecho en un gesto protector. La felicidad que sentía le daba un poco de miedo.

—¿Qué hora es? —le preguntó ella, adormilada, mientras alzaba la mirada hacia el ojo de buey que había por encima de la litera.

—Bastante tarde, se nos ha pasado la hora de la cena. ¿Tienes hambre?

—Sí, estoy hambrienta.

—Me gusta que una mujer tenga un buen apetito —le dijo, con una sonrisa de oreja a oreja, antes de alargar la mano hacia un cuenco lleno de ciruelas.

Agarró una para cada uno, y comieron en silencio hasta que Leah comentó con cautela:

—Supongo que Carrie no comía demasiado.

—No —no quería hablar del tema, pero, a juzgar por la actitud de Leah, estaba claro que no estaba dispuesta a rendirse con facilidad.

—Tanto el ansia por la sustancia adictiva como la sustancia en sí tienden a reducir el apetito.

Cuando ella se movió ligeramente y le rozó con el hombro desnudo, Jackson bajó la cabeza y se lo besó. Le maravillaba la piel tan suave y tersa que tenía, nunca antes había tocado una piel así.

—Jackson...

—¿Qué?

Ella respiró hondo antes de decir:

—Tengo una duda que no se me quita de la cabeza.

—¿Sobre qué?

—Sobre... Carrie y tú.

Él se tensó al oír aquello, pero se limitó a contestar:

—¿De qué se trata?

—Me gustaría saber si... si entre vosotros dos las cosas eran... así.

—Por el amor de Dios, Leah, no metas a otra mujer en nuestra cama.

Lo dijo con voz áspera y llena de irritación, y sintió una súbita sensación de frío en el pecho cuando ella se apartó de él y se envolvió en la sábana.

—Erais marido y mujer, ¿te extraña que me pregunte si alguna vez os amasteis... así?

—No, no me extraña.

—¿Piensas contestarme?

—No soy un bocazas indiscreto.

La agarró y la besó de lleno en la boca, pero ella se apartó y le miró ceñuda.

—Todo esto es muy nuevo para mí, Jackson. No puedo imaginarme haciendo esto, sintiendo esto, con otro hombre.

Él se había dado cuenta de que algo le preocupaba, y llevaba días preguntándose de qué se trataba. A veces se quedaba callada y pensativa, y le miraba con una intensidad que le hacía sentir como si estuviera bajo la lente de su microscopio. Leah quería saber si lo que había entre ellos era especial, único, un amor de esos que solo se sentían una vez en la vida y que pocas personas lograban encontrar.

Mientras la contemplaba bajo la tenue luz del anochecer se dio cuenta de que sí, de que aquello que compartían, aquel vínculo que les unía, podía durar toda una vida... pero las dudas aparecieron de inmediato. Aquel placer sensual tan increíble estaba ablandándole el cerebro, le impedía pensar con claridad.

El pánico empezó a adueñarse de él. No podía admitir lo que sentía, no podía creer en aquellos sentimientos. Tenía tan claro que aquello no podía durar como el hecho de que le perseguía la ley. Tenía que marcharse, y ella tenía que quedarse allí. Así de simple.

De modo que Jackson T. Underhill hizo lo que mejor se le daba: mentir.

—Me hace gracia tener que ser yo quien dé las explicaciones, cielo, porque la doctora eres tú, pero esto es... no sé, como una especie de droga. No tengo nada que no pueda tener cualquier otro, así que no es más que algo puramente físico.

Ella empalideció.

—En ese caso, ¿por qué no había sentido este deseo por ningún otro?

—A lo mejor no habías conocido a ninguno tan persistente como yo.

—Y a lo mejor estás mintiendo.

A Jackson le habían pillado en una mentira muy pocas veces, y en ese momento no estaba dispuesto a dejarse atrapar.

—Supongo que estoy simplificando demasiado, pero estoy hablando en serio. Eres una mujer muy hermosa, Leah. Me encanta tocarte y que me toques, pero el tacto no es más que una sensación física. Lo entiendes, ¿no?

—Sí, pero...

Él posó un dedo sobre sus labios, aquellos labios suaves y aterciopelados con los que soñaba todas las noches.

—Sé lo que quieres oír... que nadie me ha hecho sentir como tú, que eres lo último en lo que pienso antes de dormir y lo primero que aparece en mi mente al despertar, que no puedo pasar ni un solo día sin tocarte, sin hacerte el amor —solo él sabía que estaba hablándole de corazón. Sería demasiado cruel dejar que ella supiera que estaba describiendo lo que sentía realmente.

—¡No me digas lo que quiero oír, sino la verdad! —le exigió ella con firmeza.

—La verdad es que he estado con muchas mujeres antes de estar contigo.

—¿Carrie fue una de ellas?

—Con muchas. Tú acabarás por encontrar algo mejor que lo que hay entre nosotros. Lo encontrarás con otro hombre, uno que formará un hogar contigo, que se quedará por siempre a tu lado y que te dará su apellido.

—¿Tú no puedes darme todo eso?

—Nunca he podido dártelo, cielo, y nunca podré. Y lo sabes.

—Sí, es verdad.

—Lo has sabido desde el principio —le quitó la sábana y la besó antes de añadir—: Aprovechemos para estar juntos mientras podamos, no perdamos más tiempo hablando.

—Sí, será lo mejor.

—Vamos a...

Le susurró una proposición al oído y ella, en vez de escandalizarse, soltó una risita gutural. Dios, cuánto la amaba. Qué broma tan cruel le había gastado el destino. Justo cuando estaba a punto de lograr huir por fin, se enamoraba de la única mujer que jamás accedería a irse con él... porque ella jamás accedería a algo así, ¿no? La verdad era que nunca le había preguntado si estaría dispuesta a hacerlo.

No se había planteado preguntárselo hasta ese momento, cuando la cubrió con su cuerpo y vio su pelo oscuro extendido sobre la almohada; cuando la miró a los ojos, y vio el paraíso en aquellas profundidades aterciopeladas; cuando le recorrió una oleada de deseo, pasión y amor tan enorme que le dejó exhausto, saciado... y deseando más. Más y más.

La suave melodía de un piano amenizaba la taberna, cuyas puertas batientes enmarcaban unas vistas idílicas de la bahía de

San Francisco. El agua era un espejo azul del cielo y Alcatraz tenía una extraña apariencia etérea, parecía una postal que Joel Santana había visto en una ocasión de aquel lugar de Francia... un sitio llamado Monte Saint-Michel.

Llevaba días peinando la ciudad, preguntando en bares y pensiones de la costa. Lo hacía de forma sistemática: Entraba en un lugar, tomaba una copa, y hacía unas cuantas preguntas. Aún no había encontrado a nadie que recordara haber visto a un jugador de cartas acompañado de su mujer, y aquella taberna era uno de los últimos establecimientos que le quedaban por comprobar en la transitada calle Tonquin.

Apoyó el codo en la desgastada barra del bar y tomó un sorbito de whisky con cautela. Un hombre tenía que andarse con cuidado en lugares como aquel. El whisky siempre se aguaba hasta extremos ilegales, pero en algunos sitios le añadían hidrato de cloral o cocaína. No era una combinación recomendable para un hombre que tenía que permanecer alerta.

Una ramera de aspecto cansado se le acercó y sacudió con desgana el borde de sus raídas enaguas rojas; al verle negar con la cabeza, puso cara de alivio y se alejó un poco tambaleante.

Joel dejó el vaso sobre la barra; aunque no tenía un paladar refinado, tuvo la súbita sensación de que el whisky sabía demasiado amargo, demasiado áspero. En otros tiempos, aquel trabajo le había parecido emocionante, pero eso había sido dos décadas atrás, cuando aún era un inocentón convencido de que su vocación era perseguir a los malos.

En los últimos veinte años había aprendido que, en realidad, las persecuciones eran escasas. Ser marshal consistía básicamente en recorrer una serie interminable de pueblos polvorientos y ciudades apestosas, en hacerle preguntas a personas que, o estaban demasiado borrachas para contestar, o escondían algo. Un marshal esperaba, observaba, dormía y comía cuando tenía un momento de respiro.

Se había convertido en un soñador. Cuando estaba perdido en el desierto de Arizona, había aprendido a refugiarse en su mente, a imaginar un lugar paradisíaco donde soplaba una brisa fresca y una mujer le acariciaba la frente, donde uno olía el delicioso aroma de un pastel de manzana cuando llegaba a casa a la hora de la cena. Estaba convencido de que crear aquel mundo imaginario había evitado que enloqueciera en el desierto y muriera de sed. Aquella extraña visión, o sueño, o lo que quiera que fuese, le había dado fuerzas, había hecho que luchara por sobrevivir... y lo había logrado. Había salido del desierto sintiéndose más delgado, más viejo, y mucho más listo.

Una sensata vocecilla interior le aconsejó que se rindiera, que abandonara la búsqueda de Jack Tower y Caroline Willis. Podía regresar con las manos vacías, informar a sus superiores que el rastro había desaparecido, y tanto su orgullo como su pensión de jubilación permanecerían intactos. Que se jubilara sin cerrar aquel caso no iba a provocar el fin del mundo. Había recorrido miles de kilómetros persiguiendo a dos personas que seguro que a aquellas alturas ya estaban muertas, no tenía sentido que siguiera con aquella búsqueda absurda.

Cerró los ojos, luchó por ignorar la alegre música del desafinado piano, y viajó hacia aquel lugar fresco y paradisíaco que existía en su imaginación. Empezó a visualizarlo... la rica vegetación, el azul del mar, el olor a pastel de manzana...

—Eh, ricura, se te ve muy solito.

Aquella voz femenina le hizo regresar de golpe a la sórdida taberna, y abrió los ojos a regañadientes. Otra ramera, aunque a aquella no se la veía tan cansada como a la otra y parecía estar un poco borracha. Tenía hoyuelos en las mejillas, el pelo rubio peinado en tirabuzones, y era joven. Tenía los pechos pequeños, aunque eso era algo que a él no solía importarle.

—¿Me decía algo, señorita?

—He estado observándote desde el otro lado de la taberna, tienes pinta de haber perdido a tu mejor amigo.

Joel se recordó el propósito de su presencia allí. No esperaba poder sacarle ninguna información útil, pero decidió intentarlo de todas formas.

—Sí, eso es lo que me ha pasado más o menos. Había quedado aquí con un amigo mío, pero supongo que ya se habrá marchado. Se llama Jack Tower. Un tipo alto, rubio, puede que lleve barba y bigote si no le ha dado por ir al barbero. Tenía una cicatriz aquí, encima del pómulo.

Ella frunció el ceño, y se concentró todo lo posible teniendo en cuenta lo bebida que estaba.

—Sí, puede que haya visto a alguien así.

Él le dio un dólar, aunque seguía pensando que no iba a sacar ninguna información útil.

—Mi amigo es un as jugando al póquer, y podría estar acompañado de una mujer muy bonita... rubia, ojos azules, unos cuantos años mayor que tú.

La ramera se dio unos toquecitos en la sien con el dedo, como si eso pudiera ayudarla a recordar.

—Sí, me parece que vi a una pareja así hace un par de meses... pero me cuesta acordarme bien, por este sitio pasa mucha gente.

Él intentó contener la exasperación que sentía y le dio otro dólar.

—A ella le gustaba el whisky, siempre llevaba encima una botella azul —le guiñó el ojo y añadió, provocativa—: Podría concentrarme mejor en mi dormitorio, ricura.

—¿En serio? —aunque se sintió asqueado, tanto con ella como consigo mismo, su cuerpo le recordó que no era tan viejo como se sentía, y que ella no estaba tan mal como parecía.

—Sí, ricura, en serio —le tomó de la mano, y le condujo al piso de arriba.

CAPÍTULO 13

12 de agosto de 1894

Mi querida Penelope:
Espero que esta carta te llegue antes de que emprendas el viaje que ha de traerte hasta aquí. Esta es la última que te envío antes de que nos veamos cara a cara. Jamás pensé que confesaría algo así, pero admito que ahora sé lo que es amar de verdad a alguien. El amor no es el vínculo pernicioso que tenía con mi padre, al que adoraba por el mero hecho de que formaba parte de mi vida. Me he dado cuenta de que hay otras formas de amar, formas mejores.
¿Quién habría imaginado que encontraría el amor en alguien como Jackson T. Underhill? Es un hombre que jamás contaría con el visto bueno de la buena sociedad (no tiene familia ni hogar, aunque recientemente pasó una temporada en Texas), pero no puedo evitarlo. Cuando estoy con él, todos los colores del mundo brillan con mayor intensidad; cuando estamos separados, siento un extraño vacío en mi interior, y espero con ansia que llegue el momento de nuestro próximo encuentro.
No sé hacia dónde se encamina todo esto, pero hay una cosa que tengo muy clara: Tengo una única vida, y ya es hora de que deje de vivirla aislada y llena de miedos. Antes de que sea demasiado tarde, tengo que descubrir qué es lo que he estado perdiéndome.
Saludos cordiales,
Dra. Leah Mundy

La brisa que soplaba en el estrecho sacudió las hojas del periódico que Jackson tenía en sus manos, un ejemplar del *Pioneer and Democrat* con fecha del día anterior. Lo sujetó contra la cubierta, y siguió leyendo el pequeño artículo que le había llamado la atención.

R. Corliss, quien fue nombrado recientemente marshal de Port Townsend, ha logrado sacar de circulación un alijo de sirope de opio por valor de tres mil dólares. Un agricultor de West Beach confundió la sustancia con pintura mineral, y la utilizó para pintar su granero de color marrón...

Aunque hacía el calor propio de pleno verano, sintió que le recorría un escalofrío mientras recorría el *Teatime* de proa a popa. Estaba inquieto, nervioso. Siempre había tenido un sexto sentido que le advertía que corría peligro, y ese sexto sentido (sumado al marshal que, según el artículo, estaba en la zona), hizo que se diera cuenta de que ya se había quedado más tiempo de la cuenta en aquella isla de cuento de hadas, un lugar donde el sheriff le consideraba una hermanita de la caridad y la doctora le había robado el corazón.

—Tu barco tiene buena pinta —comentó Davy Morgan, al acercarse por el muelle.

—¿Crees que está listo para navegar? —le preguntó, mientras doblaba el periódico y lo guardaba en el bolsillo trasero del pantalón.

—Tan listo como puede llegar a estarlo en estas aguas un viejo cascarón como el tuyo —sus penetrantes ojos azules reflejaban una sabiduría que hacía que pareciera mayor de lo que era en realidad. Le echó un vistazo a la hilera de cabillas que atravesaban el cabillero, y asintió con aprobación—. Tú vigila el tiempo que hace, fíjate en las cartas de navegación para evitar los bancos de arena, y todo irá bien —subió por los flechastes hasta medio mástil con agilidad, y alineó bien una polea—. ¿Adónde piensas ir?

—¿Tengo que tener un destino concreto en mente?

—Hombre, es preferible a la hora de planificar el viaje —Davy descendió por el mástil y, en cuanto sus pies descalzos tocaron la cubierta, comentó—: Tengo entendido que las islas Sándwich no están mal.

—Sí, a lo mejor voy a comprobarlo por mí mismo —se imaginó a Robert Louis Stevenson sentado a la sombra de un baniano, escribiendo sus relatos de aventuras mientras muchachas con flores en el pelo le servían agua de coco.

—¿Cuándo levas anclas?

Jackson quiso contestarle que nunca, pero sabía que no podía hacerlo. El pasado iba a terminar por alcanzarle en aquel lugar si se quedaba más de la cuenta; aun así, incluso esa gélida certeza quedaba en un segundo plano cuando pensaba en Leah. La idea de renunciar a lo que tenía con ella le partía en dos el corazón.

—Este barco aún no está listo del todo, hoy solo espero que aguante un viaje de ida y vuelta a la cala.

—Llévate la barca de remos por si acaso, ¿va a acompañarte la doctora Mundy?

Jackson se puso tenso al oír aquella pregunta, y se encogió de hombros con fingida indiferencia.

—Puede que sí, no sé si le apetecerá venir conmigo.

Davy sonrió y lo miró con ojos chispeantes.

—Yo creo que la doctora estará encantada de ir contigo.

Desde el incendio, tanto Bob Rapsilver como él siempre se referían a ella con el tratamiento de «doctora».

Jackson siguió trabajando en el barco. Por el bien de Leah, había procurado ocultar con discreción la relación que mantenían, pero Davy, que vivía en la casa del puerto, debía de haber notado que ella pasaba mucho tiempo en la goleta; aun así, el joven no había hecho ningún comentario al respecto.

Más tarde, cuando estaba preparándose para zarpar y Leah apareció en la entrada del muelle, Davy la saludó con un cortés gesto de la cabeza al cruzarse con ella y se apresuró a esfumarse, y él se quedó sin aliento mientras la observaba desde el bauprés. No era una pálida y delicada muñequita, sino una mujer sólida como una roca de mirada directa. La aguda inteligencia que se reflejaba en sus ojos marrones tendría que haberle intimidado, pero no era así.

Se le aceleró el corazón al verla acercarse. A esas alturas ya se había dado cuenta de qué era lo que estaba sintiendo, a pesar de que era un sentimiento completamente nuevo para él; de hecho, siempre había creído que su corazón no era capaz de sentir algo así. Al principio había intentado restarle importancia, había intentado convencerse de que no era más que deseo. Y sí, era innegable que sentía un poderoso deseo por ella, pero después de la pasión física llegaba una cálida sensación de bienestar que le recordaba a la luz de las chimeneas de las casas brillando al anochecer, a conversaciones relajadas, bromas compartidas, familias unidas.

«Leah, por favor, haz que deje de amarte. Te lo ruego. Hazlo de inmediato, antes de que te haga daño».

Ella sonrió al subir a bordo, y comentó:

—He acabado pronto la ronda de visitas.

—Ser médico no parece un trabajo nada fácil —se preguntó a quién habían tocado aquellas manos limpias, fuertes y llenas de destreza a lo largo de aquella jornada, a quién habían curado.

—Ha sido una tarde bastante tranquila, en verano suele haber menos enfermedades —ella echó un vistazo a su alrededor, y en sus ojos relampagueó un brillo de alarma—. Estás preparándote para levar anclas.

—Sí, voy a dar un pequeño paseo a modo de prueba.

Ella se relajó al oír aquello.

—Estabas esperándome, ¿verdad?

—Eso es lo que dice Davy —estaba deseando levar anclas, izar las velas, volver a navegar—. ¿Estás lista?

—Se supone que tienes que gritar órdenes, eres el capitán —le dijo ella, sonriente.

—Eso solo se hace cuando uno tiene una tripulación.

Ella murmuró algo acerca de lo absurdo que era navegar solos, pero soltó las amarras sin dudarlo.

Jackson se sintió extático mientras se dirigían a mar abierto.

Las velas que él mismo había reparado se izaron sin contratiempos, y la goleta surcó las aguas con la elegancia de un ave marina.

—¡Diantre, Leah! ¡Todo va como la seda!, ¡estamos navegando! —exclamó, mientras manejaba el timón.

Ella le saludó con la mano desde la proa. La embarcación dejaba una blanca estela de espuma, un suave viento henchía sus velas, su casco se deslizaba veloz sobre las suaves olas... y una mujer de pelo oscuro estaba de pie en la proa, con la cabeza echada hacia atrás mientras reía llena de júbilo.

En ese momento, Jackson supo que su vida rayaba la perfección. Sentía como si su corazón se hubiera agrandado, como si estuviera intentando salírsele del pecho. Se la veía tan hermosa, tan feliz, que le dejó sin aliento.

Empezó a experimentar con el timón, viró y cambió el rumbo varias veces, y al final estableció un rumbo fijo y fue a ver cómo iban las bombas. Todo funcionaba tan bien, que daba un poco de miedo. Pero muy, muy poquito.

Al cabo de una hora de navegación, entró en la cala que habían encontrado semanas atrás.

—¡Vamos a echar el ancla aquí! —le dijo a Leah.

—¿Por qué aquí?

—He pensado que sería buena idea venir a echarle un vistazo a la cueva de los contrabandistas, para comprobar que no hayan traído más armas.

—La última vez que interferimos en los asuntos de esos tipos, por poco muere gente y la tienda de Brunn ardió en llamas.

—Sí, y ese condenado sheriff no ha hecho nada al respecto —comentó él con indignación.

Le había llevado la caja de armas a St. Croix, prácticamente le había dejado a los culpables en bandeja. Era increíble que aquel tipo no hubiera puesto vigilancia cerca de la cueva.

Fueron remando a la playa, sacaron de la barca un par de mantas, y subieron al acantilado para ir a echar un vistazo a la cueva. Estaba vacía.

—Espero que siga así —dijo Leah.

Jackson recordó aquella noche... la sangre, el fuego, la violencia... y sintió la súbita necesidad de agarrarla y abrazarla con fuerza.

—Cuídate, Leah. Quiero que estés a salvo —susurró, mientras inhalaba la fragancia de su pelo.

—Estoy a salvo, ¿por qué no habría de estarlo? —se echó un poco hacia atrás, y le miró con expresión interrogante.

—Vives en un sitio que ha sufrido un ataque pirata.

Al oír un trueno en la distancia, ella ladeó un poco la cabeza y lo miró pensativa.

—Creo que eso es como los rayos, que nunca golpean dos veces en el mismo lugar. Tú también eres así, ¿verdad? Nunca regresas a un sitio en el que ya has estado.

—Exacto —admitió, antes de besarle la sien.

—¿Por qué no?

—Nunca tuve una razón que me hiciera volver.

—¿No crees que ya es hora de que me cuentes la verdad?

Jackson deseó con todas sus fuerzas contárselo todo. Deseó poder hablarle del abandono de su madre y del hermano Anthony, su anillo y su cinto; deseó hablarle de las oscuras e interminables noches en el orfanato, de los años perdidos que habían convertido a un niño desesperado en un hombre endurecido por la vida; deseó hablarle de aquella noche en Rising Star en que le había vendido su alma al diablo por una mujer que no valía la pena.

Quería compartir todo aquello con Leah, quería abrazarla después y saber que ella le amaba a pesar de todo, pero volvió a adueñarse de él el pánico, aquella sensación de que no tenía derecho a sentir lo que sentía por ella.

—Un hombre como yo comete muchos errores y se crea enemigos, enemigos de ambos lados de la ley.

—¿Qué errores?, ¿qué enemigos?

—No voy a ponerte en peligro dándote nombres —le espetó, frustrado.

Ella se volvió hacia el mar y fijó la mirada en la goleta.

Jackson no soportaba imaginársela viviendo allí sola año tras año, completamente vulnerable.

En ese momento se puso a llover; mientras la cortina de agua caía sobre ellos en una típica tormenta de verano, la agarró de la mano y la condujo hacia la arboleda.

—¡Vamos a la cabaña del claro!

—No creo que...

—No te pares a pensar. ¡Vamos, Leah!

La arboleda estaba incluso más exuberante que antes; al igual que la primera vez, había una extraña quietud en el aire. Era como si los árboles estuvieran conteniendo el aliento, a la espera... a la espera de algo. Era una idea descabellada, pero tan real para Jackson como la sensación reverencial que generaba aquel lugar.

Leah no dijo ni una palabra mientras la conducía hacia la extraña cabaña oculta entre los árboles. Se la imaginó regresando a aquel lugar cuando él se hubiera marchado, ¿pensaría en él mientras permanecía sentada dentro de la cabaña en un día de lluvia?, ¿sería aquel el lugar que escogería cuando quisiera esconderse por un rato del resto del mundo?

Un zorzal salió por la ventana al verlos entrar, el olor musgoso del bosque lo impregnaba todo. Jackson encendió la chimenea con la vieja leña que había a un lado y, en cuestión de segundos, un voluminoso tronco medio quemado empezó a arder y las llamas crearon una cálida atmósfera mientras la lluvia repiqueteaba en el tejado.

Cuando él extendió una de las mantas en el suelo, Leah se sentó y encogió las piernas contra el pecho mientras contemplaba el fuego; Jackson, por su parte, la contempló a ella. Era tan oscura y hermosa como el anochecer, y se la veía muy pensativa. Deslizó un dedo por su sien, trazó su mandíbula hasta llegar a la barbilla, y entonces la instó a que se volviera a mirarlo.

—Sabes por qué te he traído a este lugar, Leah.

—Para poner a prueba la goleta. Para ver qué tal navega, y para echarle un vistazo a la cueva.

Jackson se sorprendió al darse cuenta de que él también estaba nervioso. No quería herirla, le aterraba la idea de hacerle daño, pero no sabía cómo evitarlo.

—Eso habría podido hacerlo sin ti, pero quería traerte a este lugar para hacerte el amor; últimamente, apenas pienso en otra cosa, Doc.

—Lo dudo mucho.

—Estoy siendo sincero, Leah. ¿Cómo puedes dudarlo siquiera? —tomó su mano, y la guio hacia abajo para que tocara su miembro; al ver que sus ojos brillaban de deseo y que sus labios se entreabrían, no pudo esperar más.

Se inclinó hacia delante, y la desesperación que le embargaba hizo que la besara con más fuerza de la planeada. Ella le devolvió el beso con una intensidad igual de febril y empezó a desnudarle a toda prisa, pero él luchó por controlarse y tomar las cosas con más calma. Hizo que se tumbara, y extendió su pelo sobre la manta antes de decirle con voz suave:

—¿Sabes una cosa?

—¿Qué?

—No tenemos ninguna prisa. No va a parar de llover en toda la tarde, y no sería nada divertido regresar a casa navegando bajo la lluvia.

—¿Y qué pasa si nos vemos obligados a pasar la noche aquí?

Él empezó a mordisquearle el cuello. La textura de su piel era como la seda, pero más suave, más flexible.

—Eso sería una pena, porque entonces me vería obligado a hacer esto toda la noche.

—¿El qué?

—Esto.

Ella abrió los ojos como platos al sentir que deslizaba un dedo por su muslo.

—Y... esto —empezó a mover la mano rítmicamente, y ella le recompensó soltando un pequeño gemido de placer y alzando las caderas.

Jackson se sentó y fue desvistiéndola prenda a prenda mientras iba besando cada parte de su cuerpo que iba desnudando, y después se quitó su propia ropa a toda prisa. Disfrutó de sus senos durante un largo momento, cubrió aquellos montículos pálidos con sus manos y se inclinó para saborearlos hasta que ella se arqueó hacia él llena de deseo. Entonces la instó a que se tumbara boca abajo, le masajeó la espalda y le besó la nuca antes de abrirle las piernas y hundirse en su interior. La agarró de las caderas para alzarla, y usó las manos para hacerla gritar de placer. Se obligó a esperar cuando el clímax la sacudió, y entonces hizo que volviera a tumbarse de espaldas y la abrazó mientras ella gemía y se aferraba a él de una forma que, por alguna extraña razón, le conmovió en lo más hondo; sin detenerse apenas, empezó a hacerle el amor de nuevo. Le acarició los senos y el vientre hasta que ella se retorció contra su cuerpo.

—Ya basta, Jackson —susurró.

—No, nunca me basta —le dijo, mientras le besaba los senos—. Te deseo a todas horas, no puedo saciarme de ti.

—Pero...

Sin dejar de besarla, posó una mano en su muslo y fue subiéndola poco a poco.

—Jackson...

—Nada de protestas. Intenté hacer esto la primera vez que vinimos a este lugar, y ahora no vas a convencerme de que pare.

Se colocó sobre su cuerpo mientras oía el sonido de la lluvia, mientras la sangre le atronaba en los oídos, y sonrió justo antes de hundirse en su interior. Logró que ella dejara de pensar, logró enloquecerla de deseo, logró llevarla al éxtasis. Sintió las oleadas latentes del placer que acababan de compartir, unas oleadas cuya fuerza logró revivirle, y la pasión volvió a avivarse de nuevo.

Antes de conocer a Leah, no se habría creído capaz de hacerle el amor a una mujer durante tanto tiempo, de forma tan intensa y concienzuda. Y eso era porque con ella tenía algo más que una relación física. Con ella también estaban involucrados su corazón, su mente y su alma, y esa era una experiencia totalmente nueva para él.

Con Leah, sentía la extraña sensación de que eran un solo ser. No lo entendía, no sabía lo que significaba, pero ella le elevaba, le acercaba a una fuente de luz que nunca antes había visto, una luz que estaba viendo en ese momento. Juntó las palmas de las manos con las suyas, y los dedos de ambos se entrelazaron con fuerza. Ella le lanzó hacia el éxtasis, y quedó suspendido en aquella cumbre durante un largo momento que terminó demasiado pronto. Después la cubrió con su cuerpo, y sintió la calidez del fuego de la chimenea mientras hundía el rostro en su sedoso pelo oscuro.

—Eres tan suave, Leah... tan condenadamente suave...

Al cabo de un rato salió de su interior, se tumbó junto a ella mientras echaba la segunda manta sobre sus cuerpos, y se colocó de forma que ella pudiera apoyar la cabeza sobre su hombro.

—Deberíamos regresar —murmuró, adormilada.

—Sí, deberíamos hacerlo.

Pero no lo hicieron. Durmieron un rato, la lluvia les despertó, hicieron el amor de nuevo, y yacieron abrazados hasta que el fuego se convirtió en brasas; cuando el débil resplandor de la chimenea se apagó del todo, Jackson se dio cuenta de que no podía seguir aplazando lo inevitable.

—Leah —tenía un nudo en la garganta por lo que estaba a punto de decir.

—¿Qué?

—Cielo, tengo que marcharme.

—Aún está lloviendo...

—Me refiero a marcharme de la isla.

Ella no se movió, pero Jackson notó que se ponía rígida; tras un largo silencio que contribuyó a intensificar aún más la tensión del momento, ella le preguntó:

—¿Adónde piensas ir?, ¿y por qué ahora?

—Llevo demasiado tiempo aquí, es mejor que desaparezca antes de que me lleguen los problemas.

—¿Tan seguro estás de que van a llegar?

—Completamente seguro. Si solo se tratara de mí, me daría igual, pero estoy pensando en ti. No quiero destruir la vida que te has construido aquí con tanto esfuerzo. Me niego a hacerlo, no voy a correr ese riesgo.

—¿Y qué pasa si yo quiero que lo hagas?
—No te conviene, te lo aseguro.
—Yo tenía razón al decir que eres como los rayos. No lo niegues, nunca vas a parar dos veces al mismo sitio.
—No puedo ser lo que no soy, Leah. No puedo ser la clase de hombre que tú necesitas.

Ella se apartó de él y con naturalidad, sin ninguna falsa modestia, empezó a vestirse sin prisa. Jackson pensó para sus adentros que siempre la recordaría así... fuerte, con aquellas extremidades esbeltas y aquella piel cremosa, con una elegancia y una seguridad en sí misma innatas en cada uno de sus movimientos.

Se dio cuenta de que aquello era incluso peor que llantos e histeria, no sabía cómo reaccionar ante aquel alarde de dignidad.

—Lo siento, Leah —le dijo, mientras se vestía atropelladamente.

—Nunca te pedí que me prometieras nada, y tampoco que te quedaras aquí.

«Si pudiera quedarme... ¿querrías que lo hiciera?». Deseó con todas sus fuerzas poder preguntárselo, pero no lo hizo.

Se sintió maravillado al verla moverse con fluidez y eficiencia. Se la veía tan imperté́rrita, era tan preciosa... cada día le asombraba más que no tuviera un montón de pretendientes rogando por sus favores como perros hambrientos.

Estaba claro que los muy necios tenían miedo. Tenían miedo de la mente de Leah, de no tener lo que ella quería... y la verdad era que no lo tenían, se dijo con satisfacción. Aunque sabía que era una actitud egoísta, no podía evitar sentirse agradecido ante aquella realidad.

Había dejado de llover, y el sol del atardecer se colaba entre los empapados árboles. Leah quedó silueteada por la mortecina luz cuando se inclinó a ponerse la media y, en ese momento, mientras la veía hacer una tarea tan prosaica pero que para él era algo de un valor incalculable, su corazón rebosó de amor y las palabras salieron de su boca imparables, sin esperar a pasar antes por su mente.

—Ven conmigo, Leah.

Ella se quedó petrificada, y Jackson reconoció de inmediato aquella inmovilidad tan absoluta. Sabía que la mente de Leah estaba funcionando a toda velocidad, y también sabía que él mismo acababa de cometer un tremendo error.

—¿Quieres que abandone mi consultorio y mi casa?, ¿que lo abandone todo sin más?

—¿No estás dispuesta a correr ningún riesgo?

—Puede que sí, pero quiero saber qué es lo que estás ofreciéndome exactamente.

Él estuvo a punto de admitir que lo que le ofrecía era su corazón, pero le entró el pánico y no se atrevió a hacerlo. Esas palabras prometían algo que él no podía dar.

—No ha sido una buena idea, cielo, pero es que verte medio desnuda hace que no piense con la cabeza.

En vez de ofenderse, se volvió hacia él y le miró con una mirada tan directa como el sol de verano.

—¿Me amas, Jackson?

Él se dio cuenta de que aquella era la prueba de fuego, su gran oportunidad. Ella estaba diciéndole con claridad qué era lo que necesitaba de él, lo único que haría que le siguiera hasta el fin del mundo, que se marchara con él rumbo a la puesta de sol.

—Ven aquí, Leah —la miró con una sonrisa que solía funcionarle con ella, y extendió los brazos para invitarla a que se acercara.

—Responde a mi pregunta —le exigió con rigidez, mientras apretaba los puños a ambos lados del cuerpo.

No podía mentirle y tampoco podía decirle la verdad, así que bajó los brazos y se limitó a contestar:

—¿Cómo demonios puede amar a alguien un tipo como yo? —antes de que ella pudiera hacer algún comentario, añadió—: Da igual lo que sienta por ti, Leah. Yo no puedo darte lo que ya tienes... estás rodeada de gente a la que puedes cuidar. Da la impresión de que no importa si te tratan o no con el debido respeto, la cuestión es que tú les necesitas tanto como ellos a ti.

—Sí, pero...
Se acercó a ella, y la tomó de los hombros con suavidad.
—Te reto a que lo niegues, te reto a que me digas que no es cierto.
Ella bajó la cabeza, y esbozó una sonrisa llena de dulzura y de tristeza que le rompió el corazón.
—Está claro que me conoces bien, Jackson. Será mejor que volvamos.
—Voy a echarte de menos —confesó, antes de tomar su rostro entre las manos y besarla con todas sus fuerzas, como si quisiera dejar su impronta en ella.
Quería decirle tantas otras cosas... quería suplicarle que le perdonara, que le esperara, que albergara la esperanza de que él pudiera regresar a su lado algún día como un hombre redimido y capaz de encajar en un lugar como Coupeville.
«Confiésale que la amas», se dijo para sus adentros, desesperado. Pero no podía cometer esa canallada con ella, no podía hacerle una promesa que sabía que no iba a poder cumplir. A lo mejor la encontraba algún día algún caballero de brillante armadura, un hombre respetable que podría darle todo lo que ella necesitaba sin destrozarle la vida.
Mientras se alejaban de la cabaña, miró hacia atrás una única vez y sintió una angustiosa sensación de vacío, una sensación que en toda su vida tan solo había sentido en una ocasión anterior: A los cinco años, mientras permanecía sentado en los escalones de entrada del orfanato viendo cómo su madre se marchaba de su vida para siempre.
Desde aquel entonces, siempre se había asegurado de ser él quien se marchaba y no al contrario, pero nunca antes había sentido lo que estaba sintiendo en ese momento. Acababa de darse cuenta de que dolía tanto abandonar a alguien como que le abandonaran a uno.

«Ven conmigo, Leah». Las palabras de Jackson la atormentaron durante el corto trayecto de regreso al puerto. Las olas que golpeaban la embarcación repetían la frase una y otra vez, el viento que hinchaba las velas la susurraba al pasar entre las jarcias.

Estaba en la cubierta de proa, sentada en una silla de lona. Permanecía en silencio porque sabía que, si abría la boca, le diría a Jackson que estaba dispuesta a irse con él, pero era una mujer realista y sabía que él no le había hecho aquella propuesta en serio. Siempre tendrían aquella pasión que ardía entre ellos, pero, con el tiempo, a ella no le bastaría con el placer si no contaba también con su amor, y eso era algo que él no podía (o no quería) darle. Eso era lo que le decía la parte práctica de su ser.

Intentó convencerse de que lograría acostumbrarse a su ausencia, pero la parte soñadora de ser, la que adoraba a Jackson T. Underhill, sabía que iba a amarle hasta el final de los tiempos. Él no tenía ni idea de lo magnífico que estaba con la camisa abierta, con los colores del anochecer de fondo y el mar a su espalda; si estuviera segura de que la amaba, lo seguiría hasta el fin del mundo.

Cerró los ojos y apoyó la cabeza en la silla. Misioneros, podían ser misioneros. Los nativos de las islas Sándwich necesitaban ayuda, morían como moscas por culpa de las enfermedades del hombre blanco. Ella podría ayudarles con sus conocimientos médicos.

Se preguntó si él estaría dispuesto a llevarla a aquel lugar, si estaría dispuesto a formar un hogar, pero no le hacía falta preguntárselo para saber de antemano la respuesta. Él llevaba muy poco tiempo en la isla, y ya estaba deseando marcharse de allí.

Si él supiera lo cerca que estaba de decirle que sí...

Cuando llegaron a puerto, le ayudó a plegar las velas y a atar los cabos. Davy Morgan, que estaba observándoles desde la oficina del capitán de puerto, la saludó con la mano y alzó el pulgar en un gesto de aprobación. El sol teñía el pueblo y los distantes acantilados de un hermoso tono rosado.

Mientras cruzaba el pueblo junto a Jackson, se detuvo a mirar el escaparate de la casa de préstamos.

—¿Ves algo que te guste? —le preguntó él.

—Sí, el globo terráqueo. Le eché el ojo hace tiempo, lo pintaron a mano en Venecia —contempló el objeto en cuestión, que estaba decorado con rostros en las nubes y serpientes marinas, y al cabo de unos segundos se encogió de hombros y siguió andando—. Pero me conformo con verlo en un escaparate, no sé de qué podría servirme a mí un globo terráqueo.

Leah tardó muchas largas horas de insomnio en alcanzar una decisión; justo cuando estaba a punto de admitir que Jackson tenía razón al decir que estaba muy ligada a su vida en la isla y a su consultorio, se dio cuenta de algo que iba a cambiarlo todo de forma radical... bueno, al menos para ella. Estaba por ver si Jackson estaba dispuesto a cambiar de opinión.

Se estremeció con cierta aprensión al contemplar su silencioso y ordenado cuarto, pero hizo acopio de valor. Aparte de Bowie y de Iona, dudaba que alguien la echara de menos, y ellos dos eran jóvenes; a pesar de sus limitaciones, saldrían adelante mejor que muchas otras personas, porque tenían una cosa en abundancia: la certeza de estar justo donde tenían que estar.

Sabía que tenía que ir ligera de equipaje, así que metió unas cuantas cosas en una bolsa de viaje de tela. También agarró su maletín médico, por supuesto, ya que nunca iba a ninguna parte sin él. Vaciló al pasar junto a una fotografía enmarcada donde aparecían su padre y ella en Atlantic City. Ella tenía la habitual sonrisa llena de preocupación en el rostro, y a él se le veía tan frío y altivo como siempre.

—No —dijo en voz alta, antes de darle la espalda a la imagen—. Esa parte de mí se queda aquí.

Se sintió satisfecha por su decisión. Iba a emprender un viaje en el que iba a descubrirse a sí misma, así que la Leah que había sido en el pasado no tenía cabida allí.

Se imaginó la cara que iba a poner Jackson cuando le dijera que había decidido irse con él. ¿Se sentiría tan liviano y feliz como ella? Cerró los ojos y se imaginó la apasionada intensidad con la que iban a hacer el amor, se los imaginó a los dos viviendo juntos en alguna isla tropical.

¿Era ese el verdadero sueño que tenían?, ¿era esa la vida que iba a satisfacerles por el resto de sus días? Se dijo a sí misma que eso no tenía importancia... no podía dejar que la tuviera.

Su boca se curvó en una misteriosa sonrisa, y se corrigió en algo de lo anterior: No iban a ser los dos los que iban a vivir juntos en una isla tropical, sino los tres.

Se llevó una mano al vientre. Hacía semanas que tenía la sospecha, y aquella mañana había tenido la confirmación. Estaba embarazada de Jackson.

CAPÍTULO 14

Jackson despertó oyendo el sonido de las olas golpeando con suavidad el casco del *Teatime*, y contempló el curvado extremo de popa del camarote mientras la luz rosada del amanecer entraba por los gruesos paneles de cristal del ojo de buey.

Había estado soñando con Leah, aunque eso no era ninguna novedad; últimamente, siempre soñaba con ella. Aquella mujer le obsesionaba, acaparaba toda su atención, no podía dejar de pensar en ella... y, aun así, no tenía más remedio que decirle adiós.

Aunque aún no se había ido, le embargó una profunda sensación de soledad. Después de lavarse, se quedó mirando la cafetera con expresión ausente. Tenía que marcharse, ya había retrasado demasiado su partida y había llegado el momento de levar anclas.

Pensó en las novelas que leía de niño, en las historias de emocionantes aventuras con las que soñaba en aquellos tiempos.

Por fin estaba llevando a cabo sus sueños. Tenía un barco propio, hacía un tiempo veraniego y soplaba un suave viento, y estaba a punto de embarcarse en una aventura con la que había soñado toda su vida.

¿Por qué no estaba ansioso por partir?

—Qué pregunta tan estúpida —masculló. Sabía perfectamente la respuesta: No quería partir a causa de una mujer.

De una u otra forma, las dichosas mujeres le habían hecho la vida imposible desde el principio. Su madre le había abandonado en un orfanato; había pasado años buscando a Carrie; y de repente aparecía Leah, cuyos aterciopelados ojos marrones eran capaces de llegarle hasta el alma...

Mientras se afeitaba antes de recorrer el pueblo por última vez, intentó convencerse de que le iría mejor estando solo. Era una locura plantearse siquiera sacar a Leah de aquel lugar que para ella era su hogar, y llevársela con rumbo a lo desconocido.

Sabía que ella le amaba. No era una cuestión de vanidad ni de orgullo, sino la certeza de un hecho incontestable. Pero ella necesitaba también su consultorio médico. Su profesión la satisfacía y la hacía sentir plena, y eso era algo que no estaba dispuesto a arrebatarle.

Él no podía ofrecerle esa satisfacción, esa plenitud; de hecho, no podía ofrecerle gran cosa aparte de su corazón, y nadie en su sano juicio lo querría. Sería muy vanidoso de su parte creer que estar con él podría ocupar el lugar de salvar vidas, de traer bebés al mundo, de curar a los enfermos.

Se acercó a la plancha de desembarco y se apoyó en la borda. Al otro extremo de Penn Cove, las casas de chimeneas humeantes se alineaban a lo largo de la costa, y la luz matinal bañaba el pueblo mientras la calle principal empezaba a llenarse de tenderos y marineros. MacPhail, uno de los ayudantes de St. Croix, estaba encendiendo un puro en la puerta de la oficina del sheriff, y le saludó con la mano antes de entrar en el edificio.

Lemuel St. Croix salió de allí al cabo de un momento. Llevaba puesto un sombrero negro de fieltro nuevo, y del bolsillo de su chaleco salía una leontina de oro que relucía bajo el sol.

—Buenos días, Jackson.

—Sheriff.

Ninguno de los dos sonrió. Jackson estaba convencido de que no había sido una coincidencia que el tipo saliera de su oficina justo cuando aparecía él, y eso levantó sus sospechas de inmediato. Se puso alerta, y permaneció atento a las manos de St. Croix. Sabía que estaba perdido si el tipo desenfundaba su arma. Aquel pueblo y lo que había encontrado allí le habían cambiado, y su revólver ya no era lo primero que se ponía por las mañanas y lo último que se quitaba por las noches.

—¿Todo bien? —le preguntó, con fingida naturalidad.

—De fábula.

St. Croix se echó la gabardina un poco hacia atrás para que se vieran bien sus armas, y Jackson notó que tenía el hombro manchado de una arena de color claro; por regla general, no solía prestar atención a ese tipo de cosas, pero en ese momento estaba alerta al cien por cien. El sheriff tenía una obsesión casi cómica por ir siempre de punta en blanco, y era muy extraño que llevara puesta una gabardina manchada.

—Ya era hora de que aparecieras.

Jackson se preparó para echar a correr de un momento a otro al oírle decir aquello, pero entonces oyó una voz a su espalda.

—Perdón por llegar tarde, señor.

Se giró y vio que quien acababa de hablar era uno de los hijos de Gillespie, que se acercaba pertrechado con sus enseres de limpiabotas. St. Croix se sentó en el banco que había junto a la puerta de su oficina, y apoyó un pie sobre la baranda para que el muchacho le lustrara el zapato. En ese momento notó la mancha que tenía en el hombro e intentó limpiarla con la mano, pero lo único que consiguió fue extenderla aún más.

—Maldita sea... Pásame un cepillo, muchacho.

Al ver que el tipo parecía haberse olvidado de su presencia, Jackson se alejó de allí. Estaba furioso consigo mismo por no haber sabido controlarse, había estado a punto de delatarse él mismo con su nerviosismo al pensar que St. Croix le había descubierto; aun así, su intuición seguía advirtiéndole de un peligro latente. El sheriff era como una serpiente hibernando, que parecía inofensiva pero podía llegar a ser mortífera.

Aquel tipo no le gustaba, no le consideraba capaz de mantener la paz en aquel lugar y proteger a sus habitantes. Estaba seguro de que él lo haría mucho mejor si aquello fuera tarea suya, pero no lo era; de hecho, estaba tentando demasiado a la suerte al permanecer tanto tiempo allí.

Entró en la casa de préstamos y saludó al tendero con un gesto de la cabeza.

—Ya veo que sigue interesado en ese globo terráqueo —le dijo el hombre.

—Sí, pero hoy voy a comprarlo. Envuélvamelo —pagó sin inmutarse por el precio; al fin y a cabo, uno no compraba todos los días algo que procedía de Venecia.

Uno no se despedía todos los días de la mujer a la que amaba.

Esperó mientras el tendero (que había empezado a silbar alegremente, estaba claro que estaba contento por la venta) lo metía en una voluminosa caja decorada, y después puso rumbo a casa de Leah armado con aquel regalo de despedida. Iba a esforzarse por lograr que la despedida fuera breve y simple, que hubiera el menor drama posible a pesar de que se moría por suplicarle a Leah que se fuera con él. Pero iba a tener que conformarse con dejar aquel regalo a los pies de su dama, como si fuera un caballero entregando el Santo Grial.

Mientras se acercaba a la casa, la vio de pie en el porche. Parecía la novia de una tarta nupcial... limpia, blanca, dulce como el azúcar.

Ella le miró con una de aquellas pequeñas sonrisas con las que él soñaba todas las noches. Era una sonrisa un poco tentativa, como si fuera un gesto que ella no solía utilizar. Se sintió desconcertado al ver que tenía su maletín médico en una mano y una bolsa de viaje de tela en la otra, y la miró con expresión interrogante.

—Me alegra que sea tan temprano, prefería no tener que despedirme de todo el mundo —le dijo ella.

—¿De qué demonios estás hablando?

—He decidido que me voy contigo, ¿vamos a partir hoy mismo? —le miró con expresión expectante, a la espera de su respuesta.

Jackson se dio cuenta de que tendría que haber imaginado

que ella intentaría algo así. Tendría que haber sabido que era demasiado honesta y testaruda para quedarse donde tenía que estar.

—No vas a ir a ninguna parte, Leah —lo dijo de forma tajante, impávido y sin inflexión alguna en la voz, y se sintió orgulloso de sí mismo; al oírle hablar, nadie se imaginaría siquiera que se le estaba rompiendo el corazón.

A ella se le borró la sonrisa de golpe.

—Quieres que vaya contigo, no lo niegues.

—No puede ser, Leah.

Ella soltó la bolsa de viaje antes de contestar:

—Nos pertenecemos el uno al otro. Yo nunca había sentido algo así por alguien y tú tampoco, aunque te niegues a admitirlo.

Él se moría por darle la razón, por admitir que lo que ella decía era la pura verdad, pero se contuvo y se limitó a decir:

—Tengo muy claras las ideas, Leah. Me has idealizado, ves en mí cosas que en realidad no existen. No sé, a lo mejor es por tu padre, pero no esperes que sea yo quien enmiende sus errores —al verla empalidecer, se dio cuenta de que sus palabras la habían impactado—. Sí, ya sé que te duele. Lo único que yo puedo darte es dolor, cielo. Créeme cuando te digo que no te conviene estar conmigo.

—Pero...

—¡Aquí dentro no tengo nada! —exclamó, mientras se llevaba un puño al pecho—. Te juro por Dios que te lo daría a ti si lo tuviera, Leah, pero...

Ella retrocedió un paso, luego otro, y esbozó una sonrisa llena de amargura.

—Creía que eras mejor jugador, Jackson. Tendrías que haber imaginado que yo me daría cuenta de que te habías marcado un farol.

Él quiso confesarle que había sido sincero al pedirle que se fuera con él, que no había sido un farol, pero no podía hacerlo. Ni siquiera pudo darle un beso de despedida. Tan solo fue capaz de dejar el regalo en el suelo, alzar la mirada hacia ella, y decir:

—Te daría el mundo entero si pudiera, cielo. Pero tú y yo sabemos que no puedo.

Dio media vuelta, se metió las manos en los bolsillos, y regresó al puerto. Consiguió contener a duras penas la necesidad de volverse a mirarla una última vez.

Leah no habría sabido decir de dónde sacó las fuerzas necesarias para volver a entrar en la casa y cerrar la puerta con suavidad. Supuso que la angustia estaba al acecho, esperando el momento más inesperado para hacer acto de aparición. Se preguntó si uno podía prepararse para la llegada de un dolor desgarrador tal y como lo hacía ante una tormenta inminente, refugiándose en casa y cerrando bien los postigos, o si iba a estar desnuda y vulnerable ante el dolor, si iba a dejarse vapulear por la pena sin intentar defenderse.

Al cruzar el vestíbulo, vio a la tía Leafy limpiando la jaula en el salón. El sol matinal le daba luminosidad a su rostro surcado de arrugas.

Después de tragar el nudo que le obstruía la garganta, dejó en el suelo el maletín y la bolsa de viaje y entró a saludarla.

—Buenos días, tía Leafy.

—Buenos días, querida. ¿Podrías echarme una mano con esto? —sacó la bandeja inferior de la jaula, y la vació en un cubo de basura—. Necesito hojas de periódico limpias...

Leah sabía que a la anciana le costaba concentrarse en más de una cosa a la vez, así que esperó mientras la veía seleccionar varias hojas de unos periódicos viejos.

—¡Perfecto, esto me sirve! —al ver que el canario empezaba a revolotear, exclamó—: ¡Carlos, has volcado el comedero! —le dio la hoja amarillenta a Leah sin volverse a mirarla—. Aguántame esto un momento mientras recojo la comida de Carlos, querida.

Aunque estaba desesperada por lidiar a solas con su dolor, Leah agarró la hoja sin protestar; al mirarla se dio cuenta de que no era una hoja de periódico, sino un cartel de *Se busca*... y el rostro que había dibujado en él le resultaba muy, pero que muy familiar.

—No... —susurró, con voz estrangulada—, Oh, Dios mío...

—Ya casi termino, querida. No te impacientes.

Leah la tomó del brazo y le preguntó con ansiedad:

—¿De dónde ha sacado esto?

La anciana la miró distraída por encima del hombro.

—¿El qué? Ah, eso. Me lo dio aquella muchacha tan bonita.

—¿Carrie Underhill?

—Sí, así creo que se llamaba. Estaba sufriendo una de sus crisis, farfullaba cosas sin sentido. Era encantadora, pero saltaba a la vista que estaba llena de problemas —al ver el maletín y la bolsa de viaje en el suelo, le preguntó—: ¿Te marchas a algún lado, querida?

—No, he... he cambiado de opinión.

Dio media vuelta un poco tambaleante y salió del salón con el cartel entre sus rígidas manos. En su mente, se sucedían como fogonazos las palabras que había leído: «Armado y peligroso, fugitivo de la justicia, asesino».

¡Asesino!

Siempre había sabido que Jackson era un forajido, así que lo que acababa de descubrir no tendría que haberla tomado por sorpresa; aun así, miró el cartel y se sintió como si su mundo se hubiera partido en dos.

Jackson Underhill, el hombre que acababa de romperle el corazón, era en realidad Jack Tower, un asesino implacable al que la justicia buscaba por asesinato.

Leah estaba sentada en el borde de su cama, con la preciosa caja que le había regalado Jackson en una mano y el cartel de *Se busca* en la otra. Se sentía vacía, sin fuerzas, helada, pero logró sacar fuerzas de flaqueza y abrió la caja.

«Te daría el mundo entero si pudiera, cielo»... y se lo había dado, le había regalado el globo terráqueo de la tienda de préstamos. Era un objeto tan exquisito que ni siquiera se había atrevido a preguntar el precio, ni en sueños había pensado que podría llegar a tenerlo.

Lo alzó para verlo a la luz, y se sorprendió al ver lo pesado que era. Serpientes marinas y nubes con rostros que soplaban poblaban los siete mares, las naciones del mundo tenían sus nombres escritos con bella caligrafía y estaban marcadas con coloridas banderas. Nunca antes había tenido algo tan hermoso, tan especial.

Se puso de pie con la intención de lanzarlo contra la ventana para destruirlo. Aunque era el único regalo que le había hecho Jackson, no quería que quedara ningún rastro que revelara que le había conocido, que se había enamorado de él.

Pero, al ver el hermoso objeto bañado por la luz que entraba por la ventana, fue incapaz de destruirlo; mientras lo contemplaba, se dio cuenta al fin de lo que había querido decirle Jackson al regalárselo.

Estaba en su inmaculada habitación, en el mismo lugar donde Jackson la había amenazado tiempo atrás con una pistola, mientras la revelación que acababa de tener la recorría con la fuerza purificadora de la lluvia.

Se había sentido imperfecta durante toda su vida debido a su padre. Desde el momento en que ella había alcanzado la edad suficiente para hablar, él la había convencido de que carecía de lo necesario para ser una persona de valía. Había pasado años intentando complacerle, intentando compensar aquella supuesta deficiencia, y acababa de darse cuenta de que, en realidad, ella jamás había tenido ninguna deficiencia.

Era su padre el que era incapaz de amar.

Cuando Jackson la había rechazado aquella mañana, ella había pensado de inmediato que no estaba a la altura como mujer, que no era lo bastante bonita ni lo bastante inteligente para complacerle, pero el cartel de *Se busca* era la prueba de que no era ella el problema.

Se secó las lágrimas con determinación, se metió el cartel en el bolsillo de la falda, y bajó al vestíbulo a la carrera. Fue hacia el puerto tan deprisa que sintió una punzada de dolor en el costado, y rezó para que él no se hubiera marchado aún.

Jackson estaba en cubierta, mascullando imprecaciones mientras revisaba algo.

—Jackson.

Él se incorporó y la miró con expresión pétrea.

—Leah, es inútil que discutamos...

—No he venido a eso.

Con una expresión igual de pétrea que la suya, se sacó el cartel del bolsillo, lo desdobló y se lo mostró. Él no movió ni un solo músculo, pero empalideció un poco.

—¿De dónde has sacado eso?

—Carrie se lo dio a la tía Leafy hace un tiempo, y ya sabes lo despistada que es. Ha estado a punto de ponerlo en el fondo de la jaula.

—Bueno, ahora ya estás enterada de todo —comentó él, con una carcajada seca.

—Ahora tengo más preguntas que nunca.

—Pues yo no tengo ninguna respuesta, Doc, así que si me disculpas...

—Jackson, aquí hay algo que no encaja.

—Lo que no encaja es que se haya vuelto a romper la maldita caña del timón, cualquiera diría que alguien está saboteándome.

—Me refiero a lo... que pasó en Texas.

—Lo que pasó es que murió un hombre y me echaron la culpa a mí.

—A eso me refiero, yo creo que no le mataste tú.

Él se pasó una mano por el pelo y frunció el ceño.

—Un hombre fue asesinado a sangre fría. Era el alcalde de aquel pueblo, y la ley me busca a mí por ese crimen. Fin del tema.

—No, me niego a creer que seas culpable.

—Eso da igual. Eres médico, Leah, y a mí me acusan de asesinato. ¿Eres capaz de vivir con algo así?, ¿puedes dormir con eso cada noche por el resto de tu vida?

Ella sintió una oleada de ternura al verle apartar la mirada. Su atrevido y amenazante forajido, un hombre capaz de despertar a una mujer a punta de pistola en medio de la noche, parecía tan perdido e indefenso como un niñito huérfano.

—Haces que un hombre sueñe con cosas que son inalcanzables para él, Leah Mundy. Lo siento —se volvió a mirarla, y le puso una mano en la mejilla.

Ella cerró los ojos y se preguntó cómo había sobrevivido en el pasado sin sus caricias, pero al cabo de un momento retrocedió un poco y dijo con testarudez:

—Yo sé que eres inocente. No sé por qué estás dispuesto a cruzarte de brazos y asumir la culpa por un crimen que no cometiste, no es justo —empezó a pasearse de un lado a otro. Dio gracias al Cielo por el providencial problema en el timón que le había impedido partir de inmediato—. Tienes que regresar a Texas.

—¿Qué?

—Tienes que regresar y entregarte.

—Para ser tan inteligente, a veces tienes unas ideas bastante estúpidas... pero no te preocupes; que yo sepa, la estupidez no es ilegal.

—Vivimos en una nación que se ha construido sobre los cimientos de la igualdad de justicia para todos. Debes enfrentarte a los que te acusan y demostrar tu inocencia.

—Claro, qué buena idea —comentó él, con una sonrisita burlona.

—Lo digo en serio, Jackson. Si no demuestras tu inocencia, nunca serás libre del todo —le tomó la mano y la puso sobre su propio pecho—. Tendrás que pasar la vida huyendo, y ¿sabes lo que acabarás descubriendo?

—¿El qué?

—Que nunca es suficiente, nunca se puede huir lo bastante lejos. No se puede huir de la injusticia.

Él apartó su mano antes de contestar:

—Supongo que lo dices por experiencia propia, ¿no?

—Exacto —Leah tragó saliva y se dispuso a confesarle algo que no le había contado a nadie en toda su vida—. ¿Por qué crees que mi padre y yo nos fuimos de Filadelfia? Teníamos una casa preciosa, amigos, todo tipo de comodidades. Pero teníamos que ir de un lado a otro… Cincinati, Kansas City, Omaha, Deadwood… y un montón de sitios más que ni siquiera recuerdo. ¿Quieres saber por qué, Jackson? —sentía una extraña euforia al poder desprenderse por fin del pasado—. Porque estábamos huyendo. Mi padre huía, y me arrastraba con él. Era un embaucador, un mal médico… deshonesto, falto de conocimientos. Y yo era una hija tan diligente que no le denuncié ni cuando moría alguien por su culpa —se sintió avergonzada de sí misma y miró hacia la colina donde estaba la pensión—. Habría acabado por marcharse también de aquí rumbo a quién sabe dónde, pero una bala se le adelantó.

—Yo no soy tu padre…

—A diferencia de él, eres inocente, pero tienes más cosas en común con él de lo que crees.

—¡Eso no es verdad!

—Los dos me habéis roto el corazón —admitió con voz ronca. Sus emociones llevaban días hirviendo bajo la superficie. No solía estar tan sensible y llorona, pero no podía evitarlo.

Él la miró en silencio unos segundos, y entonces agarró su cinturón de herramientas y cruzó la cubierta.

—Tengo que marcharme, llevo demasiado tiempo aquí. Así me enfrento yo a los problemas, aunque a ti no te guste.

—Puedes cambiar, tienes que hacerlo.

—La gente no cambia —colocó bien la caña del timón, y clavó un clavo con un enérgico martillazo—. Ese cartel demuestra que jamás podré establecerme de forma definitiva en un sitio. Incluso en un lugar como este, perdido en medio de la nada, estoy demasiado cerca de la ley. Tú has encontrado ese cartel esta mañana… quién sabe quién puede encontrarlo mañana, pasado mañana. Podría ser St. Croix, o el marshal de Port Townsend. Quién sabe.

—Por eso debes luchar por demostrar tu inocencia.

—Estás soñando, Doc. Poner mi destino en manos de la justicia no le funcionaría a alguien como yo. Si regresara a Rising Star, me colgarían y dejarían que fuera pasto de los cuervos.

—Pero si eres inocente...

—Cielo, dejé de ser inocente el día en que nací. Es lo que nos pasa a algunos por los golpes de la vida. Hay otros, como tú, que siguen siendo inocentes toda la vida pase lo que pase, pero ese no es mi caso.

—Me niego a creerlo.

—Diantre, mujer, cómo me tientas. Paso las noches en vela pensando en arriesgarme, en quedarme contigo. A veces vale la pena arriesgarse. Leah, no sabes cuánto lo deseo...

Ella le calló con un beso. Fue todo lo atrevida que pudo, apretó la boca contra la suya como si quisiera dejar su impronta en él. Le oyó inhalar de golpe, y cuando la apretó contra su cuerpo supo que había logrado tentarle hasta hacerle olvidar toda cautela.

Bajaron al camarote corriendo atropelladamente. Era obvio que él había estado preparándolo todo para partir y a Leah se le pasó por la cabeza que, si lograba ser lo bastante excitante, lo bastante seductora, él caería en sus redes y acataría sus deseos. Sabía que era una idea absurda, pero quiso mantener viva esa llamita de esperanza. De modo que fue más atrevida que nunca, y se desvistió antes de desnudarle a él.

—Leah... ¿qué pasa? —le preguntó, un poco desconcertado y muy excitado.

—Shhh...

Le empujó para que se tumbara de espaldas en la litera y dio rienda suelta a todo lo que tenía dentro de su ser, a todo lo que sentía por él, a todo el amor que le tenía. Ni ella misma sabía que guardaba tanto en su interior. Le hizo el amor sin reprimirse, sin vergüenza alguna. Se adueñó de su boca, la exploró con la lengua mientras deslizaba las manos por su musculoso cuerpo. Le besó por todas partes... cuello y pecho y hombros, manos y dedos, bajó por el estómago y las piernas antes de subir hacia su entrepierna y saborear su miembro. Oyó vagamente que él soltaba un gutural gemido de placer, pero siguió atormentándole sin darle tregua. Quería hacer aquello, quería darle placer y disfrutar de su cuerpo. Se le había metido en la cabeza la idea de que aquel sensual abandono iba a unirlos más que nunca. Le hizo el amor hasta enloquecerlo, hasta que él perdió la paciencia, la agarró de los brazos con una especie de gruñido, y la tumbó en la cama. Le abrió las piernas sin miramientos y se hundió en ella con una embestida rápida y agresiva que los lanzó a los dos al éxtasis al instante. Él gritó su nombre y, cuando todo acabó, la cubrió con su cuerpo posesivamente.

—Diantre, Leah —murmuró, jadeante.

Ella sonrió sobre su hombro mientras notaba la calidez de su aliento en la oreja. Su comentario no era una declaración de amor ni mucho menos, pero su voz reflejaba cuánto la necesitaba. Le dio un mordisquito en la oreja y le dijo, sonriente:

—Diantre, Jackson.

Él salió del interior de su cuerpo y los tapó a ambos con la manta.

—¿Dónde aprendiste eso?

—¿Me creerías si te dijera que en la Escuela de Medicina?

—No —se apoyó en un codo, y la miró unos segundos—. Estás decidida a ponérmelo difícil.

—¿El qué?

—El que me vaya de aquí.

Ella cerró los ojos mientras intentaba contener las lágrimas. No quería llorar, se juró que no iba a hacerlo. Ya había llorado bastante, y no le había servido de nada.

—Tienes que encontrar la forma de dejar de huir de una vez, tienes que decir «ya basta» y seguir con tu vida. Sí, quiero que te quedes por mí, pero también por ti mismo.

—Nadie me había pedido que me quedara.

—Yo estoy haciéndolo.

Él respiró aire, y ella contuvo el aliento.

—No puedo, Leah.

Ella tuvo que echar mano de todo su autocontrol para no

decirle que estaba embarazada. No pensaba rebajarse a utilizar ese cebo. Había tenido alguna que otra paciente que había «atrapado» a su marido quedándose embarazada, y esas uniones nunca eran felices.

Dejó que sus esperanzas se desvanecieran del todo mientras seguía luchando por no llorar. Por fin había entendido que no podía cambiarle, que no podía sanar el corazón herido de aquel hombre y lograr que fuera capaz de volver a amar. Ella era médico, pero no podía curar la forma de ser de una persona.

Dejarle ir fue muy duro. Le dolió, pero, al mismo tiempo, también se sintió liberada.

—Entiéndeme, Jackson. Tenía que intentarlo —susurró.

Joel Santana se acercó tambaleante a la borda del barco, se quitó su viejo sombrero, y vomitó una vez más sobre las revueltas aguas del estrecho de Puget. Llevaba días sumido en aquel desagradable estado, desde que habían salido de San Francisco.

A esas alturas del viaje ya se veían las torres de madera de Seattle, pero él seguía mareado y vomitando como si estuviera al borde de la muerte; de hecho, habría deseado estar muerto. Llevaba una semana deseándolo, la semana que había durado aquel condenado viaje que le había llevado por la Costa Oeste y el endemoniado estrecho de Juan de Fuca y que iba a finalizar en Seattle.

Se agarró con una mano a la borda y se secó la frente con un arrugado pañuelo mientras hacía caso omiso de los gestos de desagrado y las miradas compasivas de los otros pasajeros. La embarcación de cuatro palos pertenecía a la Shoalwater Bay Company, que tenía fama de ser la mejor compañía naviera de la Costa Oeste. Su camarote era tan lujoso como la habitación de un hotel de cinco estrellas, pero eso le daba igual. Se sentía tan mal como un chucho infestado de pulgas.

Joel Santana, un tipo que había sobrevivido a tiroteos, inundaciones, sequías, el sol del desierto, el amargo final de una docena de aventuras amorosas, y que había sido capturado por los indios, había sido derrotado al fin... por un mareo.

Cuando el barco atracó, se abrió paso entre mujeres y niños y bajó medio corriendo medio a trompicones por la plancha de desembarco; al llegar a tierra, se arrodilló y besó el muelle.

—¿Qué hace ese señor, mamá?

Joel ni siquiera alzó la mirada al oír la pregunta de aquel niño.

—Seguro que se trata de otra víctima del ron, es una bebida endemoniada.

Ignoró también aquella severa voz femenina, y se levantó al cabo de un largo momento. Fue a esperar a que saliera su equipaje (que no era gran cosa, ya que había dejado su caballo y su silla de montar en San Francisco). No habría sabido decir cuánto tiempo estuvo allí sentado, esperando, antes de empezar a fijarse en lo que le rodeaba. Seattle era una ciudad tosca y alegre de lodosos caminos que subían serpenteantes por las colinas, de bosques frondosos de árboles tan altos que daba la impresión de que alcanzaban el cielo. Parecía haber agua por todas partes, y barcos, barcazas y canoas indias navegaban entre cientos de verdes islas.

Sintió que algo se removía en su interior mientras contemplaba el estrecho, y se dio cuenta de repente de que aquel era el lugar que había visto en su mente cuando estaba en el desierto. Era el lugar al que había escapado mientras esperaba a que le llegara la muerte... pero había logrado sobrevivir. El camino que le había llevado hasta aquel extraño rincón del país había estado plagado de dificultades y de vómitos, y tenía la certeza de que ya conocía aquel lugar; aunque no lo había pisado nunca en persona, había estado allí en sus sueños.

No era un hombre supersticioso, pero sabía que aquello tenía que tener algún significado. Reconocer un lugar porque uno lo había visto en sueños no era algo que pasara a diario.

La decisión la tomó su revuelto estómago antes de que su cerebro pudiera dar su opinión: Iba a quedarse en aquel lugar, allí era donde iba a vivir por el resto de su vida. En una de aquellas verdes islas (estaba dispuesto a ir hasta en canoa, si era necesario), y no se marcharía jamás. Demonios, a lo mejor encontraba una esposa india, una que se riera a carcajadas y que tuviera un buen trasero...

—Aquí tiene, señor —le dijo uno de los empleados de la naviera, antes de dejar a sus pies sus bolsas de viaje de cuero.

Joel salió de su ensoñación y le dio una moneda. Se tambaleó un poco al echarse el equipaje al hombro, y cruzó aquella zona plana con el suelo cubierto de serrín antes de ascender por un camino lodoso. Alguien (no tenía ni idea de quién, del viaje recordaba las náuseas y poca cosa más), le había dicho a bordo que el mejor hotel de la ciudad era el J&M, y él quería darse ese lujo aunque solo fuera por una noche. Tenía pensado ir a la oficina de telégrafos al día siguiente y contactar con el marshal. Tenía que informar de sus progresos a las autoridades de la zona, aunque dichos progresos eran más que cuestionables.

Había cruzado medio país sin encontrar ni rastro de Jack Tower y Caroline Willis. Había puesto rumbo a Seattle por la dudosa información que le había dado una ramera (una ramera que, afortunadamente, no le había pasado nada que no pudiera quitarse con agua y jabón). Si lograba encontrar a su presa, habría conseguido un verdadero milagro... pero eso era lo que se le daba mejor: Aceptar casos que parecían imposibles, y resolverlos. Cualquier tipo en su sano juicio ya se habría rendido a aquellas alturas.

Se detuvo y se volvió a mirar el puerto y las aguas del estrecho. Había acabado por llegar a aquel lugar por alguna razón específica, algo más allá de la búsqueda de un hombre. Sintió una extraña euforia mientras se registraba en el hotel, se bañaba y se afeitaba, y entonces fue en busca del primer whisky bueno que iba a tomar desde que había partido de San Francisco; comparada con dicha ciudad, Seattle era una población pequeña y compacta de edificios que abarrotaban las colinas que bajaban hacia la costa.

Mientras iba probando el whisky que se servía por la zona, y que en su mayor parte resultó ser poco menos que matarratas, se puso manos a la obra y empezó a hacer preguntas y a mostrar imágenes. En el tercer local, un sitio bastante elegante con astas de alce colgadas sobre la barra, tuvo suerte.

El barman se metió en el bolsillo la generosa propina que acababa de recibir, y se frotó la barbilla.

—Sí, he visto a esta mujer, pero no estaba con el tipo del dibujo, sino con otro.

Joel sintió que se le secaba la garganta. Aquella información parecía indicar que Caroline Willis estaba actuando con mucha rapidez, a lo mejor ya era demasiado tarde para Jack Tower.

—¿Con quién? —le preguntó, antes de probar el whisky que acababa de servirle.

—Con ese tipo de allí —después de darle la información, el barman se alejó mientras limpiaba la barra con un trapo.

Después de beberse el whisky sin prisa, Joel se volvió como si se dispusiera a marcharse y vio a un tipo bastante corpulento sentado en una esquina. Tenía los hombros encorvados, y su vaso estaba vacío; a juzgar por el corte de su ropa, saltaba a la vista que era un hombre adinerado. Tenía la camisa remangada, y en uno de sus musculosos brazos llevaba un vendaje blanco que, a juzgar por lo deshilachado que estaba, hacía mucho que no se había cambiado. Tenía la cabeza gacha y apoyada en una mano.

—¿Se encuentra bien? —le preguntó, al acercarse a la mesa.

Se quedó impactado cuando el tipo se volvió a mirarlo. El pobre tenía un tajo infectado y de aspecto horrible que le cruzaba el ojo, y una quemadura bastante curada en la sien. Estaba claro que no eran las heridas típicas de una bronca en un bar.

—¿Qué le ha pasado?

—No me creería si se lo contara.

—Puede que sí.

El hombre respiró hondo, y contempló ceñudo la alianza de oro que llevaba en el dedo antes de admitir:

—He tenido problemas por culpa de una mujer.

—¿Se ha peleado por una?

—No.

—¿Una mujer le ha hecho eso?

—Sí —el corpulento tipo se encorvó aún más, como si estuviera hundiéndose bajo el peso de su desdicha.

Joel se puso alerta de inmediato y comentó:

—Debe de ser una mujer de armas tomar.

—Sí, y que lo diga.

—Soy Joel Santana, acabo de llegar a la ciudad —le dijo, mientras alargaba la mano.

El tipo se la estrechó con su mano sana y se presentó.

—Armstrong, Adam Armstrong.

CAPÍTULO 15

Aquella noche, Jackson extendió el cartel y lo contempló en silencio. No era una reproducción demasiado fiel, pero la cicatriz curvada del pómulo podía delatarle de inmediato. Revivió de nuevo aquella última noche en Rising Star... La discusión con Hale Devlin, que se negaba a decirle adónde había ido Carrie; la búsqueda frenética por la planta superior de la taberna; el repugnante olor a sangre y a pólvora; el sonido de su propio corazón martilleándole en el pecho mientras Carrie y él huían a toda velocidad.

Aquellas imágenes que no podía borrar de su mente le golpearon de lleno. Carrie estaba muerta, así que cabía preguntarse si el pasado importaba de verdad. Ya no tenía que protegerla. Quizás, solo quizás, la verdad podría salir a la luz y redimirle... tenía que tomar una decisión.

«Si no demuestras tu inocencia, nunca serás libre del todo», susurró en su mente la voz de Leah, seductora. «Nunca es suficiente, nunca se puede huir lo bastante lejos. No se puede huir de la injusticia».

Masculló una imprecación al darse cuenta de que ella tenía razón. Tenía que haber alguna forma de solucionar aquello, de demostrar que no era el Jack Tower que aparecía en aquel cartel, que no era un asesino.

Se sobresaltó cuando una escotilla se abrió ruidosamente en algún lugar de la cubierta; por un segundo, se encontró de nuevo en la taberna y oyó un portazo.

¿Por qué se había cerrado aquella puerta? Quizás había sido por el aire, pero también era posible que la hubiera cerrado algún testigo que había huido aterrorizado... De repente entendió lo que había pasado: Hale Devlin, él había presenciado el asesinato y sabía lo que había sucedido.

Devlin había sido el proxeneta de Carrie y no tenía por qué denunciar ante las autoridades lo que había visto, pero estaba enterado de la verdad. Él lo había presenciado todo, él era la clave. Si aquel tipo declaraba, quedaría demostrada su inocencia y podría quedarse con Leah.

Confiar en que Devlin dijera la verdad era arriesgado, pero él era un jugador profesional. Subió a cubierta para ver quién había llegado, y oyó la voz de Sophie Whitebear.

—¡Jackson, tengo que hablar contigo!

Él salió a cubierta y vio el puerto envuelto en la luz del atardecer. Sophie estaba esperándole con las manos entrelazadas.

—Se trata de mi gente de la isla Camano. Están hablando de comprar más armas.

—La gente habla mucho y luego no hace nada, Sophie.

—Creo que este no es el caso.

Él se pasó una mano por el pelo. St. Croix era un inútil que ya había permitido en una ocasión anterior que los piratas se llevaran las armas robadas. Seguro que aquellos tipos volvían a aprovecharse de su ineptitud.

Pensó en la cicatriz que tenía St. Croix en la cabeza, la que revelaba que le habían arrancado la cabellera, y también pensó en lo extraño que era que fuera tan adinerado. Entonces miró a Sophie, y se dio cuenta de que no podía darle la espalda. Ella había perdido a un ser querido, se sentiría fatal consigo mismo si no hacía algo respecto a las armas robadas.

—Iré a echar un vistazo a las cuevas. Si hay armas, acabarán en el fondo del estrecho.

—No es suficiente.

Jackson sabía que ella tenía razón. Deshacerse de las armas no era una solución definitiva, lo ideal sería deshacerse de los que traficaban con ellas. Se sorprendió cuando oyó las palabras que salieron de su propia boca.

—Averiguaré quién es el responsable, y me encargaré de él.

—¿Quiere decir eso que vas a quedarte aquí?

—No estás dándome otra opción, cielo.

—Podrías decidir irte, pero yo sabía que no lo harías. ¿Cuándo piensas decírselo a Leah?

Sintió una profunda punzada de dolor en el corazón al pensar en ella. Leah era la verdadera razón por la que quería quedarse, las armas no eran más que una excusa.

—Supongo que tú vas a encargarte de decírselo, Sophie.

—Díselo tú, debería oírlo de tu propia boca.

—Que haya dicho que voy a encargarme de los traficantes no significa que vaya a echar raíces aquí —volvió a sentir miedo, miedo de las poderosas emociones que le embargaban.

—Siempre pensé que deberías cortejarla, no lo has hecho.

Él la miró sorprendido.

—Que no he...

Se dio cuenta de que Sophie tenía razón. Había pasado directamente de discutir con Leah a hacer el amor con ella, la había metido en su vida de un plumazo sin pararse a pensar en cortejos.

—¿Qué demonios se suponía que tenía que hacer?, ¿cantarle y regalarle rosas?

—Pues claro, entre otras cosas.

—Todo eso da igual, ya es demasiado tarde.

—Eso no es verdad, te ayudaremos entre todos.

—¿A qué?

—A cortejarla.

—¿Quién dice que pienso hacerlo?

—Es lo que quieres hacer, Jackson Underhill. Es lo que Leah quiere que hagas.

Cuando Sophie se marchó, Jackson se sentó en la proa del barco y pensó largo y tendido en el asunto. Se preguntó si Sophie tenía razón, y pasó media noche valorando sus opciones. Había un testigo que había presenciado el asesinato, su declaración bastaría para exonerarle... y ya no tendría que seguir huyendo.

Jackson estaba tan nervioso como un niñito mientras subía por el camino que llevaba a la pensión. Su sudorosa mano aferraba con fuerza un ramo de flores silvestres. Había tenido un día muy ajetreado, pero no por haber estado buscando flores. Había estado vigilando a St. Croix para intentar hacerse una idea de cuál era su método de acción, y había descubierto un par de cosas de lo más interesantes. Lemuel vivía en una gran casa blanca a orillas del mar que tenía un muelle de reciente construcción. Eso no tendría nada de raro si no fuera porque el sheriff no tenía una barca y tampoco parecía interesarle demasiado la pesca. Tampoco era un agricultor ni un granjero, pero, a juzgar por el tamaño de su granero, allí había espacio suficiente para guardar cientos de kilos de manzanas y patatas.

¿Para qué necesitaba tanto espacio de almacenaje un tipo que no tenía familia? Jackson no sabía aún cómo iba a averiguar la respuesta a esa pregunta. Seguía siendo Jackson T. Underhill, alias Jack Tower, un hombre que no tenía cabida en aquel mundo... hasta que había conocido a Leah, que le había dado un espacio en su vida; hasta que ella había creído en él y en su inocencia.

Sonrió con nerviosismo y saludó con la mano a Bowie, que estaba subido al columpio del árbol con la silla de ruedas a un lado. Iona, que estaba tendiendo la colada, le guiñó el ojo con una sonrisa de complicidad. Estaba claro que todos los habitantes de la pensión estaban al tanto de lo que pasaba, seguro que Sophie se había pasado todo el día cotilleando.

Cualquiera diría que todos sabían cuáles eran sus intenciones, que todos estaban enterados de que iba a pedirle a Leah que se casara con él.

Leah estaba sola en el edificio de los baños de la pensión, acabando de arreglarse. La noche era cálida y le habría encantado dejarse el pelo suelto para que se le secara solo, pero, como eso no sería correcto, lo enroscó y lo sujetó con dos horquillas. Perpetua había insistido en que disfrutara de un largo baño, y se alegraba de haberle hecho caso. Había pasado el día haciendo visitas y había tenido que ir de un lado a otro, desde Admiralty Head hasta Oak Harbor. Había drenado una herida, vendado un tobillo torcido, visitado a un paciente con paperas, y al final había vuelto a casa en la calesa una hora antes de la cena.

Le daba gracias a Dios por haber tenido un día tan ajetreado, porque así no había tenido tiempo de pensar en Jackson; aun así, en ese momento, mientras estaba a solas en el baño, no pudo evitar pensar en él. Recordó sus caricias, su sabor, su olor, pero pensó sobre todo en cómo la hacía sentir. Con él se sentía fuerte y femenina, y también soñadora y vulnerable.

A la luz del brillante atardecer que entraba por las ventanas esmeriladas del baño, se envolvió el pelo en una toalla y alargó la mano hacia su ropa. Se extrañó un poco al ver el vestido de fustán color verde esmeralda que Iona le había dejado preparado, porque era la prenda que solía ponerse para ir a misa y resultaba un poco excesivo para cenar en la pensión.

Optó por no darle importancia al asunto, y al sacudir la prenda se detuvo por un momento y bajó la mirada hacia su estómago. Aún no había ningún cambio visible, pero no había duda de que estaba cambiando. Le bastaba con pensar en Jackson para que un cosquilleo enloquecedor le recorriera los senos, y ardía de deseo por él. Pero aquello iba más allá de lo puramente físico, porque le amaba con toda su alma. El hecho de que hubieran creado juntos un bebé no hacía sino complementar sus emociones con el filo descarnado de la realidad.

Se puso las enaguas y el vestido mientras seguía inmersa en sus pensamientos. Tenía que volver a verle... suponiendo que él no se hubiera marchado ya, claro. Tenía que decirle que estaba embarazada, pero iba a hacerlo de forma que quedara muy claro que no esperaba ningún tipo de compromiso de su parte. Seguía decidida a no usar al bebé para intentar retenerle, pero Jackson tenía derecho a saber que tenía un hijo; en todo caso, dudaba mucho que él se arrodillara ante ella y le propusiera matrimonio, porque eso sería muy inusual en él.

La cuestión era si a ella le gustaría que hiciera algo así.

Sacudió la cabeza para intentar vaciarla de todas aquellas cuestiones que tanto la atormentaban. No quería casarse con él, no le necesitaba... quizás, si se repetía esas palabras una y otra vez, al final empezaría a creérselas.

Acabó de vestirse a toda prisa y fue hacia la casa, pero se detuvo en medio del patio al ver que había una vela encendida en la mesa del porche. Un hombre alto salió de la casa y se detuvo junto a la mesa... era Jackson.

Ella se acercó un poco más, y se quedó boquiabierta al verle mejor. Sí, era Jackson, pero uno al que nunca antes había visto. Aquel Jackson iba vestido con una inmaculada camisa blanca, unos pantalones ajustados y un chaleco satinado y, cuando ella llegó al escalón superior del porche, la saludó con una inclinación formal y le ofreció un ramo de margaritas y flores de altramuz blanco.

Si hubiera sido una mujer dada a los desmayos, en ese momento habría caído redonda, pero lo que hizo fue aceptar las flores y, después de acercárselas a la cara para inhalar su aroma, le miró por encima de ellas.

De cerca se le veía incluso más apuesto y atractivo. Se había peinado con pulcritud, y olía a loción de después del afeitado.

El silbato del transbordador de vapor sonó en la distancia.

—Creía que tenías prisa por marcharte, ¿a qué viene esto? —le preguntó, antes de dejar las flores sobre la mesa.

Él apartó la silla, esperó a que se sentara, y la acercó a la mesa como todo un caballero antes de inclinarse a darle un mordisquito en el cuello.

—Estoy cortejándote.

Ella no supo si sonreír como una idiota o echarse a llorar. De los ramos de flores y las promesas pasaba a las lágrimas y la incertidumbre en un abrir y cerrar de ojos. Había descubierto que el amor era algo embriagador, disparatado y glorioso, y no sabía cómo había podido vivir sin él durante tanto tiempo.

Agarró una copa por el tallo y tomó un sorbito.

—¿Es el jerez de la tía Leafy?

—Sí —contestó él, antes de sentarse—. Todos están involucrados en esto.

Sonrió al mirarla, y ella sintió que le flaqueaban las rodillas. Él alargó la mano, le quitó las dos horquillas del pelo, y los húmedos mechones oscuros le cayeron libres sobre los hombros.

—Deberías dejarte el pelo suelto más a menudo, Leah.

—¿Por qué?

—Es que... me gusta así, tienes el mismo aspecto que cuando estoy haciéndote el amor.

Ella se ruborizó y se puso a comer. Llevaba varios días oscilando entre las náuseas y un hambre voraz, y en ese momento estaba hambrienta. La cena consistía en una ensalada de endibia, salmón fresco que Perpetua había asado sobre una tabla de cedro en su enorme horno de hierro, y panecillos calientes.

Pero la comida no podía competir con Jackson, y no podía apartar la mirada de él.

—¿Qué está pasando? —alcanzó a preguntar al fin.

—Sophie me ha dicho que nunca te habían cortejado.

—Sophie es demasiado chismosa.

—He decidido hacerte una demostración, para que veas cómo es.

—Ah, así que esto es un cortejo, ¿no?

—¿Te gusta?

Ella le dio un bocado a un panecillo antes de contestar.

—Sí, creo que sí, pero ¿no estamos haciendo las cosas con cierto desorden?

—¿Qué quieres decir?

—Tenía entendido que primero era el cortejo, y después la seducción —se inclinó hacia delante y bajó la voz al añadir—: Ya somos amantes, puede que sea un poco tarde para cortejos.

—Espero que no —él respiró hondo y tomó un largo trago de su copa de jerez antes de decir—: Leah...

—Jackson.

Ella se echó a reír al ver que los dos habían hablado a la vez.

—¡Me pones nerviosa!
—Lo mismo digo, Doc.
—¿Qué ibas a decir?
—Las damas primero.

Ella vaciló. Más tiempo, necesitaba más tiempo para encontrar la forma de decirle que estaba embarazada, porque en el fondo le aterraba que él la mirara con cara de sorpresa y le dijera que no quería tener un hijo.

—Le cedo mi turno al caballero.

Él dejó su copa a un lado y la tomó de las manos por encima de la mesa.

—Quiero quedarme aquí, Leah. Creo que hay una forma para que pueda...

—Crees que no entiendo lo que significa tener que ir de un lado a otro constantemente, pero te aseguro que sí que lo sé —se dio cuenta de que estaba hablando atropelladamente, pero no podía evitarlo—. Tienes razón, una de las cosas más ciertas que me enseñó mi padre es que uno no puede quedarse más tiempo del...

—Leah, cielo, quiero casarme contigo.

Aquellas palabras lograron que el torrente de lágrimas brotara al fin. No hubo advertencia previa ni preámbulo, ni siquiera para la propia Leah. Empezó a sollozar sin más. Habría deseado poder cubrirse la cara, pero él no le soltó las manos.

Quería casarse con ella, Jackson Underhill quería casarse con ella. Justo cuando pensaba que él jamás le propondría matrimonio, justo cuando lograba convencerse a sí misma de que no necesitaba que lo hiciera, él aparecía de buenas a primeras con aquella increíble proposición, y para ella fue demasiado. No le había dicho que la amaba, pero eso carecía de importancia en ese momento.

Él se levantó, rodeó la mesa, e hincó una rodilla en el suelo frente a ella.

—¿Por qué lloras?, ¿no quieres casarte conmigo?

—¡Claro que sí! —exclamó, mientras se secaba la cara con la servilleta.

—Entonces ¿por qué lloras? Bastaría con un simple «sí».
—Es que tengo miedo.
—¿De qué?, ¿de la acusación de asesinato?

Leah no sabía cómo decírselo, cómo explicárselo. Aquella felicidad le daba miedo, porque sabía que, en caso de que se terminara, ella se querría morir.

Parpadeó para intentar contener un nuevo torrente de lágrimas, y le preguntó:

—¿No era más fácil cuando éramos amantes y nada más?
—Cielo, eso es lo más fácil que he hecho en toda mi vida —le contestó él, sonriente.
—En ese caso, ¿por qué quieres complicar las cosas con una boda?
—Porque me has convencido de que intente demostrar mi inocencia; aunque no lo consiga, me quedaré aquí, viviré una vida decente, y lidiaré con el pasado si alguna vez me da alcance. A menos que me digas que no me aceptas, claro.

Ella le acarició el rostro... la mejilla recién afeitada, la pequeña marca que le había dejado el almidonado cuello de la camisa.

—Lo que estoy diciendo es que tenemos muchas cosas de las que hablar antes de poder hacer planes.
—Te escucho.

Ella no sabía por dónde empezar, pero él había sido valiente y le había dicho lo que pensaba sin andarse con rodeos, así que tenía que corresponderle con la misma moneda.

—Yo también tengo que decirte algo —admitió.
—Lo único que quiero oírte decir es «sí».

Ella respiró hondo.

—Cuando te explique esto, seguirás teniendo toda la libertad del mundo para cambiar de idea si quieres.
—Leah, por una vez en mi condenada vida, no voy a cambiar de idea. Anda, dame el sí para que podamos terminar de cenar.

Ella contuvo las ganas de sonreír.

—Se trata de algo importante, Jackson. Muy importante. Estoy...

—¡Jackson! —exclamó una voz desde las sombras del anochecer.

El instinto de Leah supo a quién pertenecía aquella voz incluso antes que su cerebro. Sintió una mezcla de horror y de asombro, y sus pulmones se vaciaron de golpe.

Por un instante, se negó a creer lo que acababa de oír, pero entonces miró a Jackson, miró el rostro que aparecía en sus sueños todas las noches. Vio cómo se desvanecía su sonrisa, y cómo aquellos ojos que segundos antes estaban iluminados por una mezcla de esperanza, confusión y amor se apagaban poco a poco, como si algo acabara de morir en su interior.

Él se puso de pie y fue hasta el borde del porche.

—¿Carrie? Dios mío, ¿eres tú? —su voz estaba llena de incredulidad.

Una delgada sombra salió del camino principal y cruzó el patio. Parecía tan frágil y esbelta como un junco al viento, llevaba puesto un hermoso vestido de seda que le quedaba como un guante, y mechones de pelo rubio le enmarcaban el rostro. Se acercó a ellos como un ser espectral, y dijo con voz suave:

—Soy yo, Jackson. He regresado, acabo de llegar en el transbordador.

Él dio un pequeño respingo, como si acabara de recibir un golpe, antes de bajar corriendo los escalones del porche.

—¡Dios mío! Te dábamos por muerta, cielo.

Ella se lanzó a sus brazos y apoyó la mejilla en su pecho.

—¡Cuánto te he echado de menos, Jackson!

Él le devolvió el abrazo, y los músculos de sus brazos resaltaron bajo la fina tela de su camisa nueva.

Leah estaba sumida en un mar de confusión. Como médico, estaba extática al ver que una paciente regresaba del mundo de los muertos, pero, por otro lado, quería apartar la mirada para no ver aquel reencuentro tan íntimo. Quería separarles, gritar, lamentarse, alzar el puño ante semejante injusticia. Había pasado de tener al alcance de la mano todo lo que deseaba a ver cómo sus sueños caían de entre sus dedos como granos de arena.

Se quedó allí sentada, mirándolos y preguntándose qué milagro había resucitado a Carrie, preguntándose qué cosas habían compartido en el pasado y qué secretos guardaban en sus corazones. Jackson nunca le había hablado de eso y, dijera él lo que dijese, eran cosas que establecían una barrera entre los dos.

—Tenía que volver —dijo Carrie contra su musculoso pecho, mientras jugueteaba con nerviosismo con las cintas de su sombrero—. Tú eres el único que puede mantenerme a salvo, Jackson. El único.

—¿Qué demonios fue lo que pasó? Encontramos la embarcación de Armstrong, estaba destrozada.

Carrie se estremeció.

—Los dos sufrimos heridas, nos quemamos —alzó la mano para mostrar las cicatrices que había en su blanquecina piel.

—¿Qué originó el fuego?

Ella se dio la vuelta, aunque siguió aferrándose a él con una mano mientras con la otra seguía jugueteando con las cintas del sombrero.

—No lo sé, puede que alguna avería de la maquinaria. Nos rescataron unos indios. Increíble, ¿verdad? Vinieron a buscarnos en canoas, supongo que vieron el fuego. Nos dejaron al norte de Seattle.

—¿Por qué no regresaste de inmediato?, ¿por qué no me hiciste saber que estabas bien?

—No sabía si querrías que volviera a tu lado después de irme de buenas a primeras. Pero no he podido mantenerme alejada de ti. Te necesito, Jackson. Siempre, siempre te he necesitado.

—¿Qué pasó con Armstrong?, ¿él también sobrevivió?

—Él no es como tú, no me mantiene a salvo —tiró con tanta fuerza de uno de los lazos que el sombrero se le ladeó, y su rostro quedó a la vista.

Leah se quedó helada al ver que tenía los ojos demasiado brillantes y las mejillas muy coloradas; por si eso fuera poco, Carrie hablaba con voz tensa y excesivamente animada, y estaba tan delgada que se le marcaban los huesos. Era obvio que estaba tomando narcóticos de nuevo.

—Cuánto me alegra estar de vuelta —murmuró, con aquella dulzura aletargada que Leah había aprendido a reconocer y a temer—. Cuánto, cuánto me alegra —alzó la mirada, y se comportó como si acabara de notar que ella estaba allí—. Hola, doctora Mundy. He vuelto.

—Sí, ya lo veo. Es un verdadero milagro.

—¿Verdad que sí? —dijo, mientras se acurrucaba contra Jackson.

—¿Tus heridas están curadas?

—Sí, ya estoy bien —recorrió con la mirada la mesa iluminada por la vela, la cena a medio comer.

—¿Tienes hambre?, ¿quieres que vaya a buscarte algo de comida? —le preguntó Leah.

—No, estoy cansada —miró a Jackson mientras seguía aferrada a él, y le preguntó—: ¿Nuestra habitación está lista?

Lo de «nuestra» fue como una puñalada certera que atravesó el corazón de Leah.

—He estado viviendo en la goleta —le contestó él.

—La habitación está libre —apostilló Leah, mientras se adueñaba de ella un inmenso cansancio—. ¿Has traído equipaje?

—Mi equipaje... —Carrie se tocó su carnoso labio superior con la punta de un dedo, y pensó por un momento antes de contestar—: Lo he dejado en la zona de desembarco del transbordador, el ayudante del capitán de puerto puede traérmelo mañana por la mañana —bostezó y apoyó la mejilla en el brazo de Jackson.

Al ver que él la sujetaba con aquellas manos grandes y fuertes, Leah sintió que perdía algo vital: La esperanza. Estaba perdiendo la esperanza como un paciente perdía sangre por una herida. La proposición de matrimonio de Jackson no iba a recibir jamás una respuesta... a menos que él tuviera la sangre fría necesaria para divorciarse de Carrie, claro, pero era obvio que él jamás haría algo así.

—Me gustaría acostarme, si es posible. ¿Te parece bien, Jackson? Tú también subirás después, ¿verdad? Me equivoqué al marcharme —hablaba muy rápido, apenas se paraba a tomar aire—. Nunca volveré a abandonarte, nunca. No sabes cuánto lo siento. ¡Qué maravilloso es volverme a sentir a salvo contigo! Jackson, mi Jack... —se interrumpió y se tambaleó.

Él la sujetó, le pasó el brazo bajo las rodillas y la alzó en brazos. Con el anochecer como luz de fondo, parecían un romántico cuadro de la delicada damisela desmayándose en los brazos de su héroe.

Leah abrió la puerta sin decir palabra y Jackson mantuvo la vista al frente y el rostro inexpresivo. Entre los dos acostaron a Carrie, que se dedicó a sonreír y a suspirar y se rio como una niñita cuando él le quitó los delicados botines de cuero que llevaba puestos.

Leah apartó la cara, asqueada, al notar el olor dulzón del tónico en su aliento, y se sintió avergonzada de sí misma. Ella era una doctora, una persona que se dedicaba a curar, y el hecho de permitir que una paciente la asqueara iba en contra de toda la formación que había recibido. Carrie estaba muy enferma, necesitaba ayuda, y ella tenía el deber de ayudarla.

Jackson permaneció sentado junto a la cama de Carrie, sin apenas moverse, durante cerca de una hora. Era increíble que hubiera regresado. Él había aceptado la muerte de aquella mujer tan frágil y lastimada. Se había convencido a sí mismo de que ella estaba en un lugar mejor, el único lugar donde iba a poder encontrar una paz perfecta, pero ella había regresado junto a él. Siempre, desde el principio, había acudido a él.

Recordaba con vívida claridad cuando ella iba a su cama de noche cuando estaban en el orfanato, se acostaba a su lado y sollozaba contra su pecho mientras acusaba a los demás niños y a los cuidadores de toda clase de cosas monstruosas, tanto reales como imaginadas. Ella siempre acudía a él, y siempre lo haría.

La contempló hasta que ella le soltó la mano al dormirse y su respiración se volvió profunda y tranquila; la contempló hasta que la última luz del anochecer desapareció y el reloj del salón dio las diez; la contempló hasta que sus propios ojos empezaron a escocerle por el cansancio.

Entonces se levantó y bajó a la primera planta. Battle Douglas y la tía Leafy estaban enzarzados en una partida de cartas en el salón, pero alzaron la mirada al oírle pasar y clavaron en él ojos llenos de desaprobación.

—No estoy diciendo que lamente que haya sobrevivido, pero creía que te habías librado de ella —comentó Battle.

—Pues ha vuelto —se limitó a contestar él, antes de salir al porche.

Leah estaba allí, sentada a la mesa que Perpetua había preparado con tanto esmero. La vela se había consumido casi por completo, las flores se habían marchitado, y la comida estaba fría.

Leah no reaccionó al oírle llegar, siguió contemplando las luces del puerto con la barbilla en alto y la espalda muy erguida. Aquella fuerza estoica le afectaba mucho más profundamente que una explosión de llanto.

—Lo lamento, Leah.

—No lo lamentes, tendríamos que estar celebrándolo. No tienes que disculparte por nada.

—Me siento como si llevara toda la vida disculpándome por Carrie.

Ella se volvió hacia él al fin y le miró con una expresión engañosamente dulce en aquellos aterciopelados ojos marrones.

—¿Te ha servido de algo?

Aquel dardo envenenado le dolió.

—Si no tengo que disculparme por nada, ¿por qué estás tan enfadada?

—No estoy enfadada, Jackson —se levantó y se acercó al extremo donde el porche doblaba hacia el este—. ¿Cómo podría enfadarme con una mujer enferma y seguir considerándome una doctora?

—Puedes hacerlo, Leah; de hecho, deberías hacerlo.

—Porque vas a permitir que ella regrese a tu vida —su afirmación cayó como un mazazo en medio del silencio—. Al menos no llegué a contestar a tu proposición.

Jackson sintió un enorme vacío en el pecho.

—Está tan condenadamente indefensa... y ahora más que

nunca. Dios sabe lo que le habrá hecho Armstrong, pero ha vuelto a mi lado.

—Debes de sentirte halagado.

Al ver cómo le temblaban ligeramente los hombros, Jackson se dio cuenta de que ella estaba al borde de las lágrimas. Antes la había hecho llorar de felicidad, y en ese momento de dolor.

—Leah, todo lo que he hecho a lo largo de mi vida ha acabado siendo un fracaso, pero con Carrie podría lograr hacer algo valioso: mantenerla a salvo, protegerla. Su regreso inesperado hace que sienta como si acabaran de darme una segunda oportunidad, y es una oportunidad que tengo que aprovechar...

—¡No! —se volvió hacia él de golpe, y lo miró con ojos centelleantes—. ¡Me niego a escuchar algo así! Te amo con todo mi corazón, pero no voy a seguir así. Me niego a seguir aguantando este problema interminable con Carrie. No puedo, no puedo hacerlo.

Jackson sintió una felicidad inmensa al oírla confesar que le amaba; aun así, ella usaba ese amor como un arma y le ponía entre la espada y la pared.

—No me pidas que escoja —le dijo, con voz baja y grave.

—Porque seré yo la que pierda, ¿verdad?

—¿Qué quieres que haga?

—Está enferma, crónicamente enferma. Tendría que estar en un hospital, o en un sanatorio.

—Estás hablando de una institución —el orfanato de San Ignacio era una institución. Los recuerdos se agolparon en su mente... los olores, los gritos, las manos suplicantes, los horrores en medio de la oscuridad—. Dios, no puedo hacerle algo así a Carrie. No puedo encerrarla.

Ella le observó en silencio durante un largo momento. La vela que había encima de la mesa acabó de consumirse del todo, y fue entonces cuando dijo al fin:

—¿Cómo puedes hacernos algo así a nosotros dos, Jackson?

—Hoy tiene mejor aspecto —le dijo Joel Santana a Armstrong, mientras desayunaban juntos en el J&M.

—Gracias.

—¿Cree que su mujer no piensa regresar?

—Sí, estoy convencido de ello. No tendría que haberme casado con ella, pero me deslumbró; de hecho, parecía tener ese efecto en todo el mundo. En cuanto nos recuperamos del accidente, me casé con ella —tomó un pequeño sorbo de café antes de añadir—: Fui un necio al creer que el hecho de pronunciar unos votos matrimoniales bastaría para que se quedara a mi lado.

—¿Tiene idea de adónde pudo haber ido?

—Seguro que ha regresado junto al tipo aquel, el jugador profesional. No había forma de complacerla, pero creo que él era quien estaba más cerca de conseguirlo.

—¿Dónde está ese tipo?

—La última vez que le vimos estaba en la isla de Whidbey, al otro lado del estrecho.

A medianoche, mientras esperaba entre las sombras de unos alisos frente a la casa del sheriff, Jackson se preguntó si Davy Morgan iba a interpretar su papel. Horas antes, había hecho algo que ni siquiera se le habría pasado por la cabeza meses atrás: confiar en alguien. Le había contado a Davy sus sospechas, y le había pedido que le ayudara.

No tendría que haber dudado de Morgan, que era tan honesto y de fiar como un párroco de pueblo y llegó corriendo a la casa poco después. Aporreó la puerta con urgencia, y el sheriff se tomó su tiempo en salir. Jackson no alcanzó a oír a Davy, pero parecía muy convincente al hablar en voz baja y llena de apremio. Lo que se suponía que debía decir era que algunos de los indios que vivían al sur de la ciudad estaban dando problemas.

St. Croix masculló algo con irritación, pero al cabo de unos minutos volvió a salir, se dirigió hacia el granero, y refunfuñó mientras ponía en marcha el Panhard. Davy alzó el candil mientras el vehículo a gasolina se alejaba por el camino de grava hacia el otro extremo de la isla, y mantuvo la mirada al frente en todo momento.

Jackson entró en el granero de inmediato. No estaba cerrado, St. Croix era lo bastante astuto para saber que un edificio de almacenamiento cerrado levantaría sospechas. Encendió un fósforo, agachó la cabeza, y entró sin pensárselo dos veces.

Había cestos de patatas y manzanas protegidas con paja y carbón vegetal; sacos de cebollas y hortalizas de invierno; cajas de velas. Justo lo que cabría esperar, nada inusual.

La llamita llegó al final del fósforo, y Jackson masculló una imprecación y lo dejó caer. Se quedó quieto por un momento en la oscuridad, pero, cuando el olor a tierra húmeda se volvió opresivo, se dirigió hacia las puertas entornadas. Frunció el ceño al rozar algo con el hombro, encendió otro fósforo y, al ver la mancha de arena que tenía allí, recordó el día en que había visto a St. Croix con una mancha similar y lo raro que le había parecido un detalle así en un tipo tan puntilloso como él.

Encendió una de las velas para poder inspeccionar con mayor detenimiento y vio que la pared que había rozado con el hombro era falsa, y que había una puerta de madera que se abría hacia fuera cubierta por una fina capa de arena.

Retrocedió un paso y masculló una imprecación mientras contemplaba lo que acababa de descubrir. Lemuel St. Croix era igual de canalla que la escoria que le vendía las armas robadas a los indios.

A la mañana siguiente, Jackson tenía que encargarse de algo antes de poder lidiar con el problema del sheriff. Fue a ver a Carrie, y le explicó por qué había pasado la noche en el barco cuando ella le preguntó al respecto.

—Me he acostumbrado a dormir allí. Después de que tú... te fueras, no tenía sentido que me quedara aquí.

—Detesto los barcos, no sé cómo puedes soportar dormir ahí.

Se la veía tan blanca y sonrosada como un ramillete de rosas a la luz de la mañana. Antes era como una especie de icono para él, pero Leah le había abierto los ojos. Carrie estaba enferma, era una mujer consentida que se ponía lisonjera cuando quería que él le hiciera algún favor y después le olvidaba a las primeras de cambio. Ella era su responsabilidad, pero no su sueño.

Con quien él soñaba era con Leah.

Se dio cuenta de que Carrie estaba narcotizada al ver el color que le teñía las mejillas. Hasta que Leah le había explicado lo que pasaba, él no había sabido identificar los síntomas delatores y había dado por hecho que los ojos brillantes, las pupilas dilatadas y la actividad frenética formaban parte de la vivaz personalidad de Carrie.

Sintió un profundo anhelo al pensar en Leah. Le había propuesto matrimonio la noche anterior, pero daba la impresión de que había pasado una eternidad desde entonces. Ella había estado a punto de decirle algo, pero no había tenido oportunidad de hacerlo. Se preguntó de qué se trataba.

«Yo también tengo que decirte algo»... ¿Acaso importaba ya, a aquellas alturas? «Se trata de algo importante».

Aquella mañana había estado buscándola, pero Perpetua (cuyos labios estaban tan rígidos por la desaprobación que apenas podía hablar) le había informado de que la doctora Mundy había salido a visitar a unos pacientes.

—¿Has decidido ya cuándo nos vamos?, ¿adónde vamos a ir? Podríamos ir a Victoria, tengo entendido que es un sitio muy cosmopolita —Carrie parloteaba sin parar mientras examinaba sus perfectas uñas—. Espero que sea un viaje corto, porque ya sabes que detesto ese barco; aun así, fue muy considerado por tu parte esperarme...

—Carrie.

Aunque lo dijo con voz serena, ella debió de notar algo raro en su tono, porque reaccionó como si acabara de gritarle. Aquellos ojos de muñequita, ojos que él había visto en sus sueños durante años, le miraron con expresión interrogante.

—¿Qué pasa, Jackson?
—Quiero que me escuches, que me escuches muy bien.
—De acuerdo —le dijo, con una dulce sonrisa.
—Desde que llegué a este lugar, me he dado cuenta por fin de una cosa. He dedicado toda mi vida a salvarte, a rescatarte, a mantenerte a salvo. Tardé diez años en encontrarte y, cuando lo hice, llegué justo a tiempo.

Ella asintió con vigor.

—Sí, eso es verdad. Aún tengo pesadillas con lo de Rising Star. Menos mal que tú me rescataste, eres mi propio matadragones personal.

—Sí, eso es lo que he empezado a comprender —admitió, antes de ponerse de pie. Empezó a pasearse por la habitación, y una de las tablas del suelo crujió bajo su bota. Se volvió y se obligó a mirar a aquella mujer hermosa e impenetrable al decir—: No te persigue ningún dragón; de ser así, yo podría acabar con él.

—Eso ya lo sé. Tú harías eso por mí, ¿verdad?

—Pero no serviría de nada, porque el problema está en tu interior. Por mucho que me preocupe por ti, por muy cuidadoso que sea, no puedo vivir tu vida por ti. No puedo entrar en tu cabeza y curarte. Lo he intentado, y ha quedado demostrado que no funciona.

Ella frunció el ceño y ladeó la cabeza mientras un extraño brillo aparecía en su mirada.

—¿Qué es lo que estás diciendo exactamente, Jackson?

—He hecho todo lo que he podido, cielo. Te alejé de la banda de Devlin antes de que pudieran hacerte algo terrible, me encargué lo mejor que pude del problema que tuviste en Rising Star. Te saqué de allí y conseguí que no nos atraparan las autoridades. Pero no puedo seguir contigo.

—Me dijiste que siempre cuidarías de mí.

—Esa promesa te la hizo un crío, ahora ya somos adultos.

—¡Ahora es cuando te necesito más que nunca! —exclamó, con voz trémula.

—No, yo no soy lo que tú necesitas. A ninguno de los dos nos conviene estar juntos.

—¿Por qué? ¡Dime por qué!

Él respiró hondo. Fingir no había servido de nada, así que iba a intentarlo con la pura verdad.

—Porque no existe amor alguno entre nosotros. Nos unimos por desesperación y seguimos juntos porque yo tenía un absurdo sentido de la responsabilidad, pero con eso no basta. Juntos no tendríamos un futuro esperanzador, nuestras únicas expectativas serían seguir huyendo y más miseria. Cada uno tiene que seguir su vida por separado...

—¿Qué clase de vida voy a tener yo? —parecía estar eligiendo las palabras con sumo cuidado, como si estuviera recogiendo zarzamoras y procurando no pincharse con las espinas del zarzal.

—Leah... la doctora Mundy conoce un sitio al que puedes ir. Allí estarás a salvo, te cuidarán mejor de lo que yo podría hacerlo.

—Estás enamorado de ella, ¿verdad?

—¿De Leah?

Le sorprendió que se hubiera dado cuenta. La noche anterior estaba tan embriagada por los efectos de su tónico que él había supuesto que no había notado la romántica cena para dos, ni el hecho de que estaba arrodillado frente a Leah.

—Estás enamorado de ella, ¿verdad? —alzó la voz al repetir la pregunta, y los nudillos se le pusieron blanquecinos al aferrar con fuerza la almohada.

—Lo que yo sienta por Leah no tiene nada que ver en esto —dijo con cautela, al ver la furia que aparecía en sus ojos—. Cielo...

—¡Malnacido!

—Mira, Carrie...

—¡Maldito cabrón! —chilló, antes de lanzarle la almohada.

Jackson agarró el ridículo proyectil cuando le golpeó en el pecho, y lo dejó a un lado antes de decir:

—Estás formando demasiado barullo.

Carrie se levantó hecha una furia de la silla tapizada de cretona, y gritó enloquecida:

—¡Quieres librarte de mí para poder estar con ella!

Agarró un jarrón que había encima de una mesa y se lo lanzó a la cabeza, pero Jackson logró esquivarlo y oyó cómo se estrellaba contra la pared. Dio un paso al frente, pero ella ya había encontrado otro proyectil: el cristal de una lámpara de gas.

—¡No voy a permitírtelo! ¡No!, ¡ni lo sueñes! —mientras él se acercaba, le lanzó un ferrotipo enmarcado, y entonces se agachó un poco y bajó la mano hacia el bajo de su falda—. ¡Te arrepentirás de esto!, ¡nunca podrás estar con ella!

Jackson cruzó la habitación a toda prisa hacia ella, pero se dio cuenta de que estaba cometiendo un error al verla sacarse del liguero una pistolita de empuñadura blanca; en ese preciso momento, la puerta se abrió, se cerró de golpe, y volvió a abrirse. Carrie disparó a lo loco antes de huir corriendo.

—¡Avisen al sheriff! —gritó ella mientras bajaba la escalera a toda velocidad—. ¡Socorro! ¡Socorro! ¡Avisen al sheriff!

Jackson tardó unos segundos en darse cuenta de que había recibido un balazo. Estaba en el suelo, y no tenía ni idea de cómo había llegado hasta allí. Se llevó la mano a la sien al notar que algo cálido le bajaba por allí, y notó el tacto y el olor de la sangre. Se agarró mareado a la puerta y se puso en pie con dificultad. Sus ojos se encontraron por un instante con los de Zeke Pomfrit, que seguramente había salido a ver a qué se debía tanto barullo.

El tipo volvió a meterse en su habitación de inmediato. Antes de cerrar la puerta, le lanzó una breve mirada como de disculpa, pero a Jackson le pareció comprensible que prefiriera no acercarse a él en esas circunstancias. Se acercó tambaleante al palanganero mientras respiraba hondo por la nariz. La bala solo le había rozado la oreja, había sobrevivido a heridas mucho peores.

Después de limpiarse con una toalla, la sostuvo contra la herida por un minuto para intentar detener la hemorragia, pero de repente se dio cuenta de que Carrie había salido de allí enloquecida y armada. Existía el riesgo de que hiriera a alguien más.

Dejó caer la toalla y salió corriendo de la habitación. Se tambaleó de nuevo al llegar al rellano de la escalera, y posó la mirada en el enorme rosetón que había por encima de la puerta de entrada. El barco que surcaba los mares en aquella colorida ventana circular parecía tan lejano como un sueño.

Apartó la mirada, bajó corriendo al vestíbulo, y al salir al porche se dio cuenta de que los gritos de Carrie habían alertado al pueblo entero. Había gente asomada a las puertas de los comercios, y los que estaban por el puerto se habían vuelto a mirar.

Se llevó la mano a la pistolera de forma instintiva al ver que el sheriff St. Croix salía de su oficina, pero hacía mucho que no la llevaba encima. A Leah no le gustaban las armas.

Sintió una extraña apatía mientras veía cómo subían hacia la pensión el sheriff y uno de sus ayudantes. Carrie estaba haciendo una interpretación magistral. Se la veía delicada, desamparada y suplicante mientras agitaba en alto una hoja de papel que él reconoció de inmediato... una copia del cartel de *Se busca*.

El sheriff desenfundó su arma, y el cañón relampagueó con un brillo metálico bajo la luz del sol.

Jackson se obligó a hacer algo que no había hecho nunca en toda su vida, ni siquiera cuando era lo más sensato: alzó las manos en señal de rendición.

Y así estaba cuando Leah apareció en la calesa. Con las manos en alto, frente al cañón de una pistola.

Se la veía tan vital como aquella tierra salvaje, y se quedó boquiabierta ante semejante espectáculo. Jackson supo que no olvidaría jamás el gesto que ella hizo cuando su mirada pasó de Carrie al sheriff y, por último, a él. Dejó caer las riendas, y se rodeó con los brazos como si estuviera sintiendo un dolor terrible en el estómago.

Lo cierto era que resultaba un poco irónico, porque él había capturado a Leah a punta de pistola meses atrás. Había sido así como había entrado en la vida de aquella mujer, así que resultaba irónico y justo que saliera de ella de aquella forma.

CAPÍTULO 16

En aquel pueblo nunca había sido necesaria una cárcel demasiado grande, así que la que tenían no era más que un edificio de piedra anexo a la parte posterior de la oficina del sheriff. Tan solo contaba con dos celdas, y en una de ellas estaba preso Jackson T. Underhill.

Leah estaba en la oficina con Caspar MacPhail, uno de los ayudantes del sheriff.

—Lo siento, doctora Mundy —le dijo él—. Tengo órdenes de no permitir que el preso reciba visitas.

—No diga ridiculeces, señor MacPhail.

Intentaba sentir algo más allá del hielo que le cubría el corazón, pero estaba inmersa en una bruma de entumecimiento e incredulidad desde que el sheriff se había llevado a Jackson a punta de pistola. Aunque ya era demasiado tarde para arrepentimientos, acababa de darse cuenta de que no había nada peor que ver cómo te arrebataban un sueño justo cuando uno lo tenía al alcance de la mano. Deseó poder dar marcha atrás al reloj y regresar a aquel momento mágico en el porche. ¿Por qué había dejado que las dudas la silenciaran?, ¿por qué no le había confesado que estaba embarazada? Tendría que haberle obligado a escucharla.

En todo caso, era consciente de que eso no habría cambiado en nada las cosas. Carrie siempre sería lo primero para él.

Alzó la cabeza para intentar ver por encima del hombro del corpulento ayudante.

—Usted me conoce, no entiendo por qué me considera una amenaza para...

—Ese no es el problema, señora. Tengo órdenes estrictas, el tal Jack Tower es un tipo peligroso.

—¿Según quién?

—Usted misma ha visto el cartel de *Se busca*.

A esas alturas, el pueblo entero lo había visto.

—Y usted mismo ha visto la clase de persona que es Jackson Underhill. Le ha visto ayudar a proteger el pueblo contra un ataque pirata, le ha visto mediar en disputas, adiestrar a mi caballo, ayudarme a curar a mis pacientes. ¿Cree que ese es el comportamiento de un hombre peligroso?

—Según lo que pone en el cartel, es un genio a la hora de mentir y salir huyendo. Lo único que sé es que tengo órdenes de no dejar pasar a nadie.

—Exacto —dijo el sheriff St. Croix, que entró en la oficina en ese momento limpiándose con la mano una mancha de arena que tenía en la manga—. Hemos detenido a ese asesino justo a tiempo, y ya hemos mandado un telegrama para informar a las autoridades pertinentes.

Leah se indignó al ver lo ufano que estaba, y le preguntó con sequedad:

—¿No cree que es un poco tarde para que empiece a comportarse como un sheriff de verdad?

Él empalideció y la miró con expresión pétrea.

—¿Qué quiere decir con eso?

—Que hasta ahora no ha mostrado demasiado interés en hacer cumplir la ley.

—Mantengo limpio este pueblo. Un marshal llegará dentro de poco para llevarse al prisionero.

—Espero que ese marshal sea consciente de que aquí se ha cometido un terrible error. Jackson es inocente.

—No se haga ilusiones, señora. La ley no se tomaría tantas molestias por capturar a un hombre si no fuera un peligro para la gente decente.

—¡Qué sabrá usted de eso!

Salió hecha una furia de la oficina, pero St. Croix había logrado asustarla con sus palabras. Le habría gustado poder creer que Jackson iba a ser declarado inocente en el juicio, que iba a quedar libre, pero hacían falta pruebas que demostraran su inocencia, y no sabía si él las tenía.

Sintió náuseas, y en ese momento de desconcierto le dio por preguntarse si Penny Lake, que podía llegar de un momento a otro, tenía experiencia atendiendo a embarazadas.

—¿Se encuentra bien, doctora Mundy? Está muy pálida —le preguntó el ayudante del sheriff, al salir de la oficina tras ella.

—Las injusticias tienen ese efecto en mí.

MacPhail vaciló por un instante antes de ponerle una mano en el hombro en un gesto de consuelo.

—Lo único que hemos hecho es atrapar a un hombre que está en busca y captura.

—Ya.

—Mire, si quiere que le dé algún mensaje de su parte al prisionero...

Leah no pudo evitar echarse a reír ante la ironía de la situación. ¿Que si quería que le diera algún mensaje de su parte a Jackson? Sí, algo así como «Anoche no alcancé a contestar a tu proposición, pero la respuesta es sí. Sí, quiero casarme contigo, pero hay algo más que quiero que sepas: Estoy esperando un hijo tuyo». Llevaba toda una vida esperando a alguien como él, pero ni siquiera se había dado cuenta de ello hasta que le había conocido.

—No, gracias —le contestó a MacPhail, con voz queda—. ¿Cuándo ha dicho que llega el próximo transbordador procedente de Seattle?

El empleado que vendía los billetes de la naviera Mosquito Fleet miró a Joel Santana y le dijo:

—Lo lamento, pero el último transbordador ya ha salido. El próximo es el que sale a medianoche.

Joel asintió y disimuló la irritación que sentía. Durante el transcurso de los años había aprendido que era inútil perder los nervios por horarios y empleados quisquillosos.

Había cosas peores que pasar un día más en Seattle, lo cierto era que le gustaba bastante aquella ciudad de madera. El J&M era el hotel más fino en el que se había alojado y, además, había localizado a alguien que tenía un vínculo directo con su presa: Adam Armstrong.

No le gustaba involucrar a civiles en sus casos, pero el propio Armstrong había insistido en colaborar. Lo había pasado muy mal con Caroline (o Carrie, como él la llamaba) y quería estar presente en el desenlace de todo aquel asunto, así que también iba a tomar el transbordador que llevaba a la isla de Whidbey; de hecho, estaba esperándole a la salida de la oficina de venta de billetes.

Dio media vuelta con la intención de salir a avisarle de que los planes habían sufrido un retraso, pero, en vez de cruzar la sala de espera, se detuvo en seco al verla.

La tenía justo delante, y ella le devolvió la mirada.

«¡Es ella!, ¡es ella!, ¡es ella!», repitió una y otra vez en su interior una voz llena de júbilo.

Era la mujer de sus sueños, una mujer de anchas caderas y amplia sonrisa cuya mirada, franca y directa, hizo que él se quitara el sombrero y le dijera:

—Espero que no me tome por un atrevido, señora, pero me gustaría presentarme. Joel Santana, a su servicio.

Ella le observó con unos serenos ojos grises, y al final asintió con un gesto de la cabeza que hizo que la pluma de su sombrero rozara su rostro, un rostro que no tenía una belleza rutilante pero en el que se reflejaba una gran honestidad.

—Encantada de conocerle, señor Santana. Soy la doctora Penelope Lake.

Leah había hecho un juramento que había sido su guía durante toda su vida, que había sido como el aire que respiraba. Llevada por la perversa esperanza de poder compensar en algo los defectos de su padre, ella había sido el vivo ejemplo de aquel juramento. Pero en ese momento estaba frente a la puerta de la habitación de Carrie en la pensión y tan solo podía pensar en que aquella mujer, la mujer en la que ella misma había invertido tantos cuidados y esfuerzos para lograr que se curara, era un ser enfermo y manipulador al que no merecía la pena salvar.

La furia que sentía la horrorizó y se esforzó por encontrar algo de compasión en su interior, pero no tenía ni idea de cómo iba a comportarse con ella.

¿Qué se le podía decir a la persona que te robaba tus sueños?

De repente se dio cuenta de que quien estaba al mando de sus sueños era ella misma, no Carrie. Estaba en sus manos estar a la altura de las circunstancias, aquella mujer no era más que un problema añadido.

Respiró hondo y llamó con suavidad a la puerta.

—Adelante.

Al oír lo apagada que tenía la voz, se dio cuenta de que debía de estar aletargada por el efecto de los narcóticos. Abrió la puerta, y entró en la habitación.

—Carrie...

—Se acabó —estaba sentada en el borde de la cama como una muñeca rota, con las piernas extendidas hacia delante y una botella azul vacía entre las manos—. Se acabó, se acabó todo.

—Tienes que dejar de beber eso. La otra vez lo hiciste muy bien, puedes volver a lograrlo. Yo te ayudaré.

Carrie alzó la botella y la puso boca abajo. Sus ojos tenían un aspecto muy extraño, era como si lo que había tras ellos se hubiera esfumado.

—Se me ha acabado, no queda ni una gota.

—Tienes que controlarte. Por ahora, será mejor que te acuestes.

Agarró la botella, y apartó la cara al notar el olor dulzón del narcótico. Estaba deseando preguntarle por qué había traicionado a Jackson, pero, como estaba claro que en ese momento iba a ser incapaz de darle una respuesta coherente, se resignó y empezó a desabrocharle las botas. Después la ayudó a desvestirse y dejó a un lado la ropa, una ropa mucho más fina y elegante que la suya.

Cuando Carrie se quitó la camisola y sus pechos quedaron al descubierto, Leah vio que tenía allí la marca de una quemadura.

—Adam me dijo que tengo un cuerpo muy hermoso —murmuró la joven, con una risita—. ¿Tú crees que tengo un cuerpo bonito, Leah?

—El cuerpo humano me parece hermoso. He dedicado mi vida a curarlo.

—Jackson siempre pensó que mi cuerpo era precioso.

Leah sintió que la recorría un gélido escalofrío. No quería oír aquello, no quería pensar en ello, no quería saber lo que había habido entre Jackson y Carrie durante el largo pasado que habían compartido.

Carrie permaneció quieta mientras ella le ponía un camisón blanco de batista, y murmuró amodorrada:

—Pobre Jackson... pobre, pobre Jackson... la ley le persigue.

Leah decidió aprovechar para intentar sacarle alguna información sobre el incidente que había convertido a Jackson en un forajido. Era posible que Carrie tuviera la clave de los secretos que él guardaba con tanto celo.

—Le persigue por lo que pasó en Rising Star, ¿verdad?

—Sí, qué lugar tan horrible.

—¿Fue allí donde te encontró Jackson?

Carrie suspiró con indulgencia antes de contestar.

—Tendrías que haber visto cómo llegó al galope al pueblo, con la gabardina ondeando al viento y el caballo sudoroso y echando espuma por la boca. Parecía sacado de un sueño.

A Leah no le costó imaginárselo.

—Seguro que te pusiste muy contenta al verle.

—Al principio no. Llegó al atardecer, yo estaba esperando a alguien a las puertas de la taberna.

—¿A quién? —le preguntó, mientras intentaba aparentar neutralidad.

Al ver que no contestaba, pensó que quizás se había perdido en medio de una neblina de opio y whisky, pero de repente la joven esbozó una sonrisa ladina y comentó:

—Él pensó que yo no le había reconocido.

—¿Quién, Jackson?

—Sí, pero claro que le reconocí. Ya sabes lo guapo que es, ninguna mujer podría olvidarle; además, tenía esa expresión tan peculiar en el rostro. Siempre ha puesto esa cara, incluso de niño.

—¿Qué cara?

—Esa tan típica en él... como si estuviera dispuesto a hacer lo que fuera por mí, incluso morir.

«¿Y también mataría por ti?» Lea tenía la pregunta en la punta de la lengua, pero se contuvo. Tenía la sensación de estar a punto de descubrir algo de suma importancia. Era muy posible que no se le volviera a presentar la oportunidad de oír la verdad de boca de Carrie, y no quería presionarla demasiado. Tenía que echar mano de toda su experiencia, de todo lo que sabía sobre el comportamiento humano, para lograr que siguiera hablando.

—Tienes suerte de contar con su lealtad. ¿Intentó hablar contigo en cuanto llegó?

Carrie apretó las rodillas contra su pecho antes de contestar:

—Sí. Se quitó el sombrero, y se quedó un rato allí parado. Se quedó mirándome, y me dijo «Dios mío, Carrie, eres tú de verdad». Pero yo no le contesté, entré en la taberna y me senté en las piernas de Hale Devlin. ¡Tendrías que haber visto la cara que puso Jackson!, ¡pobrecito! —soltó una risita al decir aquello.

Leah se estremeció, y la aprensión que sentía hizo que se le secara la boca.

—Hale Devlin... ¿Así se llamaba el hombre que murió?

—No, Hale no murió.

—Entonces ¿quién fue? —le preguntó, mientras intentaba poner en orden sus ideas.

—Max Gatlin, el alcalde.

—¿Qué pasó con ese tal Gatlin?

—Hale me obligó a que me fuera con él.
—¿Adónde?
Carrie se reclinó sobre las almohadas, abrió los brazos y los movió hacia arriba y hacia abajo como si estuviera volando, y contestó con impaciencia:
—Arriba. Sé lo que estás haciendo, Leah. Estás intentando averiguar qué fue lo que pasó aquella noche.
Leah posó la mano sobre la suya con mucha cautela.
—Soy consciente de que siempre hay varias versiones de una misma historia, puede que nadie se haya interesado hasta ahora por la tuya.
Carrie parpadeó aletargada, pero en el fondo de sus ojos se encendió una llamita de furia.
—Era un animal.
—¿Quién?, ¿Max Gatlin? ¿Te hizo daño?
La joven se estremeció y se zafó de la mano de Leah.
—Recibió su merecido, se merecía morir de un tiro.
—¿Fue eso lo que le pasó? —le preguntó Leah, mientras la ayudaba a tumbarse y la tapaba bien—. ¿Estás segura de que eso fue lo que pasó?
—Yo estaba allí, lo vi.
—¿Qué viste, Carrie? ¿Te acuerdas de cómo eran las heridas?
—Claro que sí, una justo en el pecho.
Al ver que empezaba a temblar, Leah se dio cuenta de que estaba sumiéndose en el olvido que le daban los narcóticos.
—¿Una herida de bala?
—Sí. Sangre, había mucha sangre. Estoy cansada, muy cansada...
—Una sola herida.
—Es que solo tiene una bala —su temblor se intensificó, y los ojos se le llenaron de lágrimas.
Leah recordó lo que Zeke Pomfrit le había comentado poco antes... que Carrie tenía una pistola, una pequeña derringer de bolsillo del calibre 41 de un solo disparo.
—¿Alguien más vio lo que pasó? —preguntó en voz baja.
Carrie se arrebujó entre las sábanas mientras los temblores la sacudían de pies a cabeza.

—Necesito mi medicina, necesito más.

Ella le puso una mano en el hombro y le aseguró con calma:

—Acaba de contarme lo que pasó, Carrie. Así te sentirás mejor.

Al ver que no contestaba pensó que se había quedado dormida y al final echó a andar hacia la puerta, pero se detuvo al oír de nuevo su voz.

—Me alegra que el bebé no sobreviviera.

—Carrie, estás diciendo que...

—Sí —se hundió aún más bajo las cobijas antes de admitir—: Gatlin me dejó embarazada aquella noche.

Joel Santana contempló a la mujer con la que estaba cenando con asombro, cada vez estaba más convencido de que ella era la mujer de sus sueños.

—¿Ha venido hasta aquí desde el este? Es un trayecto muy largo para una dama sola.

—Es un trayecto muy largo para cualquiera, señor Santana —le contestó Penelope Lake, antes de untar con mantequilla un segundo panecillo y darle un bocado.

Le gustaba todo en aquella mujer, hasta la forma en que comía. No fingía que tenía el apetito de un pajarillo, ni mucho menos. Había hecho un largo viaje y estaba hambrienta, así que iba a comer hasta hartarse.

—Sí, eso es cierto —comentó, al recordar su propio periplo a través de Texas, el desierto y, por último, California—. Muy cierto —añadió, mientras cortaba un trozo de carne—. Pero más cierto aún es el hecho de que usted me pone tan nervioso como un crío en una fiesta de cumpleaños, señora.

Ella se echó a reír.

—¿En serio?

—Muy en serio —la verdad era que aquella mujer le aterraba.

—Supongo que yo también debería sentirme intimidada por usted, nunca antes había conocido a un hombre que llevara encima semejante arsenal.

Él intentaba ser discreto, pero ella era muy observadora y había tomado nota de todo... del revólver que llevaba en el bolsillo del chaleco, de la pistolera, del cuchillo que llevaba sujeto al muslo, de la daga que tenía metida en la bota.

—La verdad es que preferiría deshacerme de todas estas armas; de hecho, pienso hacerlo un día de estos.

—¿Ah, sí? ¿Cuándo, exactamente?

«¿Cuándo estarás lista para casarte conmigo?». A él mismo le costó creer lo que acababa de pensar, pero, después de hacer acto de aparición, la idea se negaba a salir de su cabeza. En todos aquellos años de viajes y vicisitudes, había conocido a muchas mujeres, tanto buenas como malas, y ninguna de ellas había despertado esa clase de ideas en su mente.

—En cuanto encuentre un terreno donde poder establecerme.

—Ah. ¿Eso es lo que le lleva a la isla de Whidbey?

Él no quería que su misión se entrometiera en un momento tan especial, así que se limitó a contestar:

—Bueno, supongo que echaré un vistazo por allí.

—Tengo entendido que es un lugar muy hermoso. Conozco a una persona que vive allí, y me ha asegurado que es un paraíso terrenal —tomó un bocado de su cena y asintió con aprobación—. Llevamos un tiempo carteándonos, y acordamos en vernos en Coupeville.

Joel sintió que se le caía el alma a los pies. Si ella había viajado hasta tan lejos para estar con esa otra persona, solo podía haber una explicación posible: pensaba casarse con ella.

—Felicidades, les deseo toda la dicha del mundo —le dijo, mientras intentaba ocultar su decepción.

—Gracias, Leah y yo llevamos más de un año planeándolo todo.

—¿Leah?

—Sí, la doctora Leah Mundy. Vamos a trabajar juntas.

Lo dijo poco a poco, enunciando cada palabra como si estuviera hablando con un idiota, y lo cierto era que Joel se sentía como uno en ese momento.

—Ah, otra doctora.

—¿Le parece mal que una mujer se dedique a la Medicina?

—Demoni... digo... cielos, no, claro que no —miró su pistolera con una sonrisa pesarosa, y admitió—: En mi opinión, el mundo necesita más gente que cure.

Sintió que una extraña calidez le invadía el corazón al ver cómo se le iluminaba el rostro con una radiante sonrisa.

—Qué comentario tan dulce, señor Santana. Por cierto, usted no va a ser la única persona procedente de Texas de la isla —le guiñó el ojo sonriente antes de admitir—: Creo que un caballero que estuvo allí hace unos meses está cortejando a la doctora Mundy.

Joel estuvo a punto de atragantarse con un trozo de patata al oír aquello.

—¿Está segura de eso?

—Sí. La verdad es que no debería cotillear, pero espero que esa relación llegue a buen puerto; en su última carta, Leah parecía muy ilusionada ante la posibilidad de que el señor Underhill optara por quedarse en la isla.

Joel se relajó al oír aquel apellido que no le sonaba de nada. Él estaba buscando a Jack Tower, no a un tal Underhill... De repente se acordó de algo, de una de las pocas pistas que la pareja había dejado en Rising Star: El tipo había comprado una cajetilla de tabaco de la marca Underhill. Picado fino Underhill, para ser exactos.

—¿Se encuentra bien, señor Santana? —le preguntó Penelope Lake. Se inclinó hacia delante, y sus generosos pechos rozaron la mesa.

Joel usó la servilleta como un caballero, tal y como le había enseñado su madre cuarenta años atrás; después de limpiarse los labios con ella, la dejó a un lado y contestó con gravedad:

—No, señora, la verdad es que no.

Leah no podía conciliar el sueño, así que al final apagó la lámpara y salió de puntillas de su cuarto rumbo al consultorio. Siempre había disfrutado de aquella hora tan tardía, era un momento robado del día en el que la casa estaba en silencio e incluso la brisa de medianoche parecía tener el aliento contenido. Era un momento que podía disfrutar a solas, sin la interferencia de nadie.

Tenía un montón de cosas en que pensar. El hombre al que amaba estaba encarcelado, acusado de un crimen que no había cometido, pero se negaba a hablar en su propia defensa; ella estaba embarazada de él, y Carrie había emergido del pasado más bella y peligrosa que nunca. Aunque la conversación que había mantenido con ella había sido muy caótica, había logrado entrever lo que había sucedido aquella noche en Rising Star... Sangre, fuego, pánico... tres cosas que parecían seguir a Carrie adondequiera que fuese.

Se sentó tras su escritorio sin saber qué hacer; por regla general, escribiría una carta para Penelope y eso la ayudaría a poner en orden sus ideas, pero Penny ya había iniciado su viaje y no tardaría en llegar a la isla.

—¡Cuántas cosas te he revelado sobre mí misma, Penny! —comentó en voz alta.

No podía dejar de pensar en Carrie, en su inquietante mirada vacía, en aquella risa vacía propia de alguien que carecía de alma. También pensó en Jackson, que estaba encerrado en una fría celda de piedra y ni admitía ni negaba haber cometido el crimen del que se le acusaba.

«Una justo en el pecho...», «Es que solo tiene una bala...». Las palabras de Carrie la obsesionaban, se repetían sin cesar en su cabeza como una melodía interminable.

Max Gatlin había muerto de un único balazo en el pecho.

Apretó con fuerza la pluma que tenía en la mano, y apartó a un lado las notas que estaba tomando. Con manos temblorosas, agarró una hoja de papel en blanco que en la parte superior tenía impresas las palabras: *Dra. Leah Mundy. Coupeville, isla de Whidbey. Washington.*

La culpable era Carrie, estaba convencida de ello. Había sido ella y no Jackson quien había cometido el asesinato, pero él había asumido las culpas y, fiel a su forma de ser, no iba a acusarla ni para salvarse a sí mismo.

Sin embargo, ella no tenía tantos miramientos como él. Mientras intentaba serenar los desbocados latidos de su corazón, metió la punta de la pluma en el tintero y empezó a escribir. Habría acudido a St. Croix si pudiera confiar en él, pero, al igual que todos los demás, parecía estar cegado por la belleza y el comportamiento infantil de Carrie.

Estaba decidida a mandar aquel mensaje por telégrafo a Seattle y a Olympia, y... se sobresaltó al oír que algo de cristal se rompía, y volcó el tintero.

—¿Quién está ahí? —se levantó a toda prisa mientras se cerraba el cuello de la bata en un gesto defensivo. Avivó un poco más la llama de la lámpara de gas, y abrió la puerta con cautela—. ¿Quién está ahí?

La suave luz blanca iluminó a Carrie. Estaba junto al armario de las medicinas, cuyas puertas estaban abiertas de par en par, y tenía a sus pies una botella de cristal rota. Tenía una derringer de empuñadura blanca en una mano, y una palanca de hierro en la otra. Su melena rubia caía desgreñada a su espalda, y parecía un poco adormilada.

—Ah, Leah, por fin te encuentro. He ido a buscarte a tu cuarto, pero no estabas allí.

Leah no apartó la mirada de la pistola. «Mi hijo», pensó, aterrada. «Por favor, no le hagas daño a mi hijo».

—¿Te encuentras mal?, ¿necesitas algo?

Carrie bajó la mirada hacia la botella rota. Sus pies descalzos estaban sangrando en un charco de líquido oscuro.

—Está rota, ha sido sin querer.

A juzgar por el olor, Leah se dio cuenta de que el líquido era alcanfor. De repente notó un ligero olor a humo, y luchó por mantener la calma.

—¿Qué estás haciendo, Carrie?

La joven sacudió la cabeza y dio un paso hacia delante. Dio la impresión de que ni siquiera se daba cuenta de la presencia de los cristales bajo sus pies descalzos.

—¿Dónde guardas la morfina? Tiene que haber otro armario de medicinas en algún sitio.

En el fondo, Leah había sabido lo que estaba pasando desde que había oído el ruido de cristales rotos. La adicción se había adueñado por completo de Carrie, y no iba a parar hasta conseguir lo que quería.

Sintió que se debatía entre dos instintos enfrentados. Por un lado, como médico quería intentar ayudar a su paciente, pero la mujer en la que se había convertido gracias a Jackson sentía la necesidad primaria de proteger al bebé que crecía en su interior.

El bebé ganó.

—Voy a buscarte tu medicina.

Tenía que ganar tiempo. Después, buscaría ayuda, averiguaría de dónde salía el humo, y enviaría el telegrama que sabía que podía salvar a Jackson. Tenía mucho por hacer, muchas cosas dependían de su habilidad para manejar a aquella perturbada.

—¿La tienes guardada en tu escritorio? —le preguntó Carrie, antes de apartarla de su camino con un empujón sorprendentemente fuerte.

Al llegar al escritorio, le llamó la atención el charco de tinta que lo cubría, y Leah se apresuró a dar un paso hacia ella al ver que empezaba a leer la carta que tenía a medio redactar.

—Carrie...

—Estás escribiendo a las autoridades para hablarles acerca de mí.

El cañón de la derringer apuntó a Leah. Era una Colt número tres de gatillo enfundado, y el hecho de que fuera un arma de una sola bala jugaba a favor de Leah.

Carrie se inclinó hacia los cajones del escritorio sin que le temblara lo más mínimo el pulso, pero volcó sin querer la vela que había encima del tablero. La cera caliente cayó sobre la carta, pero la llama no se apagó.

—No puedes permitir que cuelguen a Jackson por algo que hiciste tú —le dijo Leah, mientras luchaba por mantenerse firme.

—Él me mantiene a salvo, me prometió que siempre lo haría.

Sin prestar la más mínima atención a las llamas que iban extendiéndose por el tablero del escritorio, Carrie golpeó el cerrojo con la palanca de hierro y consiguió romperlo a la primera. Abrió el cajón a toda prisa, y abrió los ojos como platos al ver las agujas hipodérmicas que Leah usaba en contadas ocasiones.

—Voy a inyectarme la morfina.

Leah no perdió de vista la derringer mientras veía con impotencia cómo Carrie iba perdiendo el control. Era como ver cómo se deshacía un tapiz perfecto, y no podía hacer nada por evitarlo.

—Deja que apague las llamas. Hay gente durmiendo arriba, si provocas un incendio...

Carrie se echó a reír con aquella risa vacía y desagradable que reflejaba más malicia que diversión, y sacó del cajón una botella que contenía un líquido incoloro.

—¿Es esto la morfina? —la descorchó con los dientes sin soltar la pistola.

—¡No, es éter! ¡Ten cuidado, es inflamable...!

Aún estaba hablando cuando Carrie lanzó la botella a un lado. El líquido cubrió el escritorio, y explotó al entrar en contacto con las llamas de la vela.

CAPÍTULO 17

No había noche más oscura que la que se pasaba en el interior de una celda.

Jackson no podía conciliar el sueño, y estaba tumbado boca arriba con la mirada perdida mientras los pensamientos se agolpaban en su mente. El fino colchón relleno de paja que cubría el tosco banco de madera era demasiado corto para alguien tan alto como él, pero a esas alturas apenas notaba esa incomodidad.

Si solo tuviera que enfrentarse a una tortura puramente física, se sentiría afortunado, pero estaba solo en medio de la oscuridad y el tormento procedía de dentro, le asediaba y le asfixiaba como si se tratara de una horda de demonios salidos de una pesadilla. Todo se había desmoronado... su vida, sus planes, sus esperanzas. Qué fácil le había parecido todo años atrás, cuando creía que lo único que tenía que hacer era encontrar a Carrie, rescatarla de su peligroso estilo de vida, llevarla a algún lugar donde estuviera a salvo, y reinventarse como un hombre que pudiera andar con la frente en alto y navegar los siete mares con nada salvo el viento a su espalda.

Pero todo se había entremezclado, como el metal que se vertía en un crisol y volvía a emerger después; estaba hecho de la misma sustancia, pero se había convertido en algo muy diferente. Nada había salido tal y como lo había planeado. Había descubierto cosas sorprendentes acerca de sí mismo... honor, ambición, compromiso, y un amor tan enorme que hacía que le doliera el pecho con tan solo pensar en él. Leah le hacía desear cosas que jamás antes se había planteado siquiera... un hogar, una familia, respeto.

Pero no podía tener nada de eso por culpa del pasado, que no le dejaba en paz. Sentía una gratitud inmensa por el hecho de que Carrie estuviera viva, pero al mismo tiempo se sentía fatal al recordar con qué desespero le había mirado. A lo mejor ella no había podido curarse jamás porque él no se había preocupado lo suficiente, porque no la había amado como ella necesitaba ser amada.

Pero si algo había aprendido era que uno no podía obligarse a amar a alguien sin más. No estaba en manos de un hombre decidir de quién se enamoraba, al igual que no bastaba con proponérselo para dejar de amar a alguien.

Hacía mucho que Leah se había dado cuenta de la verdad: ni todo el amor y el compromiso del mundo podían curar a Carrie. Estaba claro que él había crecido con una visión romántica y distorsionada del amor. Como era algo que no había tenido nunca, lo había idealizado y lo había visto como una especie de bálsamo espiritual que podía curar todas las dolencias, pero gracias a Leah se había dado cuenta de lo equivocado que estaba.

Ella le había enseñado que el amor era difícil, que no era algo que lloviera sobre un hombre y lo envolviera en una neblina de felicidad perfecta. El amor conllevaba dolor además de dicha, pero él lo deseaba con todas sus fuerzas. Anhelaba estar con Leah, disfrutar de la paz que sentía al despertar con ella a su lado, alzar la mirada y verla al otro lado de la mesa de la cena, mirándolo sonriente por encima de un libro.

Un hombre que estaba a punto de morir no debería pensar en esas cosas. Sabía que lo más sensato sería resignarse, aceptar lo que se avecinaba. Su futuro había quedado sellado aquella lluviosa noche en Rising Star, y él no podía hacer ni decir nada para cambiar las cosas. Leah era la única que albergaba esperanzas... Leah, su Leah.

Pero no bastaba con que ella creyera en él. Él también tenía que creer en sí mismo, y eso era algo que nunca había podido hacer.

Cerró los ojos con fuerza, pero la oscuridad no cambió en nada las cosas. No podía dormir, no podía comer, no quería pensar ni soñar, y el fuerte ruido que le sobresaltó y le hizo ponerse de pie de golpe fue una distracción bastante bienvenida.

Caspair MacPhail, el ayudante del sheriff al que se le había asignado la guardia de noche, estaba trasteando en la oficina. Jackson le notaba un poco incómodo cuando hablaba con él, como si se sintiera mal por haberle tratado con cordialidad a lo largo de los últimos meses. Todos los agentes de la ley parecían estar convencidos de que poseían un sexto sentido especial para detectar a un criminal y, en el caso de Caspair MacPhail, él era una prueba viviente de que no era así.

Le hizo gracia lo de «viviente», teniendo en cuenta que sus días estaban contados.

—¡MacPhail! ¿A qué viene tanto alboroto?

—No te preocupes, Jackson.

Se oyó otro golpe, como si el tipo estuviera poniéndose una bota a toda prisa. Estaba claro que se había quedado dormido estando de guardia... Jackson aferró los barrotes de hierro de la celda al oír gritos y golpes procedentes de la calle.

—Venga, compañero, dime qué es lo que pasa.

La puerta se abrió, y una luz amarillenta procedente de una lámpara de queroseno se abrió paso por el suelo en un triángulo alargado.

—Se ha declarado un incendio —le dijo MacPhail, antes de ponerse su sombrero Stetson.

Jackson sintió una punzada de miedo al oír aquellas palabras.

—¿Dónde?

—En la pensión Mundy —MacPhail agarró su pistolera, que estaba colgada de un gancho en la pared. Las cintas de cuero que servían para sujetarla al muslo cayeron colgando sobre el charco de luz.

Jackson actuó de forma instintiva. Con la velocidad de un

rayo, sacó el brazo por los barrotes, agarró las cintas, y le arrancó la pistolera de las manos a MacPhail. El pesado cuero golpeó contra los barrotes mientras desenfundaba una de las pistolas y, sin pensárselo dos veces, apuntó y amartilló el arma.

Al ver que MacPhail, que se había quedado paralizado por un instante, se recobraba de la sorpresa y tomaba aire para gritar pidiendo ayuda, le advirtió con calma:

—Mira, MacPhail, lo más probable es que no te dispare. No quiero hacerlo, te lo aseguro, pero necesito que me saques de aquí.

—Maldita sea, Jackson...

—Hazlo ya, tengo prisa.

—Si me disparas, jamás podrás salir de aquí —arguyó, mientras flexionaba las manos como si estuviera preparándose para pelear.

—Si te disparo, hay muchas cosas que tú jamás podrás hacer, amigo mío. Como besar a tu esposa por las mañanas, o ver al bebé que está esperando...

MacPhail echó a correr, Jackson apretó el gatillo antes de que alcanzara la puerta... el tipo se detuvo en seco con los hombros echados hacia delante, pero se relajó al cabo de un momento.

—Has fallado.

—De eso nada.

—¿Qué...?

—Échale un vistazo a tu sombrero.

MacPhail se quitó el sombrero con manos temblorosas, y vio que la bala lo había atravesado.

—Eso ha sido una advertencia, no va a haber ni una más —le explicó Jackson—. Abre la celda.

Al pobre tipo le temblaban tanto las manos que no alcanzaba a meter la llave en el cerrojo, así que Jackson tuvo que ayudarle. Se sintió un poco culpable cuando le dio un empujón para obligarle a entrar en la celda. Después, cerró con llave.

Leah sentía que le ardía la garganta por el humo; aunque no se veía casi nada, alcanzó a ver a Carrie de pie en medio del despacho, viendo cómo el fuego devoraba las cortinas y avanzaba veloz por la alfombra. Botellas y viales estallaban por el calor, pero ella ni se inmutaba.

Cuando una esquirla de cristal pasó volando junto a Leah y le hizo un corte en la mejilla, se protegió los ojos con una mano y gritó:

—¡Tenemos que salir de aquí, Carrie!

—Me encanta ver arder así el fuego, es tan hermoso... igual que en el barco de Adam —comentó ella, con voz ensoñadora.

Leah intentó agacharse, pero no fue lo bastante rápida. Carrie la apuntó con la derringer y le dijo:

—No puedes echarme, no puedes alejarme de mi medicina. No puedes encerrarme en un hospital.

—Por favor, Carrie... —no apartó la mirada del arma mientras notaba el calor del fuego a su espalda—. Ya hablaremos de todo esto cuando hayamos sacado de la casa a todo el mundo.

—Para entonces ya será demasiado tarde.

Leah decidió arriesgarse. Se lanzó hacia ella, la agarró de la muñeca para impedirle que usara el arma, y consiguió sacarla a rastras del despacho. Cerró la puerta de golpe, y el humo empezó a colarse por debajo como un río hirviente.

Carrie se zafó de su mano sin soltar el arma, y gritó enfurecida:

—¡Tú querías que yo desapareciera!

—Tú te marchaste por voluntad propia. Jackson se habría pasado la vida cuidándote sin importar el precio que tuviera que pagar por ello, y no va a romper esa promesa; pase lo que pase, tú eres su esposa.

Carrie se echó a reír antes de confesar:

—Nunca fui su esposa, nuestro matrimonio era puro teatro. Pero Adam sí que se casó conmigo.

A Leah le costó asimilar aquello. Jackson era un hombre libre, completamente libre... pero eso ya no tenía importancia alguna, era demasiado tarde.

—Adam no me cuidaba, no me daba lo que yo necesitaba

—dijo Carrie con voz quejicosa, antes de mirar con avidez la aguja hipodérmica que tenía en la mano—. Hazlo, Leah. Estoy enferma, esto me ayudará a sentirme mejor.

Alimentar el ansia de un adicto iba en contra de los instintos y la formación de Leah, pero en ese momento se dio cuenta de que la pintura de las paredes había empezado a derretirse y a caer a goterones.

—¡Dame esa arma!

Carrie le puso el cañón del arma en la sien sin apartar su febril mirada de la jeringa.

—Primero la inyección, Leah.

Leah le arrebató la jeringa de la mano, la tomó del brazo y le puso la muñeca hacia arriba. La pinchó en una vena, presionó el émbolo con el pulgar y, después de introducir la sustancia lechosa en su torrente sanguíneo, extrajo la aguja y dejó la jeringa sobre la mesa.

—Dobla el codo, mantenlo así. Enseguida te sentirás mejor.

Carrie trastabilló y dejó caer la derringer, y Leah la condujo hacia la puerta después de echar la dichosa arma a un lado de una patada.

—¡Vamos!, ¡tenemos que salir de aquí!

—¿Por qué tendría que acompañarte?

Aquello colmó la paciencia de Leah, todo se agolpó en su interior de repente... los años que había pasado a la sombra de su padre; las frustraciones que había vivido en la Escuela de Medicina; los constantes prejuicios de la gente del pueblo; el hecho de que aquella demente se interpusiera entre ella y el único hombre al que había amado en toda su vida.

—¡Maldita sea, te digo que te muevas! —le gritó, antes de empujarla con todas sus fuerzas.

Mientras la obligaba a salir por la puerta trasera, se dio cuenta de que apenas se reconocía a sí misma. Era muy distinta a la doctora solterona a la que Jackson había secuestrado a punta de pistola. Gracias a él, había logrado entender que era una mujer que podía amar y ser amada, alguien que podía dar rienda suelta a su enojo, que podía actuar en vez de limitarse a observar la vida desde fuera. Las vicisitudes, las cimas y los valles de los últimos meses la habían transformado por completo.

Una vez fuera, Carrie cayó de rodillas, pero Leah se olvidó de inmediato de ella y echó a correr hacia la parte delantera de la casa.

—¡Fuego! —gritó, mientras subía los escalones del porche y abría la puerta principal. Las puertas y los pasillos estaban envueltos en llamas—. ¡Despertad! ¡La casa está ardiendo!

Perpetua y Bowie vivían en la parte trasera de la primera planta, y optó por ir primero hacia allí. Se cubrió la boca y la nariz con la manga mientras corría por los pasillos inundados de un espeso humo y, al llegar a las habitaciones que la cocinera compartía con su hijo, abrió la puerta de golpe y gritó:

—¡La casa se quema! ¡Rápido, saca a Bowie de aquí!

Perpetua se levantó de la cama como un resorte y, en cuestión de segundos, tuvo a Bowie en sus brazos. El niño, adormilado, se limitó a murmurar una pequeña protesta antes de abrazarse al cuello de su madre, que lo sacó corriendo de la habitación.

Leah salió tras ellos al pasillo y luchó por respirar, pero el humo cada vez era más denso; al ver las ardientes lenguas amarillas de fuego que subían por la escalinata y cubrían el puente que abarcaba la segunda planta, rezó para que los escalones aguantaran y se alzó el bajo de la falda antes de subir a la carrera.

Battle y Zeke habían tomado las riendas de la situación en la segunda planta, y se habían encargado de ir de puerta en puerta avisando a todo el mundo.

Leah corrió hacia la habitación del fondo del pasillo con la alfombra humeando a sus pies, pero, al pasar junto a una desorientada tía Leafy que se detuvo en medio del pasillo y empezó a llamar a su difunto esposo, se volvió hacia Battle y le gritó:

—¡Battle, llévese a la tía Leafy! ¡Yo voy a por Iona!

La muchacha dormía en una pequeña habitación situada al fondo del pasillo. Cuando Leah entró como una tromba y vio que estaba durmiendo a pesar del ominoso humo que iba acumulándose en el techo, la tomó de los hombros y le dio una firme sacudida.

—¡Fuego! —gritó, al verla abrir los ojos, antes de señalar hacia el techo.

Iona soltó un sonido estrangulado y se levantó de inmediato, y Leah hizo un gesto hacia las escaleras. El fuego había ido ascendiendo hacia las vigas del techo y las llamas estaban devorando los bordes exteriores de las contrahuellas, pero si eran lo bastante rápidas lograrían llegar abajo sin quemarse.

Cuando Iona echó a correr escaleras abajo, Leah la siguió... pero se detuvo a medio camino al darse cuenta de que había visto algo por el rabillo del ojo. Miró hacia arriba, vacilante y aterrada, mientras las llamas crepitaban bajo sus pies. Estaba convencida de que había visto algo que se movía en una de las habitaciones.

Al ver que Battle salía al encuentro de Iona a los pies de la escalera y que echaban a correr hacia la puerta principal, exclamó:

—¡Battle! —cuando él se detuvo y la miró a través del humo, gritó—: ¿Dónde está la tía Leafy? —le bastó con ver cómo se tensaba para saber que la anciana aún estaba en la casa.

—¡No la he visto salir!, ¡a lo mejor no bajó cuando se lo dije!

Leah oyó el crujido de la madera, chispas ardientes caían sobre su cabeza y sus hombros. Dio media vuelta, subió de nuevo a la segunda planta, y encontró a la tía Leafy de pie en medio de su habitación. Tenía en sus manos la jaula del canario cubierta con su mantita.

—Por poco me olvido de Carlos —le dijo la anciana, con voz de asombro—. ¿Te lo puedes creer?, ¡por poco se me olvida mi pequeña preciosidad!

—¡Tía Leafy, tenemos que salir ahora mismo de aquí!

Con una mano la aferró de la muñeca, con la otra agarró la jaula, y la condujo hacia la escalera mientras ignoraba las esporádicas protestas de la anciana.

—¡Battle! ¡La tengo!, ¡tengo a la tía Leafy!

En los segundos que había tardado en ir a por ella, las llamas habían consumido por completo los cuatro escalones inferiores de la escalera, y Battle y Zeke alzaron los brazos hacia ellas.

—¡Venga, tía Leafy, tiene que saltar! —exclamó, mientras intentaba empujarla con todas sus fuerzas.

La anciana estaba casi paralizada de miedo, pero alcanzó a decir con voz trémula:

—¡Primero Carlos! No voy a mover ni un músculo si no le salváis primero a él.

Después de soltar una de las imprecaciones que había aprendido de Jackson, Leah lanzó la jaula hacia Zeke, que la agarró y se la entregó a alguien que estaba fuera.

—Ahora le toca a usted, tía Leafy. Va a tener que saltar.

—¡No puedo!

—No tiene alternativa —miró a Battle, asintió con la cabeza, y la empujó sin miramientos.

Oyó el grito de la anciana y, un segundo después, vio una vorágine de movimiento que hizo que pensara que el mundo estaba llegando a su fin. Mientras Battle lograba interceptar la caída de la tía Leafy y la sacaba a trompicones de la casa, ella notó que el siguiente tramo de escalera se derrumbaba bajo sus pies. Retrocedió justo a tiempo, y aterrizó en el puente que abarcaba el vestíbulo a la altura de la segunda planta. Chispas ardientes empezaron a caer sobre ella como una lluvia letal.

Una gran llamarada ascendente chupó todo el oxígeno del aire que la rodeaba, oyó un gran estruendo, y al alzar la mirada vio cómo se hundía el techo.

CAPÍTULO 18

Joel Santana pensó para sus adentros que la doctora Penelope Lake estaba muy bonita a la luz de la luna. Ella no era consciente de que estaba observándola. Estaba sentada en la cubierta superior del transbordador de vapor *Intrepid*, que navegaba rumbo a la isla de Whidbey; él, por su parte, estaba de pie en cubierta con los pies separados, sintiendo la caricia de la brisa en el rostro mientras rezaba para no ponerse a vomitar delante de ella.

Un par de pasos más, y estaría junto a ella. Si el barco no se movía demasiado, seguro que lo lograba, porque ella era una motivación muy poderosa. Su cálido pelo rojizo estaba recogido en un pulcro moño a la altura de la nuca, tenía las manos entrelazadas en el regazo, y había alzado el rostro hacia el cielo nocturno mientras esperaba la llegada del amanecer. Era una rareza, una mujer que parecía estar muy a gusto con su propio cuerpo. No intentaba embutirse en apretados corsés para intentar disimular su robusta figura, no se ponía zapatos demasiado pequeños para disimular el tamaño de sus pies, y a él le encantaba esa actitud.

Respiró hondo para templar los nervios y cruzó la cubierta poco a poco, poniendo un pie delante del otro con mucha cautela.

—¿Está disfrutando de la travesía, doctora Penny?

Ella se volvió al oír su voz, y una sonrisa iluminó su rostro al verle. Parecía gustarle que él la llamara así.

—Muchísimo, marshal Santana. Nunca había visto nada tan hermoso como la islas del estrecho de Puget, y estoy deseando verlas a la luz del día.

—Tengo entendido que los paisajes son incluso más bonitos un poco más al norte.

Estaba a medio camino cuando una ola hizo que el barco se balanceara; aunque fue un movimiento muy ligero, el efecto que tuvo en él fue demoledor.

—¿Se encuentra bien, marshal Santana? —le preguntó ella, antes de ponerse de pie—. Ha empalidecido de gol...

—Discúlpeme —alcanzó a decir a duras penas.

Llegó a la borda justo a tiempo. Vomitó el café que había tomado, y tuvo ganas de lanzarse tras él y ahogarse en las cristalinas y frías aguas del estrecho. Tanto esfuerzo por intentar causar buena impresión ante la dama, y por poco le vomitaba encima de las botas.

Se sintió mortificado al sentir que ella posaba una mano enguantada en su nuca.

—No se mueva, marshal —le ordenó, antes de presionar con el pulgar bajo su oreja izquierda—. No sé si esto va a funcionar, pero a veces una fuerte presión en este punto ayuda a recobrar el equilibrio. Mantenga los ojos abiertos, fije la mirada en la línea del horizonte.

Poco después, Joel le cubrió la mano con la suya y le dijo:

—Doctora Penny...

—Dígame.

—Está funcionando, usted ha obrado un milagro.

—Yo no diría tanto, pero me complace sobremanera poder aliviar el sufrimiento de alguien.

Permanecieron así por un largo momento... ella presionando con el pulgar, él cubriéndole la mano con la suya... mientras la noche daba paso a los tonos grises del amanecer; en ese momento, aparecieron en el horizonte los blancos acantilados de la parte baja de la isla de Whidbey. Parecía una imagen sacada de una postal, un lugar húmedo y lleno de vegetación difuminado por las grises brumas del amanecer.

—Tengo ante mí mi nuevo hogar, aquí es donde voy a vivir de ahora en adelante. Es un lugar precioso, ¿verdad? —comentó ella.

—Sí, sí que lo es —las siguientes palabras brotaron de los labios de Joel incluso antes de que las procesara su cerebro—. Yo también voy a quedarme a vivir aquí.

—¿Qué?

—Voy a retirarme en breve, en cuanto complete el asunto que me ha traído hasta aquí. Tengo intención de buscar una pequeña finca, quiero instalarme en esta isla —sus propias palabras le sorprendieron a él mismo tanto como parecían haberla sorprendido a ella—. A lo mejor podemos llegar a ser... amigos.

La doctora bajó la mano y le miró a los ojos con una mirada clara y directa al contestar:

—A lo mejor podemos llegar a ser algo más que eso.

Joel sonrió como un bobalicón y se dispuso a disfrutar del resto del trayecto.

—Sí, puede que sí.

No era la primera vez que Jackson escapaba de una cárcel; de hecho, lo había hecho varias veces con anterioridad, y la prioridad en aquellos casos había sido salir disparado de la ciudad donde se encontrara y esfumarse. Pero en esa ocasión no estaba disfrutando de su recién obtenida libertad. Leah era lo único en lo que podía pensar.

—Tienes que estar bien, cielo —murmuró, mientras corría colina arriba hacia la casa en llamas—. Por favor, tienes que estar bien.

La gente del pueblo estaba creando una pequeña estampida al intentar ayudar, mujeres y hombres armados con cubos corrían hacia la casa. Dio la impresión de que nadie se percataba de su presencia (o quizás le vieron, pero no les pareció raro verle entre los demás convecinos).

La primera planta estaba ardiendo, las llamas salían por las ventanas y subían por las paredes. Carrie estaba sentada en un banco del jardín, meciéndose hacia delante y hacia atrás con las rodillas apretadas contra el pecho mientras contemplaba el incendio como hipnotizada.

Se acercó corriendo a Battle Douglas, que había organizado una cadena de gente con cubos que iba desde el pozo hasta el porche delantero, y le preguntó con apremio:

—¿Ha salido todo el mundo?

—Todos menos la doctora Mundy —le contestó, con voz grave. Tenía la cara tiznada, y el hollín le había dibujado un bigote negro bajo la nariz—. He intentado entrar a buscarla, pero está atrapada en el piso de arriba.

Jackson no esperó a oír nada más. Le quitó un cubo a alguien, se echó el agua por encima, se echó al hombro un rollo de cuerda y, mientras corría hacia la casa, se cubrió la boca y la nariz con su pañuelo mojado, como un bandido. Oyó gritos de advertencia y de protesta a su espalda, pero no les hizo ni caso. Leah estaba allí dentro, era lo único en lo que pensaba cuando entró en la casa y chocó contra un muro de llamas.

El fuego estaba vivo, Leah lo oía rugir como si fuera un animal salvaje. Lenguas ardientes intentaban alcanzar sus pies y sus piernas, sus brazos, su pelo. Había retrocedido hasta el final del pasillo, pero la zona estaba envuelta en llamas y era tan impenetrable como la parte delantera de la casa.

La falta de oxígeno debía de estar afectando a su cerebro, porque en medio del letal rugido del fuego le pareció oír a Jackson gritando su nombre. En ese momento, al oír la voz de su amado, supo que estaba a punto de morir.

—¡Leah! ¡Leah! ¿Dónde demonios estás?

Su voz sonaba muy cerca. Parecía desesperado, frenético.

A pesar de saber que Jackson estaba en la cárcel y que jamás volvería a verlo, se sintió esperanzada al pensar en el bebé. A lo mejor oír la voz de Jackson era un último regalo divino que recibía antes de internarse en la eternidad. Se dejó arrastrar por aquella oleada de esperanza, y echó a correr hacia la voz distante que seguía llamándola con desesperación. Recorrió a la carrera el pasillo en llamas bajo las llameantes vigas del techo y llegó al puente, que tenía a sus pies el hueco que había dejado la escalinata.

Cuando vio el rostro de Jackson, se dio cuenta de que no se trataba de una visión. Estaba tan hermoso a la luz de las llamas que sintió un profundo anhelo al verlo, un anhelo que dolía más que el calor del fuego y que el humo que le impedía respirar. Pensó para sus adentros que había cosas peores que poder ver una última vez algo tan amado.

—Jackson...

Él alargó la mano hacia ella, pero estaba demasiado lejos. El espacio que les separaba parecía todo un mundo.

No quería que él la viera morir abrasada, pero sabía que no iba a marcharse. Era irónico que, de todas las cosas que ella habría podido enseñarle, él hubiera aprendido precisamente aquello: a permanecer en un lugar. Ella le había enseñado a quedarse a pesar de los riesgos, a pesar de lo mucho que doliera.

Había sido una idiota. Él había intentado marcharse muchas veces, tendría que haber dejado que lo hiciera.

Jackson agarró la cuerda que llevaba al hombro y lanzó hacia arriba uno de los extremos, pero falló varias veces; ella le suplicó a gritos que saliera de allí, pero la ignoró y siguió lanzando la cuerda con una férrea determinación. Una, dos, tres veces... cuando por fin logró pasarla por encima de una tubería de agua que había en el carbonizado techo, la aseguró con un nudo y empezó a subir por ella. Su rostro estaba tenso, sus músculos empapados de sudor.

—¡Salta, Leah! —le gritó, mientras alargaba una mano suplicante hacia ella.

—¡Estás demasiado lejos! —protestó, aferrada a la baranda.

—¡Maldita sea!, ¡hazlo!

Una viga del techo cedió y cayó con una extraña lentitud hasta estrellarse contra el suelo del vestíbulo, donde quedó tirada como un árbol caído que bloqueó la puerta principal. Jackson masculló una imprecación mientras la tubería le rociaba de agua sin parar.

Leah se quedó mirando la viga caída y pensó que iban a morir abrasados. Aquel lugar, que en otros tiempos había sido el sueño de su padre, iba a ser su tumba.

—¡Salta de una vez, Leah! ¡Confía en mí por una vez en tu condenada vida!

Él no le había confesado nunca su amor, pero Leah supo en ese momento que la amaba, y más de lo que ella habría creído posible. Le miró por un instante antes de bajar la mirada hacia las llamas que ardían a sus pies como las profundidades del infierno, y entonces alzó la mirada hacia la única ruta de escape que les quedaba... el rosetón circular.

Tenían que intentar llegar hasta él, pero, si no lo lograban... miró a Jackson por última vez, cerró los ojos, y saltó.

Visto desde la cubierta del transbordador, Coupeville parecía un pueblecito de juguete compuesto de bloques de diversos colores y con un puerto lleno de embarcaciones de todos los tamaños.

—Leah Mundy vive en una gran casa situada en la cima de la colina —comentó la doctora Penny—. Supongo que será aquella de allí... —frunció el ceño, y entornó los ojos mientras aguzaba la mirada—. ¡Dios mío, está ardiendo!

Joel Santana se ajustó mejor la pistolera mientras veía la columna de humo negro de la casa.

—Sí, es verdad —vio que los pasajeros iban acercándose a la borda para ver el dantesco espectáculo, y preguntó con impaciencia—: ¿No pueden acercar este trasto al muelle más rápido?

Quien contestó fue Adam Armstrong, que se acercó a ellos en ese momento.

—No, a menos que quieran provocar un accidente.

—¿Qué habrá pasado? —preguntó la doctora Penny.

Posó una mano en el brazo de Joel, y él se la cubrió con la suya antes de contestar:

—Pienso ser el primero en ir a averiguarlo en cuanto bajemos a tierra.

—Yo le acompaño —le dijo Armstrong.
—Y yo también —afirmó la doctora.
—Es demasiado peligroso, usted manténgase alejada del fuego.
—Soy médico, a lo mejor me necesitan.

A pesar de que apenas la conocía, Joel sabía que era inútil discutir. Aunque el transbordador llegó poco después al muelle y la tripulación trabajó a toda prisa para amarrar la embarcación y bajar la plancha de desembarco, a él le pareció una espera interminable.

Fiel a su palabra, fue el primero en dirigirse hacia la casa en llamas. Adam y la doctora Penny corrieron tras él y llegaron los tres a la vez. Adam soltó una exclamación y se arrodilló junto a una joven rubia.

—¡Carrie!

Joel se quedó de piedra cuando sus sospechas se confirmaron y vio que la tal Carrie no era otra que la mismísima Caroline Willis.

—¿Se encuentra bien? —le preguntó la doctora Penny a Adam.
—Mi esposa va a ponerse bien. ¿Verdad que sí, cielo?
—¿Esta es su esposa?

Carrie alzó la mirada hacia la doctora y le contestó sin parpadear.

—Antes quería casarme con Jackson, pero nuestro matrimonio era puro teatro. Ojalá que tanto él como esa mandona de la doctora Leah Mundy ardan en el infierno —soltó una risa suave que ponía el vello de punta antes de añadir—: Mi deseo está cumpliéndose.

—¿Están dentro? —le preguntó Joel.
—Sí, están atrapados.

Él echó a correr hacia la casa, y oyó a su espalda aquella extraña risa.

Estuvo a punto de internarse en aquel infierno, pero, justo cuando puso un pie en el primer escalón del porche, lo golpeó una oleada de calor y vio saltar chispas cuando algo se derrumbó en el interior del edificio.

Un tipo que llevaba una placa le agarró del brazo y le ordenó:

—¡Retroceda! Ya no hay forma de entrar, es demasiado tarde.

—¿Va a dejar que se quemen sin más?

—Ese tipo era escoria, pero lo siento por la doctora.

A Joel le costaba asimilar lo que estaba pasando, hacer un viaje tan largo para... Dio un salto hacia atrás y se protegió los ojos con una mano cuando la ventana redonda que había encima de la puerta principal explotó hacia fuera. Oyó las exclamaciones llenas de asombro de la gente que abarrotaba el lugar. Jackson Underhill emergió por la ventana agarrado a una cuerda que ardía y aferrado a una mujer en camisón.

Aterrizaron en el jardín en un barullo de ropa humeante, y la gente corrió a ayudarles con mantas y cubos de agua.

—¡Es la doctora Leah!, ¡la ha salvado! —exclamó un niño.

—¡Déjenme pasar! ¡Déjenme pasar, soy médico!

La doctora Penny se subió la falda por encima de sus regordetas rodillas mientras corría hacia ellos. Su inconfundible aire de autoridad bastó para que la gente se apartara a su paso, y en cuestión de segundos tenía a las dos víctimas tumbadas en el suelo y estaba examinándolas para ver si estaban heridas de gravedad.

El hombre gimió y no se tranquilizó hasta que logró posar la mano sobre la mejilla de la mujer. Sus ojos se entreabrieron en cuanto la tocó, y ella empezó a toser y tomó una enorme bocanada de aire.

—Es increíble —comentó Penny, mientras seguía con el examen—. Los dos están exhaustos y magullados, es probable que él tenga algunas costillas rotas. Quemaduras poco importantes, asfixia por inhalación de humo... pero no veo ninguna herida mortal en ninguno de los dos.

Joel tragó con dificultad y se sorprendió al darse cuenta de que le ardían los ojos. Se llevó la mano a la pistola, a pesar de que sabía que no iba a necesitarla. Su otra mano fue hacia el bolsillo del chaleco de cuero donde llevaba siempre tanto su placa como sus credenciales.

—Soy Joel Santana, marshal de los Estados Unidos —dijo,

con la mirada puesta en el rostro tiznado y sudoroso del hombre—. Queda usted arrestado.

Jackson se había quedado sin aliento por culpa del fuerte golpe contra el suelo, pero su oído funcionaba a la perfección. Sus viejos instintos de fugitivo afloraron de golpe, pero sabía que no iba a luchar para salvarse de aquella situación; de hecho, ni siquiera iba a intentarlo.

Después de las palabras del marshal, todo el mundo empezó a hablar a la vez. Leah soltó una exclamación ahogada, se aferró a él, y le miró aterrada antes de susurrarle al oído:

—¡Huye! Yo puedo crear una distracción para que puedas irte...

—Ahorra saliva, cielo —le dijo, resignado. Cuando tuvo que soltarla para ponerse en pie, sintió algo mucho peor que un mero dolor físico—. Supongo que usted es el marshal que ha estado persiguiéndome por todo el país, ¿no?

—Exacto. Le he seguido la pista desde Texas.

Jackson se dio cuenta de que el tal Santana parecía tan agotado como él mismo. Contempló en silencio a aquel hombre de mirada seria y rostro curtido que le había seguido por todo el país hasta verle caer (literalmente) a sus pies, y se preguntó si era consciente de la reputación que tenía como agente de la ley.

—¿Qué pasa ahora?

—Tenemos que hablar de muchas cosas. Tengo el deber de hacer esto de acuerdo a las normas, pero, si se atreve a intentar jugármela, me olvidaré de esas normas y le colgaré del árbol más cercano.

Al oír que Leah se echaba a llorar, Jackson miró a la pelirroja que afirmaba ser médico y le ordenó con firmeza:

—Encárguese de la señora, y más le vale que la cuide condenadamente bien. ¿Está claro?

—¡Leah Mundy, vuelve a esa cama ahora mismo! —exclamó la doctora Penelope Lake con voz imperiosa.

Leah oyó una especie de fuertes martillazos mientras se aferraba al marco de la puerta, y pensó que era cosa de su dolor de cabeza.

—¿Dónde estoy?

—En la vivienda que hay encima de tu cochera.

—¿Cuánto tiempo llevo dormida? —se apartó su alborotado pelo del rostro y se acercó tambaleante a la ventana; al ver la luz ámbar que entraba por el cristal, preguntó—: ¿Está amaneciendo, o anocheciendo?

—Amaneciendo. Ayer no despertaste en todo el día, y también has dormido toda la noche de un tirón.

—¿Qué es ese ruido?

—Están reparando tu casa y el consultorio.

—¿Quiénes?

—El pueblo entero. Por tus cartas deduje que la gente de este lugar no era demasiado cordial contigo, pero todo el mundo está colaborando —le explicó, mientras la llevaba de vuelta a la cama—. Siéntate. La verdad, no esperaba que tú fueras mi primera paciente.

Leah recordó de golpe todo lo que había pasado después del incendio, y se llevó las manos al vientre de forma instintiva.

—Creo que el bebé está bien, es lo que he estado vigilando con más detenimiento —le aseguró Penny.

—¿Se lo has dicho a alguien? —le preguntó, con un nudo en la garganta.

—Por supuesto que no. Se trata de tu bebé, es asunto tuyo.

Leah consiguió esbozar una sonrisa a pesar de lo secos que tenía los labios, y admitió:

—Ya me caes bien.

—Te diría que el sentimiento es mutuo, pero eres pésima como paciente. No te calmaste hasta que al final caíste rendida.

—Arrestaron a Jackson, se lo llevaron —miró la bata que llevaba puesta, y no la reconoció—. ¿Hay algo de ropa en este sitio?, tengo que ir a verle.

—Sí, por supuesto.

Aquella respuesta hizo que la simpatía que Leah sentía hacia la alta pelirroja se acrecentara aún más. La mayoría de la gente habría intentado convencerla de que no fuera a ver a Jackson, pero Penny Lake parecía entender lo que era realmente importante.

—Mis cosas te quedarán muy grandes... —añadió, mientras rebuscaba en una bolsa de viaje.

—No te preocupes, me las apañaré —se puso una camisola y un sencillo vestido de algodón. Le dolían los músculos y las quemaduras que tenía en las manos y los brazos, pero no vaciló.

Penny se mordió el labio, pero no dijo nada.

Cuando bajaron a la cochera, Leah se puso unas botas que encontró allí y se volvió a mirarla.

—Estoy hecha un desastre.

—Ayer tuviste un mal día.

Aquel comentario estuvo a punto de lograr que Leah sonriera.

—No te he preguntado cómo te ha ido el viaje.

—Ha sido largo y caluroso, ya te lo contaré en detalle cuando arreglemos este asunto de Jackson y Joel.

—¿Le llamas por su nombre?

—Hemos sido... compañeros de viaje desde Seattle —admitió, ruborizada.

Leah la observó con detenimiento, ya que tan solo la conocía a través de sus cartas. No le costó darse cuenta de que Penny tenía todo el aspecto de una mujer que estaba enamorándose; al fin al cabo, ella misma había visto esa misma expresión ilusionada al mirarse al espejo desde que había conocido a Jackson.

—Joel Santana es el hombre que arrestó a Jackson, no puedo aprobar ningún tipo de vinculación con alguien así.

—Tan solo está cumpliendo con su deber, Leah.

—¡Va a llevar a la horca a un inocente!

Salieron juntas de la cochera, y echaron a andar por el camino que bajaba hacia el pueblo.

—Si Jackson Underhill es inocente, Joel no permitirá que le cuelguen —le aseguró Penny.

Leah siguió andando con paso decidido; al pasar junto a las casas de aquellas personas que la habían despreciado en un principio, pero que habían acabado por aceptarla como una más cuando Jackson la había obligado a darse cuenta de su propia valía, se preguntó cómo iba a poder vivir sin él. No tenía ni idea de lo que iba a hacer para lograr salir adelante.

La oficina del sheriff era un hervidero de actividad. Había hombres yendo y viniendo de la oficina de telégrafos a la carrera, y un reportero procedente de la ciudad estaba acribillando a la gente a preguntas.

Leah pasó sin detenerse junto al ayudante MacPhail, Joel Santana y el marshal Corliss, que había llegado desde Port Townsend, pero el primero de ellos la llamó al verla.

—¡Doctora Mundy!

Se hizo un silencio absoluto. Ella se detuvo en medio de la oficina mientras intentaba ver el interior de la celda, y alcanzó a ver la silueta de un hombre sentado en un banco detrás de las rejas.

Corrió hacia él mientras un grito de desesperación escapaba de sus labios... y se detuvo de golpe al ver que el tipo que la miraba con resignación no era Jackson.

—Sheriff St. Croix... —alcanzó a decir, desconcertada, mientras le veía bajar la cabeza en un gesto de derrota. Santana la agarró del brazo, pero ella se zafó de su mano—. ¿Dónde está Jackson?

El marshal se quitó el sombrero y se pasó una mano por su pelo salpicado de canas.

—Se ha marchado.

Ella sintió una gratitud inmensa al saber que Jackson estaba libre, pero también la embargó un profundo dolor. Al final había sucedido lo inevitable: Jackson había salido de su vida.

—Su barco no está en el puerto, ¿verdad?

—Eso es lo que me han dicho —Santana se frotó la mandíbula, que estaba hinchada y amoratada.

—Supongo que no se creería capaz de retenerlo, ¿verdad?

—Hice todo lo que pude, doctora Mundy, pero él se negó a escucharme y...

—No hay nada que pueda retener a Jackson Underhill, nada —le espetó ella, antes de dar media vuelta para salir de allí—. Quien se atreva a pensar lo contrario no es más que un necio.

—No pienso cenar con ese hombre, Penny —dijo Leah de forma categórica aquella noche.
—Creo que deberías hacerlo, que tendrías que oír sus explicaciones.
—Nada de lo que él me diga podrá convencerme de que hizo bien al hacer huir a Jackson.
—Las cosas no fueron así, Jackson le propinó un puñetazo que lo dejó inconsciente y escapó.
—¡Claro, porque Joel se disponía a encarcelarlo!
Penny se sentó junto a ella en la cama.
—En tus cartas me decías lo frustrante que era practicar la Medicina en un pueblo que no te daba la oportunidad de demostrar tu valía —le dio unas palmaditas en la rodilla antes de añadir—: Dale una oportunidad a Joel, por favor. Escucha sus explicaciones, y decide después si lo que ha hecho te parece reprobable.
Leah suspiró y le cubrió la mano con la suya antes de contestar:
—Al principio me caíste bien, no me hagas cambiar de opinión.
—Tú eres la dueña de tus opiniones, Leah. Bueno, ¿estás segura de que no quieres descansar?
—Estoy hambrienta.
—Eso quiere decir que el embarazo va viento en popa.
Leah sintió que se le formaba un nudo en la garganta. Llevaba en su interior al hijo de Jackson, iba a amarlo con toda su alma.
Cruzaron el patio delantero de la casa, donde se había preparado un gran festín para los trabajadores sobre largos tablones apoyados en caballetes. Leah sintió una cálida sensación de agradecimiento y camaradería mientras saludaba a toda aquella

gente que había acudido a ayudar a reconstruir su casa. La señora Cranney estaba cotilleando mientras cortaba los pasteles en porciones, se la veía lozana y preciosa sin la constricción de un corsé; James Gillespie, el carnicero, charlaba sonriente mientras sus hijos servían carne y salmón ahumado a todo el mundo; Hume Amity estaba subido a una escalera mientras su esposa cuidaba de la hijita de ambos; Bob Rapsilver la saludó llamándola como correspondía, doctora Mundy, y lo hizo en voz bien alta para que los demás le oyeran. Uno a uno, sus convecinos fueron acercándose a ella para saludarla y asegurarle que la casa estaría arreglada en un abrir y cerrar de ojos.

Aquello era un regalo que le había hecho Jackson, se dijo, con la garganta constreñida por la emoción. Él había llegado a aquel lugar siendo un desconocido, un hombre de paso, y le había enseñado a formar parte del corazón y el alma de la comunidad; gracias a él, había dejado de ser una simple observadora que se mantenía en un segundo plano.

Encontró a Joel Santana poniéndole los últimos toques a una nueva silla de ruedas para Bowie, y vaciló por un instante. Era difícil odiar a alguien que estaba ayudando a un niñito.

Al verla llegar, Santana le pidió al niño que fuera a mostrarles su nueva silla a los demás.

—Hola, doctora —la saludó, antes de ayudarla a sentarse junto a una pequeña mesa del salón que se había salvado de las llamas.

Ella tomó un poco de limonada antes de decir:

—Penelope me ha dicho que deseaba hablar conmigo.

—Así es. En primer lugar, quiero decirle cuánto lamento lo sucedido con Jackson Underhill... o Jack Tower, como también se hacía llamar. Intenté explicarle que no tenía de qué preocuparse, pero...

—¿Cómo que no tenía de qué preocuparse? ¡Usted iba a encarcelarlo!

—Bueno, eso es cierto... a medias. Lo que pasa es que me dejó inconsciente antes de que pudiera explicarle la situación.

Leah lo miró enmudecida mientras intentaba asimilar lo que

estaba oyendo. Tragó con dificultad, y logró por fin recobrar la voz.

—Yo sabía que él no había asesinado a nadie.

—Pues estaba en lo cierto.

—Si usted sabía que él era inocente, ¿por qué le persiguió?

—Porque ese es mi trabajo.

—¿Por qué lo arrestó?

—Para que dejara de huir. Algunos marshals prefieren matar a los fugitivos a las primeras de cambio, y yo no quería que eso sucediese en este caso porque sabía que estaba persiguiendo a un hombre inocente. Dios, pensé que nunca iba a darle alcance, pero cuando conseguí encontrarlo cometí el error de creer que él me agradecería que le hubiera encontrado antes de que fuera demasiado tarde.

Leah se sirvió más limonada. Le temblaba tanto la mano que derramó un poco.

—¿Demasiado tarde para qué?

—Él no estaba enterado de la verdad acerca de Caroline Willis. No sabía lo que ella había hecho, de lo que era capaz.

—¿Y por qué no la arrestó a ella? —le preguntó con exasperación.

—Tenía que seguir las normas al pie de la letra, pero se cursará en breve una orden de captura contra ella. Esa mujer se ha creado toda una reputación. Ha asesinado a cuatro hombres que yo sepa, puede que más. Aquella noche fue ella la que disparó en la taberna de Rising Star.

Leah se reclinó en la silla antes de decir:

—Poco menos que lo admitió delante de mí antes de provocar el incendio.

—Provocar incendios es uno de sus entretenimientos preferidos.

—Pero Jackson no confía en la justicia, cree que será condenado y ajusticiado sin importar la verdad de los hechos.

—Lo cierto es que podría haber sido así, de no ser por varios detalles. El arma empleada, una pistola de bolsillo de una sola bala, no es el tipo de arma que cabría esperar en un hombre como Jackson.

—La pistola es de Carrie, eso lo deduje por mí misma.

—Hay otra cosa más —le dijo Joel, antes de sacarse del bolsillo una hoja de papel que desdobló—. Aquí tengo la declaración jurada de un testigo, un tal Hale Devlin. Él vio cómo Carrie disparaba al alcalde, lo vio todo.

—En ese caso, ¿por qué le echaron la culpa a Jackson?

—Porque el testigo no acudió a las autoridades de inmediato para informar acerca de lo que había visto. Carrie y él se conocían desde hacía mucho, y no quería verse involucrado en el asunto. Tuve que ser muy persuasivo para lograr convencerle de que lo correcto era testificar.

Leah miró aquellas manazas fuertes y callosas y no le costó imaginar cómo había convencido al tipo en cuestión.

—Pero no entiendo por qué arrestó a Jackson, ¿por qué le avergonzó delante de todos de esa forma?

—Porque sabía que él iba a asustarse y que huiría sin darme tiempo a explicarle lo que pasaba, pero no fui lo bastante rápido —miró hacia el norte antes de añadir—: En todo caso, era poco probable que él me creyera, sobre todo teniendo en cuenta lo del sheriff...

—¿El qué?

Joel suspiró antes de admitir:

—Cuando llegamos a la cárcel, encontramos a St. Croix cargando un montón de dinero en ese carruaje suyo que funciona con gasolina. El tipo trafica con armas. Se formó una refriega, y Jackson aprovechó para noquearme con un puñetazo y escapar.

—¿Qué va a pasar con Carrie?

—Va a ser trasladada a Texas. Su marido, Adam Armstrong, va a acompañarla.

A Leah le costaba asimilar toda aquella información. Sentía una profunda satisfacción por el hecho de que se hubiera demostrado la inocencia de Jackson, por el hecho de que él se hubiera librado al fin de la persecución de la ley, de Carrie e incluso de su pasado, pero no podía sentirse feliz. Tenía un gran vacío en el corazón, porque él no estaba enterado de nada de todo aquello. Si huir seguía dándosele tan bien como en el pasado, era posible que jamás llegara a saber la verdad.

—¿Cuántas islas hay en esta zona? —le preguntó Joel, antes de empezar a comer un filete.

Leah miró hacia el mar y contempló la multitud de verdes islas que salpicaban la zona hasta donde abarcaba la vista.

—Nadie lo sabe, debe de haber cientos de ellas. Algunas ni siquiera tienen nombre.

—¿Me disculpa, doctora Mundy?

Ella vaciló por un instante, pero entonces vio la completa honestidad y la decencia que se reflejaban en los ojos de aquel hombre de rostro pétreo.

—Está usted disculpado, señor Santana.

CAPÍTULO 19

30 de octubre de 1894

—Si grita, disparo.
Aquella advertencia dicha con voz queda despertó de golpe a Leah Mundy, que abrió los ojos sobresaltada y se encontró frente a frente con el cañón de un revólver.
—No voy a gritar —tenía la boca seca, pero había aprendido a controlar el miedo gracias a su trabajo. Un relámpago iluminó fugazmente el cañón azulado de un revólver Colt—. No me haga daño, por favor —la voz se le quebró, pero se mantuvo firme; después de lo que había sucedido aquel verano, nada podía asustarla.
El trueno que retumbó en la distancia fue como un reflejo de los latidos atronadores de su corazón. Intentó ver algo en la penumbra, lo único que alcanzaba a distinguir era la silueta oscura del intruso... pero su corazón supo la verdad incluso antes de que su cerebro despertara del todo.
—¡Jackson!
—Sí, cielo, soy yo.
Ella estuvo a punto de echarse a reír, o a llorar, o a gritar. Apartó el arma con la mano y exclamó:
—¡No tiene gracia!

—No está cargada.
Le oyó enfundar, y luchó por verle en la oscuridad.
—No puedo creer que estés aquí.
—A veces, un rayo sí que cae dos veces en un mismo sitio.
Leah tragó con dificultad. Estaba helada, paralizada. Ya no recordaba cómo tratarle con normalidad. Hacía dos meses que no le veía, que no oía el sonido de su voz, que no le besaba ni le acariciaba. Dos meses que le habían parecido toda una eternidad, y en los que no había parado de preguntarse si él llegaría a darse cuenta alguna vez de que podía dejar de huir; dos meses en los que había intentado olvidarle, porque era la única forma de vivir sin él.

La lluvia golpeteaba contra los postigos, y se oyó un fuerte ronquido masculino procedente de alguna de las habitaciones.

—La casa tiene buena pinta —comentó él.

—Aún quedan muchos retoques por hacer, pero el pueblo entero colaboró en la reconstrucción. Fue extraordinario.

Él se movió con nerviosismo, y Leah notó el aroma a lluvia y a salmuera. Lluvia, salmuera del mar, y algo más... pero sentía que estaba frente a un hombre al que no conocía.

Se tapó hasta la barbilla con la manta. Tendría que estar loca de felicidad, pero perderle había sido muy traumático y le daba miedo amar a alguien tanto como le amaba a él.

—¿Aún sigues huyendo?

—¿Te importaría si así fuera?

Ella tragó de nuevo con dificultad. Jackson era un hombre que no podía permanecer demasiado tiempo en un lugar. Eso era algo que no cambiaría jamás, sin importar lo que hubiera sucedido en el pasado ni cuánto le amara ella.

—Ven al barco conmigo, Leah.

Ella había pasado aquellos dos meses intentando no pensar en el *Teatime*. No quería recordar los momentos mágicos que había vivido allí, los sueños que había soñado.

—No —susurró, mientras aferraba más fuerte la manta.

—Por favor, confía en mí. Solo una vez más.

Ella estaba aterrada, porque había mucho en juego. Se había

resignado a quedarse allí, a criar sola a su hijo, pero la inesperada llegada de Jackson amenazaba con desmoronar el plácido mundo que se había construido; aun así, sabía que tenía que verle. Se había convertido en una mujer más valiente, más segura de sí misma en los asuntos del corazón.

—Date la vuelta mientras me visto.

—Eso es como cerrar la puerta del establo cuando el caballo ya se ha escapado, ¿no? —le preguntó, con aquel tono ligeramente irónico tan típico en él.

Leah rezó para que la oscuridad ocultara su embarazo mientras apartaba a un lado la manta y metía los pies en las gruesas botas que usaba cuando iba a visitar a los pacientes. Entonces se puso la bata y se la ató con firmeza a la cintura... bueno, lo que quedaba de ella.

Intentó comportarse como si aquello no fuera nada más que una visita a domicilio como cualquier otra en una noche normal y corriente. Intentó no pensar en el hecho de que el hombre al que creía que no iba a volver a ver había regresado, y que seguía afectándola hasta el punto de hacer que le flaquearan las rodillas y su mente se volviera un torbellino de colores y esperanzas más vívidos que el más radiante de los sueños.

—Tenemos que hablar de muchas cosas, Jackson —le dijo, por encima del hombro, mientras deslizaba la mano por la barandilla de la escalera al bajar hacia el oscuro vestíbulo.

—Tenemos que hacer algo más que hablar —le susurró él al oído con voz ligeramente ronca, mientras la ayudaba a ponerse un impermeable.

Salieron al porche y echaron a andar bajo el azote de la lluvia y el viento. Leah se volvió a mirar a su captor cuando un relámpago iluminó el cielo, y alcanzó a ver una cabellera mojada de color pajizo, unas mejillas delgadas cortadas por el viento y cubiertas de una barba de varios días, una boca ancha y seria. Él se bajó el ala del empapado sombrero antes de que alcanzara a verle los ojos, pero ella los conocía bien, al igual que conocía bien aquel rostro. Los amaba más que a su propia vida, había muerto una y mil veces al pensar que no iba a volver a verlos nunca más.

Sentía su presencia a su espalda, su altura y su intimidante tamaño parecían un muro inamovible. La lluvia repiqueteaba incesante sobre su capucha. Metió una bota en un charco y se le quedó aprisionada por un momento en el espeso barro, y miró por encima del hombro hacia la pensión. Pensó en lo increíble que había sido ver cómo el pueblo entero trabajaba durante semanas para conseguir que la casa volviera a ser habitable.

Un nuevo letrero colgaba por encima del porche, y las letras blancas resultaban casi ilegibles bajo el tenue resplandor de la lámpara de gas: *Dras. Mundy & Lake, Medicina General. Se alquilan habitaciones.*

La recorrió un escalofrío mientras se acercaban a la goleta. La luz de una lámpara salía del ojo de buey del camarote.

Se preguntó qué demonios quería de ella en esa ocasión Jackson Underhill.

Leah subió a la embarcación presa de un gran nerviosismo y, al bajar al camarote, notó que estaba más acogedor y ordenado de lo que recordaba; después de sentarse en la litera, alzó la mirada hacia Jackson y no se anduvo con rodeos.

—¿Puedes decirme de una vez dónde has estado?

—En el mismísimo infierno. Es un infierno vivir sin ti, Leah.

—¿Por eso has vuelto?

—Sí, y por eso pienso quedarme a vivir aquí, contigo —tragó saliva con nerviosismo—. Si tú quieres, claro.

Ella parpadeó a toda prisa para contener las lágrimas.

—No quiero si no es para siempre, Jackson.

—Claro que es para siempre. Te lo juro, cielo. Vamos a estar juntos por siempre jamás —se pasó la mano por la cara antes de admitir—: Hizo falta un grupo de guerreros para hacerme comprender que ya no tenía por qué seguir huyendo.

—¿Quiénes eran?

—Un grupo de guerreros skagit. Me encontraron en Canadá, en el Pasaje Interior.

—¡La gente de Sophie!

—Sí. Joel y Davy estaban con ellos.

—Dios mío —estaba enterada de que Santana y Davy Morgan habían ido a alguna parte, pero no tenía ni idea de que estaban buscando a Jackson—. ¿Ellos han regresado contigo?

—Sí. Me pusieron al tanto de todo lo que no me paré a escuchar el día de mi huida.

—Que Joel Santana sabía desde el principio que había sido Carrie quien había asesinado al alcalde de Rising Star.

—Sí —admitió, pesaroso.

—No podías seguir protegiéndola, Jackson.

—Ya lo sé. Maldita sea... Cuántos años de mi vida pasé persiguiendo un sueño, Leah, una mera ilusión. ¿En qué me convierte eso?

—En un soñador —le dijo ella con voz suave.

Él hincó una rodilla en el suelo frente a ella y la agarró de los hombros.

—Tú eres mi sueño ahora, tú. Siempre lo has sido, lo que pasa es que no sabía que eras real hasta que te conocí.

—Jackson...

No pudo decir nada más, tenía el corazón en la garganta... y en sus manos, mientras acariciaba aquel rostro adorado y aquel húmedo pelo rubio; y también en sus labios, cuando se inclinó hacia delante y le besó al fin, cuando saboreó su boca entre sollozos.

Él se echó un poco hacia atrás y la miró con una sonrisa trémula.

—Tranquila, cielo. Todo ha pasado ya, todo ha salido bien —susurró, antes de besarla de nuevo. Hundió las manos en su pelo, y al cabo de unos segundos las deslizó hasta sus mejillas y fue bajándolas poco a poco.

Al sentir que le acariciaba la clavícula con los pulgares, Leah se preguntó cómo había logrado sobrevivir sin él, sin aquellas caricias, sin tener cerca en todo momento su sabor y su aroma.

La recorrió un pequeño temblor al notar que le abría la bata; después de cubrirle los senos de besos, él bajó un poco más... y se detuvo de golpe.

—¡Diantre, Leah! —alzó la cabeza, y la miró con ojos llenos de dolor y felicidad—. ¿Cuándo demonios pensabas decírmelo?

Ella encogió las rodillas contra su pecho antes de contestar.

—Te he dicho que teníamos que hablar de muchas cosas.

—¡Pero podrías haber sido un poco más concreta! ¡Por el amor de Dios, estás embarazada!

Ella recordó cómo había reaccionado al enterarse de que Carrie estaba embarazada, se había sentido aterrado y furioso... pero aquello era diferente, tenía que serlo; aun así, no le gustó lo más mínimo que le hablara con tanta aspereza.

—Lo dices como si tú no hubieras tenido nada que ver en el asunto.

Él hizo que se tumbara en la litera y deslizó la palma de la mano por su vientre.

—Mi Leah... —dijo, maravillado—, mi hermosa Leah. Qué bebé tan precioso vas a tener.

—Vamos, vamos a tener —le corrigió, antes de incorporarse un poco para poder desabrocharle la camisa.

El nerviosismo y la incomodidad empezaron a desvanecerse. Leah recordó la textura de su lengua cuando él le trazó los labios con ella, recordó el sonido gutural que él hacía cuando le acariciaba, recordó la exquisita delicadeza con la que la acariciaba por todo el cuerpo.

—No... no puedo esperar mucho más, Leah —susurró, mientras se colocaba encima de ella. Estaba rígido por el esfuerzo de contenerse.

—Nadie te ha pedido que lo hagas.

Él se hundió en su interior tal y como solía hacerlo en el pasado, y Leah sintió una profunda sensación de paz mientras él volvía a meterse de lleno en su vida. Estuvo a punto de echarse a llorar mientras hacían el amor sin prisa, con una ternura exquisita. En la cadencia de los movimientos de ambos, en el éxtasis que alcanzaron, había intrínseco un «para siempre».

Después durmieron el uno en brazos del otro, completamente saciados. Dejó de llover, y despertaron justo cuando estaba saliendo el sol.

—Ha sido la primera buena noche de sueño que tengo en semanas, Doc —admitió él, mientras hundía el rostro en su pelo.

Ella se estiró y saboreó la sensación de piel deslizándose contra piel.

—Me daba un poco de miedo despertar, temía que esto hubiera sido un sueño —comentó.

Él alargó la mano y sacó de debajo de la litera una jarra de agua y dos manzanas.

—Lo es, pero es un sueño que se ha convertido en realidad —le dio una de las manzanas mientras oían el sonido de un suave viento soplando entre los mástiles—. ¿Qué te parece si salimos a navegar un rato?

Ella pensó en sus planes para la jornada. Penny iba a encargarse de ir a visitar a los pacientes, y ella tenía pensado quedarse en el consultorio y dedicarse a la tediosa tarea de restaurar los libros y los historiales médicos que el fuego había dañado. La Leah de antes habría cumplido con su deber y habría insistido en llevar a cabo las tareas que tenía programadas, pero Jackson lo había cambiado todo por completo. Iban a disfrutar a solas de aquel día, iban a aprovecharlo al máximo para recuperarse de aquellos dos meses de separación.

—Me parece perfecto.

El *Teatime* surcaba con elegancia las aguas del estrecho. Era una embarcación bella y poderosa, así que no era de extrañar que a Jackson le gustara tanto, que disfrutara tanto al salir a navegar con ella.

Hicieron el amor a lo largo del día, y se perdieron en un mundo de sensaciones bajo un sol otoñal inusualmente intenso. A última hora de la tarde, mientras yacían el uno en brazos del otro en cubierta, lánguidos y envueltos en una cálida sensación de bienestar, Jackson susurró:

—Leah...

—¿Qué?

—No contestaste a mi proposición —tenía una mano apoyada con languidez en el timón, y con la otra le acariciaba el hombro desnudo.

—¿Cuál?

—La que te hice en el porche hace dos meses —no apartó la mirada del horizonte al preguntar—: ¿Quieres casarte conmigo?

La neblina de satisfacción sexual que la envolvía se desvaneció. Leah se apartó y se obligó a mirarle, a mirarle de verdad.

—Eso depende.

—¿De qué?

—De cuáles sean tus intenciones.

—Mis intenciones son casarme contigo —le acarició las mejillas con los pulgares, y le secó las lágrimas que ella ni siquiera había notado—. Te amo, Leah. Siempre te amaré. Pero siento como si no bastara con regresar y confesarte mis sentimientos sin más, me gustaría haber podido regresar a lomos de un corcel blanco y poder poner el mundo a tus pies.

Ella recordó el día en que él había dejado el globo terráqueo a sus pies antes de marcharse, y se le quebró la voz al contestar:

—¿No te das cuenta de que ya me has dado el mundo entero?

Él guardó silencio durante un largo momento y movió el timón para que la embarcación navegara en dirección oeste, hacia la puesta de sol.

—¿Adónde vamos, Jackson?

—A Coupeville. Tenemos que hacerlo, me han nombrado sheriff.

—¿Vas a ser el sheriff del pueblo? —le preguntó, sin intentar contener el llanto.

—Sí, me han contratado gracias a la recomendación de cierto marshal que acaba de retirarse —fijó el timón, se volvió hacia ella, y la tomó entre sus brazos.

Leah vio en sus ojos el reflejo de las nubes y la puesta de sol, vio en ellos todo lo que ella había soñado a lo largo de su vida.

Se mordió el labio y notó el sabor salado de las lágrimas y del mar.

—Pero tú querías navegar rumbo al paraíso, hablabas mucho del tema. ¿Te acuerdas del cuadro que había en mi despacho?

—Sí, sí que me acuerdo. En aquel entonces, yo creía que el paraíso era un lugar en medio del océano, de algún punto del mapa.

—¿Y ahora? —le preguntó, con el aliento contenido.

—Ahora está aquí, cielo —le dijo, mientras la abrazaba contra su cuerpo—. Contigo. Pero ya no lo considero un paraíso —puso rumbo al puerto, y la pensión apareció ante ellos en lo alto de la colina—. Ahora lo considero mi hogar.

Últimos títulos publicados en Top Novel

Tierras salvajes – DIANA PALMER
Algo más que vecinos – ISABEL KEATS
Sueños de verano – SUSAN WIGGS
Tiempo de traiciones – ROSEMARY ROGERS
Nuevos comienzos – ROBYN CARR
Pasión de contrabando – BRENDA JOYCE
Los Montford – CANDACE CAMP
Tentando a la suerte – SUZANNE BROCKMANN
De repente, un verano – ROBYN CARR
Empezar de nuevo – ISABEL KEATS
Una luz en el mar – SUSAN WIGGS
Los Mackenzie – LINDA HOWARD
Una rosa en la tormenta – BRENDA JOYCE
Sabor a peligro – LORI FOSTER
Entre las azucenas olvidado – GEMA SAMARO
Cierra los ojos… – SUSAN WIGGS
Más allá del odio – DIANA PALMER
Historias nocturnas – NORA ROBERTS
Vacaciones al amor – ISABEL KEATS
Afterburn/Aftershock – SYLVIA DAY
Las reglas del juego – ANNA CASANOVAS
Luz de luna – ROBYN CARR
Cautivar a un dragón – LIS HALEY
Damas y libertinos – STEPHANIE LAURENS
Spanish lady – CLAUDIA VELASCO
Mi alma gemela (Mo anam cara) – CAROLINE MARCH

www.ingramcontent.com/pod-product-compliance
Lightning Source LLC
LaVergne TN
LVHW091618070526
838199LV00044B/839